公路工程造价与清单计价

曹 佐 王虎盛 主编
原慧勇 参编

清华大学出版社
北京

内 容 简 介

本书根据交通土建类高职高专学生教学要求编写而成，书中以公路工程造价的编制流程为主线，采用典型的工程案例，以应用能力培养为重点，将公路工程造价编制分解为公路工程项目划分、公路工程定额查用、工料机预算单价计算、概(预)算费用计算、投标报价编制等目标任务，通过各目标任务的完成实现公路工程施工图预算和投标报价等造价文件的编制，为学生今后胜任造价员工作岗位奠定坚实基础。

本书作为道路桥梁工程技术、工程造价、工程监理等专业的教材使用，也可作为工程造价人员的培训用书和参考书。

版权所有，侵权必究。举报：010-62782989，beiqinquan@tup.tsinghua.edu.cn。

图书在版编目(CIP)数据

公路工程造价与清单计价/曹佐，王虎盛主编. —北京：清华大学出版社，2020.1(2023.12重印)
ISBN 978-7-302-54633-7

Ⅰ. ①公⋯ Ⅱ. ①曹⋯ ②王⋯ Ⅲ. ①道路工程－工程造价－高等职业教育－教材 Ⅳ. ①U415.13-44

中国版本图书馆CIP数据核字(2019)第292737号

责任编辑：张占奎
封面设计：何凤霞
责任校对：赵丽敏
责任印制：丛怀宇

出版发行：清华大学出版社
网　　址：https://www.tup.com.cn，https://www.wqxuetang.com
地　　址：北京清华大学学研大厦A座　　邮　编：100084
社 总 机：010-83470000　　邮　购：010-62786544
投稿与读者服务：010-62776969，c-service@tup.tsinghua.edu.cn
质量反馈：010-62772015，zhiliang@tup.tsinghua.edu.cn

印 装 者：三河市科茂嘉荣印务有限公司
经　　销：全国新华书店
开　　本：185mm×260mm　　印　张：15　　字　数：361千字
版　　次：2020年2月第1版　　印　次：2023年12月第5次印刷
定　　价：49.80元

产品编号：086420-03

前言

FOREWORD

随着我国高等职业技术的迅猛发展，如何培养鲜明特色、动手能力强、广受用人单位欢迎的学生，成为各院校教育改革的重中之重。

本书根据交通运输部 2019 年 5 月 1 日颁布实施的《公路工程建设项目概算预算编制办法》(JTG 3830—2018)和《公路工程预算定额》(JTG/T 3832—2018)最新规定编写而成，有效保证了教材的质量。同时本教材引入某公路工程造价管理系统软件的内容，并且在此章节之后为大家提供了造价管理系统软件的视频教学二维码，方便大家在业余时间进行学习和讨论，从而进一步丰富了教学内容。

本书可作为交通土建类高职高专学生教材，也可作为道路桥梁工程技术、工程造价、工程监理、工程项目管理等专业的教材，也可供工程造价人员参考和学习。

本书以公路工程造价的编制流程为主线，采用典型的工程案例，以应用能力培养为重点，将公路工程造价编制分解为公路工程项目划分、公路工程定额查用、工料机预算单价计算、概(预)算费用计算、投标报价编制等目标任务，通过各目标任务的完成实现公路工程施工图预算和投标报价等造价文件的编制，为学生今后胜任造价员工作岗位奠定坚实基础。

本书理论知识部分第 1、2、4、5、6 章由曹佐编写；第 3 章由王虎盛编写；第 7 章为软件应用部分，由同望科技股份有限公司原慧勇高级工程师负责编写。由于编者水平有限，编写时间仓促，书中疏漏之处在所难免，敬请读者批评指正。

编 者
2019 年 9 月

目录
CONTENTS

第1章　公路工程造价基础知识 ··· 1

  1.1　公路工程造价概述 ·· 1

    1.1.1　公路工程造价概念 ·· 2

    1.1.2　工程造价控制的意义 ··· 2

    1.1.3　公路工程建设 ··· 2

    1.1.4　公路基本建设费用组成 ··· 3

    1.1.5　课程教学内容 ··· 4

  1.2　公路建设资金来源 ·· 4

    1.2.1　项目资本金 ·· 4

    1.2.2　债务性资金 ·· 5

    1.2.3　我国公路筹资案例 ·· 6

  1.3　公路工程造价控制 ·· 7

  1.4　公路工程造价文件 ·· 10

    1.4.1　封面及目录 ··· 10

    1.4.2　概(预)算编制说明 ··· 10

    1.4.3　概(预)算表格 ··· 10

  本章习题 ··· 12

第2章　基本建设项目划分 ··· 13

  2.1　基本建设项目组成 ·· 13

  2.2　概(预)算项目划分 ··· 14

  2.3　项目实施案例(项目划分案例) ··· 16

  本章习题 ··· 20

第3章　公路工程预算定额应用 ··· 21

  3.1　定额的概念、分类及组成 ·· 21

3.2 定额实物消耗量的编制方法 ………………………………………… 25
3.3 公路工程预算定额总说明 …………………………………………… 29
3.4 路基工程 ……………………………………………………………… 31
　　3.4.1 路基土石方名词 ………………………………………………… 31
　　3.4.2 路基施工常见分项工程 ………………………………………… 32
　　3.4.3 路基定额应用要点 ……………………………………………… 35
　　3.4.4 定额应用示例 …………………………………………………… 38
　　3.4.5 综合应用案例 …………………………………………………… 42
3.5 路面工程 ……………………………………………………………… 46
　　3.5.1 路面分类与结构组成 …………………………………………… 46
　　3.5.2 路面常见分项工程施工方法 …………………………………… 47
　　3.5.3 定额应用要点 …………………………………………………… 48
　　3.5.4 定额应用示例 …………………………………………………… 49
　　3.5.5 综合应用案例 …………………………………………………… 55
3.6 隧道工程 ……………………………………………………………… 56
　　3.6.1 隧道的组成及作用 ……………………………………………… 56
　　3.6.2 隧道工程主要分项工程施工 …………………………………… 58
　　3.6.3 定额应用要点 …………………………………………………… 59
　　3.6.4 定额应用示例 …………………………………………………… 59
3.7 桥涵工程 ……………………………………………………………… 61
　　3.7.1 桥涵分类与结构组成 …………………………………………… 61
　　3.7.2 桥涵常见分项工程施工方法 …………………………………… 62
　　3.7.3 定额应用要点 …………………………………………………… 63
　　3.7.4 定额应用示例 …………………………………………………… 66
　　3.7.5 综合应用案例 …………………………………………………… 72
3.8 防护工程 ……………………………………………………………… 75
3.9 交通工程及沿线设施 ………………………………………………… 75
　　3.9.1 定额应用要点 …………………………………………………… 76
　　3.9.2 定额应用示例 …………………………………………………… 76
3.10 绿化及环境保护工程 ………………………………………………… 76
　　3.10.1 定额应用要点 …………………………………………………… 77
　　3.10.2 定额应用示例 …………………………………………………… 77
3.11 临时工程 ……………………………………………………………… 78
　　3.11.1 定额应用要点 …………………………………………………… 78
　　3.11.2 定额应用示例 …………………………………………………… 78
3.12 材料采集及加工 ……………………………………………………… 79
　　3.12.1 定额应用要点 …………………………………………………… 79
　　3.12.2 定额应用示例 …………………………………………………… 80
3.13 材料运输 ……………………………………………………………… 80

　　　　3.13.1　定额应用要点 ·· 80
　　　　3.13.2　定额应用示例 ·· 81
　　3.14　附录 ··· 81
　　　　3.14.1　附录一 路面材料计算基础数据表 ······················ 81
　　　　3.14.2　附录二 基本定额 ·· 81
　　　　3.14.3　附录三 材料周转与摊销 ··································· 82
　　　　3.14.4　附录四 定额人工、材料、设备单价表 ················· 83
　　3.15　定额套用总结 ··· 84
　　本章习题 ·· 84

第4章 人工、材料、机械台班预算单价计算 ·························· 87
　　4.1　人工预算单价 ··· 87
　　4.2　材料预算单价 ··· 88
　　　　4.2.1　材料预算单价确定方法 ··································· 88
　　　　4.2.2　材料的预算单价计算 ······································· 88
　　4.3　机械台班预算单价 ··· 93
　　本章习题 ·· 95

第5章 预算费用文件的编制 ·· 97
　　5.1　施工图预算的编制方法 ··· 97
　　　　5.1.1　单价法 ·· 97
　　　　5.1.2　实物法 ·· 98
　　5.2　施工图预算费用组成 ·· 98
　　5.3　工程类别划分 ··· 101
　　5.4　建筑安装工程费计算 ··· 102
　　　　5.4.1　基本知识 ·· 102
　　　　5.4.2　建筑安装工程费的计算办法 ···························· 102
　　5.5　土地使用及拆迁补偿费计算 ·································· 115
　　　　5.5.1　土地使用及拆迁补偿费组成 ···························· 115
　　　　5.5.2　土地使用及拆迁补偿费计算方法 ······················· 116
　　5.6　工程建设其他费计算 ··· 117
　　　　5.6.1　建设项目管理费 ··· 117
　　　　5.6.2　研究试验费 ··· 121
　　　　5.6.3　建设项目前期工作费 ····································· 121
　　　　5.6.4　专项评价(估)费 ··· 122
　　　　5.6.5　联合试运转费 ·· 122
　　　　5.6.6　生产准备费 ··· 122
　　　　5.6.7　工程保通管理费 ··· 123
　　　　5.6.8　工程保险费 ··· 123

5.6.9 其他相关费用 …… 124
5.7 预备费 …… 124
5.8 建设期贷款利息 …… 125
5.9 公路工程概(预)算文件编制 …… 126
本章习题 …… 130

第6章 标底与报价费用计算 …… 133

6.1 标底与报价基本知识 …… 133
 6.1.1 招投标阶段的造价计算 …… 133
 6.1.2 标底 …… 133
 6.1.3 报价 …… 135
6.2 工程量清单的项目划分 …… 135
 6.2.1 工程量清单组成 …… 136
 6.2.2 工程量清单项目划分案例 …… 141
6.3 标底(招标控制价)计算 …… 141
 6.3.1 标底编制程序 …… 141
 6.3.2 标底费用计算办法 …… 142
 6.3.3 标底编制案例 …… 145
6.4 报价计算 …… 154
 6.4.1 报价编制的步骤 …… 154
 6.4.2 报价策略和技巧 …… 155
本章习题 …… 159

第7章 公路工程造价管理系统软件应用 …… 160

7.1 项目管理界面操作 …… 160
 7.1.1 创建建设项目 …… 160
 7.1.2 创建子项目 …… 161
 7.1.3 创建造价文件 …… 161
 7.1.4 填写项目信息 …… 162
7.2 预算书界面操作 …… 164
 7.2.1 建立项目结构 …… 164
 7.2.2 选套定额 …… 165
 7.2.3 选套工料机 …… 169
 7.2.4 填写工程量 …… 170
7.3 定额调整 …… 171
 7.3.1 标准换算 …… 171
 7.3.2 混合料配合比调整 …… 171
 7.3.3 子目系数调整 …… 173
 7.3.4 辅助定额调整 …… 173

		7.3.5 调整工料机 ………………………………………………… 173
		7.3.6 查看调整列表及批量调整定额 …………………………… 177
		7.3.7 撤销定额调整 ……………………………………………… 177
	7.4	预算书高级操作 ………………………………………………………… 178
		7.4.1 分项工料机及取费 ………………………………………… 178
		7.4.2 使用预算书导航 …………………………………………… 180
		7.4.3 使用查找及书签功能 ……………………………………… 181
	7.5	预算书数据交换 ………………………………………………………… 182
	7.6	确定费率及属性 ………………………………………………………… 186
		7.6.1 设置费率参数 ……………………………………………… 186
		7.6.2 修改费率值 ………………………………………………… 186
	7.7	修改工料机价格 ………………………………………………………… 187
		7.7.1 手工输入价格 ……………………………………………… 187
		7.7.2 批量导入价格信息 ………………………………………… 187
		7.7.3 使用其他单价文件 ………………………………………… 189
	7.8	打印导出 ………………………………………………………………… 190
		7.8.1 打印报表 …………………………………………………… 192
		7.8.2 导出报表 …………………………………………………… 192

第 8 章 课程实训项目案例 ……………………………………………………… 194

附录 ………………………………………………………………………………… 200

附录 1	河北省公路工程基本建设项目概算预算编制补充规定 …………… 200
附录 2	湖南省公路工程建设项目投资估算、概算预算编制办法 ………… 204
附录 3	山东省公路工程建设项目估算概算预算编制补充规定 …………… 208
附录 4	江苏省关于执行交通运输部第 86 号公告有关补充规定 ………… 214
附录 5	山西省公路工程建设项目估算概算预算编制补充规定 …………… 217
附录 6	重庆市公路工程补充性造价依据 …………………………………… 223

参考文献 …………………………………………………………………………… 227

第1章 公路工程造价基础知识

> **任务目标**
> 1. 了解公路工程造价的概念;
> 2. 理解工程造价控制的意义;
> 3. 掌握公路基本建设的费用组成;
> 4. 熟悉公路工程建设资金筹措方式;
> 5. 掌握公路工程基本建设造价计算体系;
> 6. 熟悉公路工程造价文件的组成。

1.1 公路工程造价概述

公路运输是国民经济的命脉,是交通综合运输体系中最为机动灵活的运输方式。近年来国家不断加大以公路建设为重点的交通基础设施建设,广开渠道,加大项目的资金投入,基础设施建设取得可喜成绩,为国民经济和社会发展作出重要贡献。据统计数据显示:2017年年末,全国公路总里程达到477.35万km,是1984年年末的5.2倍,其中,高速公路达到13.65万km。公路基础设施的快速发展,大幅提高了公路的通行能力和运输效率,加快了物流业的发展,促进了我国经济社会的持续健康发展。2017年,全国公路旅客周转量为9765.18亿人·公里,是1984年的7.3倍;公路货物周转量为66771.52亿吨·公里,是1984年的126.6倍。

截至2017年年末,经营性公路累计建设投资40856.5亿元,占收费公路累计建设投资总额的49.6%,其中,经营性高速公路累计建设投资38342.4亿元,一级公路871.5亿元,二级公路201.1亿元,独立桥梁及隧道1441.5亿元。

1.1.1 公路工程造价概念

公路工程造价是指公路工程建设过程中的总费用,通常有两个层面的含义。

(1) 从业主角度而言,公路工程造价是指公路工程建设项目的投资费用(又称总投资额),包括从项目立项到交付使用所需的全部费用,是业主"购买"公路工程建筑产品(如一条道路、一座桥梁)要支付的费用,是一线土建、安装工程、设备购置、工程设计与监理、项目管理等各项工作的费用总和。

(2) 从承包方角度而言,公路工程造价主要是指公路工程施工企业的工程承包价或合同价,是承包方"出售"自己生产的建筑产品的价格总和。施工企业签订的合同价主要是指土建、安装工程所花费的费用,金额为业主总投资额的60%~80%。造价的这种理解相对狭义,但由于土建、安装工程是公路建设过程中最活跃的部分,因此有一定的现实意义。

1.1.2 工程造价控制的意义

公路工程项目的投资数额巨大,工程造价控制应严格执行并始终贯穿于项目建设的全过程(即项目决策阶段、项目设计阶段、项目实施阶段、项目竣工验收阶段)。实行工程造价控制的意义不仅是控制项目投资不超过批准的造价限额,更重要的是有效地利用投入建设工程的人力、物力、财力,以尽量少的劳动和物质消耗,取得较高的经济效益和社会效益,保持我国国民经济持续、稳定、协调发展,提高投资效益。据统计资料表明,项目决策阶段与项目设计阶段影响项目造价的可能性为75%,项目实施阶段的影响可能性为25%。

(1) 项目决策阶段的工程造价是投资者是否具备投资能力和项目能否立项的重要依据,应避免决策错误。

(2) 项目设计阶段的工程造价是设计方案比选的重要依据。设计方案既要保证结构的安全性,又要防止夸大安全系数造成浪费,使设计方案在限额中达到资源的最优配置。

(3) 项目实施阶段的造价控制是保证工程价格最终控制在合同价范围内。需要业主、承包商共同努力,才能保证工程项目施工的顺利进展,实现既定的各项目标,取得社会效益和经济效益的双丰收。

(4) 项目竣工验收阶段的造价计算为后续建设项目的造价计算提供参考。

1.1.3 公路工程建设

1. 公路工程建设类型

(1) 公路工程小修、保养:公路工程在使用中,受到行车和自然因素的作用而不断损坏,如局部坑槽、裂缝等,只有通过定期和不定期的维修和保养,才能保证公路的正常使用。小修和保养是公路建设的重要内容之一。

(2) 公路工程大中修与技术改造:由于受材料、结构、设备等方面的制约,公路各组成部分具有不同的寿命。即使经过维修,也不能无限期使用,使用一定年限后,某些组成部分便会丧失功能,需要更新改造。另外,对随坡就弯而产生的不良线形改造、路基加宽、路面等级提高等都属于技术改造。

（3）公路工程基本建设：为适应生产和流通发展的需要，必须通过新建、扩建、改建和重建公路四种基本建设形式来实现固定资产的扩大再生产，以达到不断提升公路运输能力的目的。

2. 公路工程建设内容

（1）建筑工程：路基、路面、桥涵、隧道、防护工程、沿线设施以及临时工程的建设等。

（2）安装工程：高速公路、特大桥梁、隧道等沿线监控、通信设备等的安装测试。

（3）其他工作：筹建阶段和建设阶段公路基本建设的各项工作，如征地、工程设计与监理等。

1.1.4　公路基本建设费用组成

公路基本建设的费用主要包括建筑安装费、土地使用拆迁补偿费、工程建设其他费用、预备费及建设期贷款利息。因公路等级、所处地域、地形等的不同，公路造价差异较大。公路工程费用内容和计算办法见表1-1。

表1-1　公路工程费用组成

费用名称	费用内容	费用内容	计算办法	计算依据
建筑安装工程费	现场施工中构筑工程实体而发生的费用	土建工程（路基、路面、桥涵、隧道等） 设备安装工程（沿线通信、监控设备安装）	（人工、材料、机械台班）消耗数量×各自预算单价，按"价税分离"计价规则进行计算	定额预算单价
		辅助工程（临时设施、现场管理工作）	基数×费率	由交通部颁布的费用编制办法
土地使用及拆迁补偿费	建设期间所有临时性和永久性占地所需要的使用费和补偿费	永久占地费、临时占地费、拆迁补偿费、水土保持补偿费、其他费用	按照国家有关规定及工程项目所在地的省（自治区、直辖市）颁布的有关规定和标准计算	
工程建设其他费用	在建设项目各阶段发生的，构成工程造价的一部分费用	建设项目管理费 研究试验费 项目前期工作费 专项评（估）价费 联合试运转费 生产准备费 工程保通管理费 工程保险费 其他相关费用	基数×费率，或按照国家有关规定计算	由交通部颁布的费用编制办法
预备费	为不可预见因素而增加的费用	价差预备费 基本预备费	基数×费率	由交通部颁布的费用编制办法
建设期贷款利息	项目使用的贷款在建设期内应计取的贷款利息	各种金融机构贷款利息、建设债券贷款利息、外汇贷款利息等	按资金来源分年度计算	

由表 1-1 可得各项费用的计算办法主要有以下三种。

(1) 定额计算类：通过定额确定分项工程施工需要的实物消耗量×单价计算。

(2) 数量单价类：以购买的物件数量×单价计算。

(3) 基数费率类：以某项费用为基数×规定费率标准计算。

1.1.5 课程教学内容

"公路工程造价与清单计价"是培养学生施工现场管理能力的专业课程之一，主要讲述公路工程建设中的成本预算和造价控制，即采用一定的方法和措施把工程造价控制在一定限值内，以求合理地使用人力、物力、财力，争取在有限的资金投入下获得较好的经济效益和社会效益。

本课程要求学生学会公路工程建设各阶段的费用测算，重点掌握如下几方面内容。

(1) 施工图预算。施工图预算是进行合同价确定和施工方现场施工管理的基础，要求学生能应用现行《公路工程预算定额》(JTG/T 3832—2018)、《公路工程建设项目概算预算编制办法》(JTG 3830—2018)等有关规范，进行单位工程施工图预算文件的编制。

(2) 投标报价。投标是施工单位获取建设项目的重要途径，关系到企业的生死存亡，投标报价是评标的重要依据之一。学生应学会依据《公路工程标准施工招标文件》(2018 版)的相关规定和工程量清单计算清单报价，进行投标文件的编制。

(3) 工程造价软件应用。学生应能运用行业工程造价管理软件，编制各类造价文件。

1.2 公路建设资金来源

公路建设包括公路工程的小修保养、大中修与技术改造、公路基本建设等，无论建设规模的大小，都需要消耗大量的资金。我国实行多元化、多渠道的公路建设投融资体系，公路建设项目投资来源主要是交通部车购税(费)补助、国债专项资金、银行贷款、地方自筹、企事业资金，以国家预算资金、外资为辅助方式。例如，2017 年公路建设资金共 11162.5349 亿元，其中东部地区 6062.7792 亿元，中部地区 4066.4017 亿元，西部地区 1033.3540 亿元。公路工程的参与方包括业主单位、设计单位、施工单位和监理单位，其中，业主单位主要负责项目整体的融资、建设协调以及后期运营管理。我国公路工程的业主单位大多是公司制的，例如上市公司中的四川成渝高速公路股份有限公司、江苏宁沪高速公路股份有限公司、安徽皖通高速公路股份有限公司等。

根据《国务院关于固定资产投资项目试行资本金制度的通知》(国发〔1996〕35 号)规定，筹措的资金按照性质不同分为项目资本金和债务性资金两类，不同性质资金的筹措方式呈现多样化。

1.2.1 项目资本金

根据《国务院关于固定资产投资项目试行资本金制度的通知》规定，各种经营性投资项目实行资本金制度，即投资项目必须首先落实项目资本金才能进行建设。

1. 项目资本金的概念与数额

项目资本金是指在项目总投资中，由投资者认缴的出资额，对投资项目来说是非债务性资金，项目法人不承担这部分资金的任何利息和债务；投资者可按其出资的比例依法享有所有者权益，也可转让其出资权，但不得以任何方式抽回。

项目资本金的数额是以项目的总投资为基数按照一定比例确定的。根据不同行业和项目的经济效益等因素综合确定投资项目资本金占总投资的比例，按照《国务院关于调整和完善固定资产投资项目资本金制度的通知》(国发〔2015〕51号)规定，城市和交通基础设施项目：城市轨道交通项目由25%调整为20%，港口、沿海及内河航运、机场项目由30%调整为25%，铁路、公路项目由25%调整为20%。作为计算资本金基数的总投资是指固定资产投资与铺底流动资金之和，具体核定时以经批准的动态概算为依据。

投资项目的资本金一次认缴，并根据批准的建设进度按比例逐年到位。试行资本金制度的投资项目，在可行性研究报告中要就资本金筹措情况做出详细说明，包括出资方、出资方式、资本金来源及数额、资本金认缴进度等内容。上报可行性研究报告时须附有各出资方承诺出资的文件，以实物、工业产权、非专利技术、土地使用权作价出资的，还须附有资产评估证明等有关材料。

2. 项目资本金的筹资方式

投资项目资本金可以用货币出资，也可以用实物、工业产权、非专利技术、土地使用权作价出资。对作为资本金的实物、工业产权、非专利技术、土地使用权，必须经过有资格的资产评估机构依照法律、法规评估作价。项目资本金的筹资方式包括以下几种。

(1) 各级人民政府的财政预算内资金、国家批准的各种专项建设基金、"拨改贷"和经营性基本建设基金回收的本息、土地批租收入、国有企业产权转让收入、地方人民政府按国家有关规定收取的各种规费及其他预算外资金。

(2) 国家授权的投资机构及企业法人的所有者权益(包括资本金、资本公积金、盈余公积金和未分配利润、股票上市收益等)、企业折旧资金以及投资者按照国家规定从资金市场上筹措的资金。

(3) 社会个人合法所有的资金。

(4) 国家规定的其他可以用作投资项目资本金的资金。

1.2.2 债务性资金

债务性资金是指项目投资中需要承担利息和债务的资金。项目债务性资金的筹措方式包括银行贷款、发行债券、设备租赁、商业信用和借入外国资金等。

1. 银行贷款

银行贷款是由企业根据借款合同从有关银行或非银行金融机构借入所需资金的一种筹资方式，又称银行借款筹资。

2. 发行债券

公司债券是指公司按照法定程序发行的、预定在一定期限还本付息的有价证券。发行债券与借款有很大的共同点,但债券融资的来源更广,筹集资金的余地更大。

3. 设备租赁

设备租赁是指出租人与承租人订立契约,由出租人应承租人的要求购买所需的设备,在一定时期内使用,并按期收取租金的租赁形式,包括融资租赁、经营租赁、服务出租等形式。融资租赁是由租赁公司应承租人要求购买的专项设备进行出租;设备租赁是租赁公司自行经营的设备反复出租直至报废的租赁业务;服务出租主要是指车辆的租赁。

4. 商业信用

商业信用是指商品交易中的延期付款或延期交货所形成的借贷关系,是企业之间的一种直接信用关系。商业信用又称商业信用融资,是一种形式多样、适用范围很广的短期筹资形式。

5. 借入外国资金

借入外国资金包括外国政府贷款、国际金融组织贷款、国外商业银行贷款、国外金融市场发行债券等。外国政府贷款一般利率较低、贷款周期长,但数量有限;国际金融组织贷款,如世界银行、亚洲开发银行贷款一般为浮动利率、利率相对较低、贷款周期长;国外商业银行贷款筹措中长期资金,筹措资金快但利率高。

1.2.3 我国公路筹资案例

(1) 自1984年起,中国公路建设分批向世界银行贷款,先后修建了西安—三原一级公路、郾城—高塘二级公路、京津塘高速公路、成都—重庆高速公路等多条道路,中国已成为世界银行、亚洲开发银行等国际金融组织重要的合作伙伴和最大的借款国之一,其中西三线、京津塘高速等都是贷款建路的成果。

(2) 沪宁高速公路,起自上海真如,终于南京马群,全长274km,决算投资83.7亿元。自1983年进行规划,至1992年全线通过初步设计审批,历时9年。建设阶段共花费4年时间。资金来源主要包括两方面。2032年前,江苏宁沪高速公路股份有限公司对公路具有100%经营权,其先后两期发行5亿元股票作为公路的建设资金;另外,依靠地方代筹建设资金,沪宁高速公路沿线5市代筹1/4的建设资金。

(3) 国家发展和改革委员会会同交通运输部编制的《国家公路网规划(2013年—2030年)》,规划的总规模为40.1万km国家公路网,由普通国道和国家高速公路两级路网构成。全国所有县级及以上行政区都有普通国道覆盖,国家高速公路连接所有地级行政中心及城镇人口超过20万的中等及以上城市。据测算,新规划的路网总投资将达到4.7万亿元,普通国道建设大约需要2.2万亿元,国家高速公路大约需要2.5万亿元。为保障规划的顺利实施,国家将修订《中华人民共和国公路法》《收费公路管理条例》等法律法规;完善国家投资、地方筹资、社会融资相结合的多渠道、多层次、多元化公路建设投融资政策,逐步建立高速公路和普通公路统筹发展机制。考虑到普通国道和国家高速公路服务属性的差异，计划普通国道建设资金的70%由中央资金补助，剩余部分由省级财政等其他资金安排；国家高速公路建设资金的30%由中央车购税资金补足，其余部分利用社会资金，则完成国家公路网建设大约共需国家投入资金2.3万亿元，大约占未来20年车购税收入的60%。国家公路网建设资金是基本有保障的。

1.3 公路工程造价控制

公路基本建设一般规模大、建设周期长、技术复杂、需要耗用大量的建设资金，我国公路建设项目资金来之不易。为了能充分发挥建设资金的经济效益，保证工程质量，防止决策失误，国家对建设项目必须进行全面而有效的管理。实行造价控制的意义对于公路建设项目的投资方而言，是更好地控制公路建设项目总投资，通过最少的经济投资获得最大的效益，使得投资效益和社会效益最大化，而对于公路工程的承包商来讲，是在实现公路工程质量符合要求和标准的前提下，获得最大利润。我国公路建设市场造价控制实行多层次的造价计算体系。

1. 公路工程基本建设程序与造价测算

公路工程基本建设程序规定从项目建议书编制到工程竣工验收的各个建设阶段，各主体必须多次进行投资额的测算和控制，以满足不同建设阶段对造价控制和管理的要求。公路工程基本建设程序与对应的造价文件如图1-1所示。

（1）投资估算：是项目可行性研究阶段进行立项申请时，对工程投资额进行的首次测算。投资估算是国家审查项目时考虑国家经济实力和项目经济合理性的重要依据，并可作为资金筹措计划的依据。

（2）设计概算（修正概算）：是项目进入设计阶段后，根据初步设计方案和设计图纸进行的工程投资额测算。概算经批转后是确定建设项目投资的最高限额，是签订建设项目总承包合同的重要依据。

（3）施工图预算：是根据施工图设计方案和设计图纸进行编制的。施工图预算经批准后是签订建筑安装工程造价承包合同的依据，是编制标底的基础。

（4）标底（招标控制价）和报价：实行建筑安装工程造价招标项目，一般建设单位都要编制标底，施工单位都要编制报价，标底是进行评标的重要依据，是防止串标的有效手段，报价是施工企业获取工程项目的重要因素。

（5）施工预算：是施工单位参加投标时需要编制的施工成本控制价依据，可以将施工预算金额根据市场情况调整到有竞争性的投标报价。

（6）工程结算：是指按照承包合同及招标文件的规定，根据监理工程师签发的计量支付证书，定期支付工程预付款、计量支付款以及按照有关合同或协议需要支付其他费用结算的经济行为。

（7）竣工决算：是公路建设项目竣工验收后，由建设单位编制的反映建设项目从筹建到竣工投入使用全过程中全部实际支出费用的文件，包括工程决算和财务决算。工程决算是从工程管理角度考虑，侧重于工程实体形成过程中的"量""价""费"，是以实物量为基础，

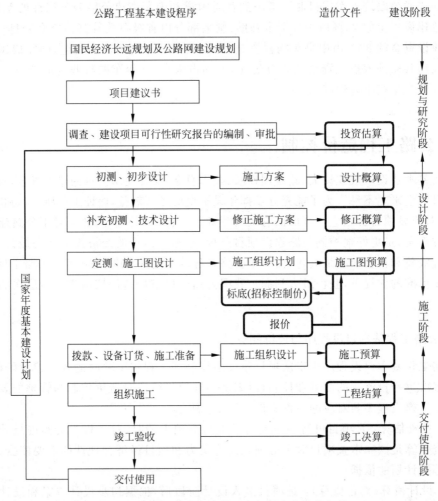

图 1-1　公路工程基本建设程序与对应的造价文件

全面反映公路工程实施全过程资源消耗的总额。而财务决算则从财务管理角度考虑,以价值量为基础,全面反映公路工程实施过程中的资源消耗。

按照基本建设程序,首先是建设单位、施工单位在不同阶段对建设项目做出的预期工程造价计算,确定中标单位后,按照合同条款的约定签订合同价,在施工过程中根据工程变更和市场物价变动确定工程结算价,得到建设项目各分项分部工程的实际造价,工程竣工并验收合格后,建设单位根据各分项分部工程的结算价编制竣工决算,确定整个建设项目的实际造价。

一个建设项目各阶段的计价是由粗到细、由浅到深、由预期到实际的发展过程。造价计算金额是前者大于后者,呈倒金字塔趋势,工程中一般要求决算不能超过预算,预算不能超过概算,概算则不能超过估算的允许幅度,结算不能突破合同价的允许范围,合同价不能偏离报价与标底太多,而报价不能超出标底的规定幅度范围(或投标控制价),标底不允许超出概算。这样分阶段不断细化的造价计算能有效控制造价的投资变化幅度,达到预期投资效益。

2. 公路工程基本建设造价计算比较

在公路工程基本建设不同阶段的造价计算比较如表 1-2 所示。

表 1-2　公路工程基本建设不同阶段的造价计算比较

造价计算类型		计算阶段	计算主体	计算依据	计价意义	造价费用组成
投资估算	建议书投资估算	项目申报阶段	建设单位	《公路工程估算指标》《公路工程投资估算编制办法》建设项目初步方案和现场踏勘资料	项目立项和决策的依据,控制概算和预算的尺度,是资金筹措的依据之一	从筹建至竣工验收的全部建设费用(测算)
	工程可行性研究投资估算					
工程概算	设计概算	初步设计阶段	设计单位	《公路工程概算定额》《公路工程建设项目概算预算编制办法》《公路工程机械台班费用定额》设计图纸及调查资料	国家控制项目投资的最高限额,是选择最优方案的依据	从筹建至竣工验收的全部建设费用(测算)
	修正概算	技术设计阶段				
施工图预算		施工图设计	设计单位	《公路工程预算定额》《公路工程建设项目概算预算编制办法》《公路工程机械台班费用定额》设计图纸及有关资料	是签订建筑安装工程承包合同、编制标底的依据,是施工单位考核工程成本的重要依据	从筹建至竣工验收的全部建设费用(测算)
标底（招标控制价）		招标阶段	建设单位	招标文件 施工组织和施工方法 项目的有关调查资料（项目所在地的自然、社会、经济等情况）	评标依据,是建设单位防止投标单位间相互串标的依据	根据招标文件的工程量清单发包工程部分相应费用,主要是建筑安装工程费(测算)
报价		投标阶段	施工单位	招标文件 施工组织和施工方法 项目的有关调查资料 公司施工定额	报价是施工企业获取工程项目的重要因素	根据招标文件的工程量清单发包工程部分相应费用(测算)
施工预算		施工阶段	施工单位	公司施工定额 施工组织和施工方法	企业内部经营核算的重要依据	根据招标文件的工程量清单发包工程相应费用(测算)
工程结算		施工阶段	建设单位与施工企业	合同文件 结算资料(工程量清单、监理工程师签署的各类证书) 结算规定(时间、内容、程序)	业主和施工方进行经济活动的过程,是双方的货币支付行为	指建设单位同施工单位之间,由于拨付各种预付款和支付已完工程而发生的结算(实算)
竣工决算		竣工阶段	建设单位	有关文件及设计资料 日常结算资料及施工资料 其他有关要求	确定新增固定资产总值和建设成果文件,是竣工验收与移交固定资产的依据	指建设项目完工后竣工验收阶段,由建设单位编制的建设项目从筹建至建成投产全部实际成本(实算)

1.4 公路工程造价文件

公路工程造价编制成果是一本完整的造价文件,各类造价文件均由封面、扉页、目录、造价编制说明及全部造价费用计算表格组成。下面以概(预)算文件表达为例来介绍。

1.4.1 封面及目录

概(预)算文件的封面和扉页应按《公路工程建设项目概算预算编制办法》中规定进行制作,扉页的次页应有建设项目名称、编制单位、编制人员、复核人员姓名并加盖执业(从业)资格印章,编制日期及第几册共几册等内容。目录应按概(预)算表的表号顺序编排。概算文件封面格式样例如图 1-2 所示。

××公路初步设计概算

(K××+×××—K××+×××)

第　　册　共　　册

编制:(签字并盖章)

复核:(签字并盖章)

编制单位:(盖章)

编制时间:　　年　月　日

图 1-2　概算文件封面格式样例

1.4.2 概(预)算编制说明

概(预)算编制完成后,应写出编制说明,文字力求简明扼要,应叙述的内容一般包括以下几方面。

① 建设项目设计文件的依据。

② 编制范围、工程概况等。

③ 采用的定额、费用标准,人工、材料与设备、施工机械台班预算单价的依据或来源,新增工艺的单机分析等。

④ 有关的协议书、会议纪要的主要内容。

⑤ 概(预)算总金额,人工、钢材、水泥、沥青等的总用量。

⑥ 各设计方案的经济比较。

⑦ 项目综合经济技术指标统计,对比分析本阶段与上阶段工程数量、造价的变化情况。

⑧ 其他有关费用计算项及计价依据的说明。

⑨ 采用的公路工程造价软件名称及版本号。

⑩ 其他需要说明问题。

1.4.3 概(预)算表格

公路工程概(预)算应按统一的概(预)算表格计算,共由甲组文件 14 类表格,乙组文件

7类表格组成,其中概(预)算采用相同的表式,在印制表格时,应分别印制。预算表格式样见表1-3。

表 1-3 总概(预)算表

建设项目名称:
编制范围: 第　页共　页　01表

分项编号	工程或费用名称	单位	数量	金额/元	技术经济指标	各项费用比例/%	备注
1	2	3	4	5	6	7	8

编制: 复核:

概(预)算表格是概(预)算文件的主要组成部分,按不同的需要将表格分为两组。

(1)甲组文件为各项费用计算表,乙组文件为建筑安装工程费各项基础数据计算表。甲、乙组文件应按现行《公路工程基本建设项目设计文件编制办法》中关于设计文件报送份数的要求,随设计文件一并报送,并同时提交可计算的造价电子数据文件和新工艺单价分析的详细资料。

(2)乙组文件中的"分项工程概(预)算计算数据表"(21-2表)可只提交电子版,或按需要提交纸质版。

(3)概(预)算应按一个建设项目[如一条路线或一座独立大(中)桥、隧道]进行编制。当一个建设项目需要分段或分部编制时,应根据需要分别编制,但必须汇总编制"总概(预)算汇总表"。

甲、乙组文件包括的内容如下。

1. 甲组文件

① 编制说明;
② 项目前后阶段费用对比表;
③ 建设项目属性及技术经济信息表(00表);
④ 总概(预)算汇总表(01-1表);
⑤ 总概(预)算人工、主要材料、施工机械台班数量汇总表(02-1表);
⑥ 总概(预)算汇总表(01表);
⑦ 人工、主要材料、施工机械台班数量汇总表(02表);
⑧ 建筑安装工程费计算表(03表);
⑨ 综合费率计算表(04表);
⑩ 综合费计算表(04-1表);
⑪ 设备费计算表(05表);
⑫ 专项费用计算表(06表);
⑬ 土地使用及拆迁补偿费计算表(07表);

⑭ 工程建设其他费计算表(08表);
⑮ 人工、材料、施工机械台班单价汇总表(09表)。

2. 乙组文件

① 分项工程概(预)算计算数据表(21-1表);
② 分项工程概(预)算表(21-2表);
③ 材料预算单价计算表(22表);
④ 自采材料料场价格计算表(23-1表);
⑤ 材料自办运输单位运费计算表(23-2表);
⑥ 施工机械台班单价计算表(24表);
⑦ 辅助生产人工、材料、施工机械台班单位数量表(25表)。

本章习题

1. 填空题

(1) 工程造价控制的意义是_____。
(2) 公路工程建设的类型包括_____。
(3) 公路工程基本建设的费用组成包括_____。
(4) 公路工程建设资金包含项目资本金和_____;项目资本金占总投资比例不小于_____,项目资本金的主要筹资方式有_____。
(5) 公路工程基本建设造价计算是指_____。
(6) 公路工程造价文件的组成包括_____。

2. 判断题

(1) 投资估算是国家控制投资的最高限额。(   )
(2) 施工预算和施工图预算的费用内容相同,但费用测算的主体不同。(   )
(3) 公路工程建设的资金来源可以采用全额贷款的方式。(   )
(4) 施工单位购买的洒水车费用应归于施工场地建设费。(   )
(5) 施工预算和施工图预算的费用组成是相同的,只是计算阶段不同。(   )

3. 简答题

列表阐述公路工程基本建设造价计算比较体系的主要内容。

第 2 章 基本建设项目划分

> **任务目标**
> 1. 熟悉基本建设项目划分层次；
> 2. 掌握项目划分的依据；
> 3. 能进行路线工程项目、桥梁建设项目划分。

2.1 基本建设项目组成

公路基本建设是指新建、改建、扩建等投资规模大、建设周期长的公路建设。每个基本建设工程项目都包含许多分项工程内容，为便于编制施工组织设计和概(预)算费用文件、进行工程招投标和施工管理，必须对基本建设项目进行层次划分。建设项目按照内在逻辑关系可划分为：基本建设项目—单项工程—单位工程—分部工程—分项工程共五个层次。基本建设项目层次划分示意如图 2-1 所示。

（1）基本建设项目：符合国家总体建设规划，能独立发挥生产功能，需要经过项目建议书的批准立项，可行性研究报告经过批准的建设任务。例如，一条公路、一个小区、一座工厂等均可称为一个建设项目。

（2）单项工程：基本建设项目的组成部分，一般是指具有独立设计文件，建成后能独立发挥效益或生产能力的工程。例如，分期修建的道路、互通式立交桥和隧道等。

（3）单位工程：单项工程的组成部分，一般不能独立发挥效益，但具有独立施工条件的工程。通常按照不同性质工程的内容，根据组织施工

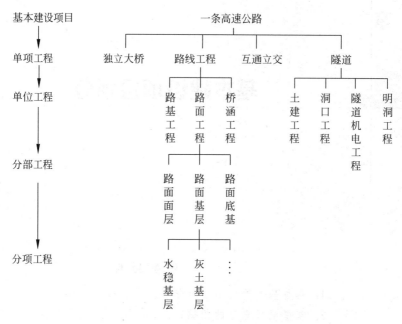

图 2-1 基本建设项目层次划分示意

和编制工程预算的要求,将一个单项工程划分为若干个单位工程,通常工程项目中的一个标段就是造价计算的一个单位工程。

(4) 分部工程:单位工程的组成部分,是按建筑安装工程的结构部位或工序划分的,如路基工程、路面工程等均为分部工程。

(5) 分项工程:分部工程的组成部分,指在分部工程中能用较简单的施工过程生产出来,并能适当计量和估价的基本构造。一般是根据不同施工方法、不同材料、不同规格划分的,能与定额章节划分相应的工程。例如,土方路基、石方路基、软土地基等分项工程。

分部、分项工程是编制施工预算,制定检查施工作业计划,核算工、料费的依据,也是计算施工产值和投资完成额的基础。

2.2 概(预)算项目划分

公路基本建设项目包括许多复杂的分项工程,尤其是建筑安装工程项目众多、费用计算繁杂的分项工程,为准确进行计价和审查,必须对公路基本建设项目进行科学划分,使项目不重不漏、排列有序,便于经济比较,防止出现混乱、漏项、错项的现象。交通运输部在《公路工程建设项目概算预算编制办法》(以下简称本办法)附录 B 中颁布了一套费用组成完整、层次清晰的概(预)算项目表,是概(预)算项目划分的重要依据之一。

概(预)算项目应按项目表的序列及内容编制。当实际出现的工程和费用项目与项目表的内容不完全相符时,第一、二、三、四、五部分和"项"的序号、内容应保留不变,项目表中的"项"以下的分项在引用时应保持序号、内容不变,缺少的分项内容可根据需要就近增加,并按项目表的顺序以实际出现的级别依次排列,不保留缺少的"项"以下的项目序号。

概(预)算项目主要包括以下内容概算预算项目表的详细内容见本办法附录 B):

第一部分　建筑安装工程费
　　第一项　临时工程
　　第二项　路基工程
　　第三项　路面工程
　　第四项　桥梁涵洞工程
　　第五项　隧道工程
　　第六项　交叉工程
　　第七项　交通工程及沿线设施
　　第八项　绿化及环境保护工程
　　第九项　其他工程
　　第十项　专项费用
　　　　1. 施工场地建设费
　　　　2. 安全生产费
第二部分　土地使用及拆迁补偿费
第三部分　工程建设其他费用
第四部分　预备费
第五部分　建设期贷款利息

整个概(预)算项目表基本是按照公路工程的施工流程来排列,依次为临时工程建设—路基修筑—路面铺筑,同时进行桥涵等构造物的修筑。在进行项目划分时,应熟悉项目表的组成内容,能根据分项工程内容快速判断其所属的项目节层次。

小经验:① 项目划分时,应通读施工图设计文件,全面了解设计内容。

② 熟悉项目的施工工序,如桥梁工程,一般从挖基开始依次包括如下工序:筑岛、围堰、埋护筒、挖(钻)孔、浇筑桩混凝土、桩钢筋、挖基坑、承台、柱混凝土、柱钢筋、盖梁混凝土、盖梁钢筋、耳背墙混凝土、耳背墙钢筋、支座、预制上部结构混凝土、上部结构钢筋、运输、吊装、安装伸缩缝、泄水管、护栏混凝土、护栏钢筋、扶手、水泥桥面铺装、桥面铺装钢筋、沥青混凝土铺装。同时还要考虑一些辅助工作,如拌和站拌和、设备安拆、张拉台座底座、安装现浇混凝土的支架、预压基底处理等,按照施工内容完成项目划分。

2.3 项目实施案例(项目划分案例)

【例 2-1】 路线工程项目划分。

某二级公路的项目划分见表 2-1。

表 2-1　某二级公路项目划分表(路基部分)

分项编号	工程或费用名称	单位	工程量	备注
1	第一部分　建筑安装工程费	公路公里	6.5	建设项目路线总长度
101	临时工程	公路公里	6.5	
10101	临时道路	km	0.5	新建便道与利用原有道路总长
10104	临时电力线路	km	1.3	
102	路基工程	km	6.5	
LJ01	场地清理	km	6.5	
LJ0101	清理与掘除	km	6.5	
LJ010101	清除表土	m²	4310	
LJ010102	砍树伐根	棵	113	
LJ02	路基挖方	m³	144400	
LJ0201	挖土方	m³	109500	按不同的地点划分细目
LJ0202	挖石方	m³	34900	
LJ03	路基填方	m³	150000	
LJ0301	利用方填筑	m³	143887	105000/1.16＋4500/1.09＋2000/0.92＋29500/0.92
LJ0302	借方填筑	m³	6113	150000－143887＋辅助工程量
LJ06	排水工程	km	6.5	
LJ0601	边沟	m³/m	3258.99/4578	
LJ0602	排水沟	m³/m	419.085/632	
LJ0603	截水沟	m³/m	217.5/504	

【例 2-2】 桥梁建设项目划分

本项目为某省某县新区 3 号桥,全长 80.7m,桥宽 26m,桥型为 3-25m 装配式预应力混凝土简支箱梁桥,主要工程量见表 2-2,桥梁总体布置如图 2-2 所示。

某省某县新区 3 号桥

表 2-2 预应力混凝土简支箱梁桥工程量

材料	项目	单位	上部结构						下部结构									总计
			25m箱梁	桥面铺装及桥面连续	人行道及护栏	支座及垫石	伸缩装置	合计	桥墩				桥台				合计	
									盖梁	墩柱	桩基	系梁	桩基	台帽	耳墙、背墙台后填土	搭板		
钢绞线	φ15.2	kg	30394					30394										30394
HPB300	φ8	kg	5519			826		6345										6345
HPB300	φ10	kg							3940	1544	1351	635	4585	4136			16191	16191
HPB300	φ16	kg					1264	1264										1264
HPB300	φ20	kg													142		142	142
HPB300	φ25	kg				644		644										644
HPB300	小计		5519			1470	1264	8253	3940	1544	1351	635	4585	4136	142		16333	24586
HRB335	φ10	kg	63362	985	2787			67134										67134
HRB335	φ12	kg	76241	26586	11784			114611	996					959	2163	683	4801	119412
HRB335	φ16	kg	12276	2654				14930			107		382		3419	3805	7713	22643
HRB335	φ20	kg			151			151				5568				6023	11591	11742
HRB335	φ22	kg							1067	470	436		1552	879			4404	4404
HRB335	φ25	kg								13649	8870		32449	10962			65930	65930
HRB335	φ28	kg	5642					5642										5642
HRB335	小计		157521	30225	14722			202468	2063	14119	9413	5568	34383	12800	5582	10511	94439	296907
HRB400	φ28	kg							14299								14299	14299

续表

材料	项目	单位	上部结构						下部结构									总计
			25m箱梁	桥面铺装及桥面连续	人行道及护栏	支座及垫石	伸缩装置	合计	桥墩				桥台				合计	
									盖梁	墩柱	桩基	系梁	台帽	耳墙、背墙	台后填土	搭板		
混凝土	C25混凝土	m³			60.90			60.90										60.90
	C30水下混凝土	m³									446.32						604.30	604.30
	C30混凝土	m³							128.00	123.16		25.00	133.00	51.00		66.00	526.16	526.16
	C40混凝土	m³	799.10					799.10										799.10
	C40防水混凝土	m³		180.00				180.00										180.00
	C40小石子混凝土	m³				2.94		2.94										2.94
	钢纤维混凝土	m³					5.70	5.70										5.70
	小计	m³	799.10	180.00	60.90	2.94	5.70	1048.64	128.68	123.16	446.32	54.30	133.00	51.00		66.00	1130.46	2179.10
	波纹管φ60	m	4746					4746										4746
	OVM15-5锚具	套	192					192										192
	OVM15-6锚具	套	192					192										192
	φ100泄水管	m		105.00				105										105
	人行道型钢	kg			9830.00			9830										9830
	灯具	套			8.00			8										8
	桩基混凝土质量检测管	kg									2740						794	3534	3534
	Q235钢材	kg		2355.00		2713.00		5068										5068
	不锈钢板	kg				90.40		90.40										90.40
	GJZφ400×500×69板式橡胶支座	块				32		32										32
	GZJF4φ400×500×71板式橡胶支座	块				16		16										16
	SSFB-80伸缩缝	m/道					52/2	52/2										52/2
	砂性土	m³													2640		2640	2640
	碎石	m³													260		260	260

第2章 基本建设项目划分

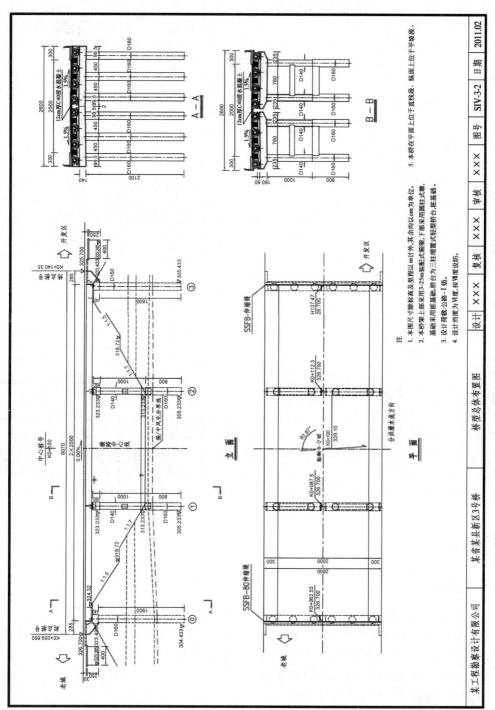

图 2-2 桥梁总体布置

项目划分结果见表 2-3。

表 2-3　桥梁项目划分

分项编号	工程或费用名称	单位	工程量
104	桥梁涵洞工程	km	按桥梁长度
10403	中桥工程	m/座	
1040301	3-25m 装配式预应力混凝土简支箱梁桥	m	80.7
QL01	基础工程	m³	404000
QL0101	桥墩桩基		
QL0102	桥台桩基 φ1.6m	m	240000
QL0103	围堰	处	1
QL02	下部结构	m³	
QL0201	耳背墙	m³	51
QL0202	台帽	m³	133
QL0203	桥墩	m³	369.46
QL0204	桥台	m	80
QL0205	墩身	m³	123.16
QL0206	系梁	m³	54.3
QL0207	盖梁	m³	128
QL03	上部结构	m³	799.1
QL0301	预应力简支箱梁	m³	799.1
QL04	桥面铺装	个	48
QL05	附属设施	m	52
QL0501	支座垫石	m³	306.9
QL0502	伸缩装置	m³	180
QL0503	人行道及护栏	m³	60.9
QL0504	桥头搭板	m³	66
QL0505	台背回填	m³	2900
QL0506	河堤防护	m³	930
……			

本章习题

1. 判断题

（1）一个单位工程通常由一个或多个单项工程组成。（　　）

（2）概（预）算编制时如实际出现的工程和费用项目与项目表的内容不完全相符,"部分"和"项""目"的序号应保留不变,"节""细目"可根据需要增减。（　　）

（3）分期修建的道路路段属于单位工程。（　　）

（4）隧道的机电工程属于单项工程。（　　）

2. 简答题

完成教材引入案例的路面工程、桥涵工程部分的项目划分,编写案例项目的项目划分。

第 3 章

公路工程预算定额应用

任 务 目 标

1. 了解定额概念及分类;
2. 了解定额组成与编制方法;
3. 熟悉各分项工程常见施工方案;
4. 掌握公路工程预算定额的查用和抽换办法,填写 21-2 表。

3.1 定额的概念、分类及组成

1. 定额的概念

定额是在正常的生产(施工)技术和合理的施工组织条件下,为完成单位合格产品所需要的人工、材料、机械台班、时间、资金等资源消耗量的标准。定额在规定消耗数量的同时,还规定了相应的工作内容和需要达到的质量标准。

定额是各地定额站工作人员经过科学的测定、分析、计算后用数字加以量化的消耗量标准,具有一定的科学性,是工程计价的重要依据之一。定额代表了一定时段内的生产力水平,随着生产力水平的提高必将不断修改和补充。当新版本定额实施后,旧版本定额同时废止,具有时效性。例如,前一版《公路工程预算定额》是 2007 版,现行版是 2018 版。

定额内容的组成如图 3-1 所示,定额表表头首先界定了真空预压的工作内容,右上角 1000m^2 表示完成产品的单位量,表中的数值表示现有生产力水平下完成 1000m^2 真空预压消耗的人工、机械要素和数量。

2. 公路工程定额的分类

(1) 按照使用阶段(定额用途)来分,公路现行定额包括施工定额、预

1-2-13 真空预压

工程内容：①测量放线；②制、安、拆滤排水管；③铺设砂垫层及薄膜；④施工密封沟；⑤安、拆真空设备；⑥抽真空，观测。

单位：1000m² 处理面积

顺序号	项目	单位	代号	真空预压 预压期/月	
				3	每增减0.5
				1	2
1	人工	工日	1001001	182.2	7.8
2	铁件	kg	2009028	20	—
3	塑料编织袋	个	5001052	160	—
4	其他材料费	元	7801001	18280.2	—
5	ϕ100mm 电动单级离心水泵	台班	8013002	197.14	39.46
6	204m³/h 以内真空泵	台班	8013029	197.14	39.46
7	小型机具使用费	元	8099001	59.5	11.9
8	基价	元	9999001	62202	5680

注：本章定额中未包括堆载材料的运输，应按相关定额另行计算。

图 3-1 定额内容的组成

算定额、概算定额、估算指标、补充定额等，如表 3-1 所示。各级定额编制均以施工定额为基础，按照工料机的幅度差系数标准扩大而确定。

表 3-1 定额分类

定额名称	定额用途	定额水平
施工定额	编制投标报价、施工预算计价依据，用于企业内部的有效管理	先进
预算定额	编制施工图预算、合理标底的基础，是合同价确定和施工单位成本核算的依据	平均，先进合理
概算定额	编制设计概算的扩大分项工程消耗量标准，是国家控制项目投资的最高限额	低于预算水平
估算指标	编制项目投资估算，进行立项与决策的依据	水平低
补充定额	当设计图纸上某项工程采用新材料、新结构、新工艺、新设备，而现行的计价定额资料又无近似的可利用的工料消耗和机械台班定额来编制这类工程造价时，可以编制补充定额作为工程造价计价的依据	

公路行业现行定额样例如图 3-2 所示。

(2) 按照使用范围来分，有全国统一定额、行业定额、地方性定额和企业定额。

全国统一定额，如《全国统一市政工程预算定额》《全国统一安装工程预算定额》等。

行业定额，如《公路工程预算定额》《公路工程概算定额》等。

地方性定额，如山西省农村公路补充定额及编制办法、山西省公路采空区处治工程概（预）算定额及编制办法（试行）、山西省旧桥加固工程预算定额（参考使用）等。

企业定额，由施工企业内部编制，定额水平高于全国统一的施工定额，属于商业机密。

3. 定额组成

公路工程的施工定额、预算定额、概算定额、估算指标的定额水平不同，但是定额组成均

第3章 公路工程预算定额应用

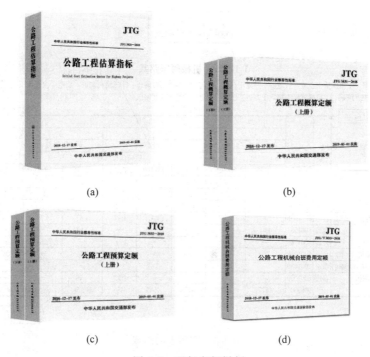

图 3-2 现行定额样例

(a)《公路工程估算指标》；(b)《公路工程概算定额》(上、下册)；(c)《公路工程预算定额》(上、下册)；
(d)《公路工程机械台班费用定额》

包含三部分：定额说明、定额表和附录，其中定额表是核心部分和主要内容。下面以《公路工程预算定额》为例具体介绍，下文中提及定额时，如未指出定额名称均指此定额。

(1) 定额说明：包括预算总说明、章节说明、定额表后附注。

① 预算总说明(共 20 条)阐述了定额的编制原则和适用范围，以及涉及定额使用方面的全面性规定与解释，是定额使用方法的总纲。

② 章节说明(共 9 章)主要包括本章定额的组成内容、本项目工程施工对应的定额抽换办法，工程量的计算规则和规定说明以及计算的辅表等，是正确查用定额的基础。

③ 定额表后附注是针对本分项工程施工过程中条件变化进行定额调整的办法，是正确查用定额的依据。

(2) 定额表：主要包括表号及定额表名称、工程内容、定额单位、顺序号、项目、代号、工程细目、栏号、定额值、基价、小注等，如图 3-3 所示。定额表的作用是确定实施各分项工程的人工、材料、机械种类和标准消耗量。

① 表号及定额表名称：图 3-3 中，定额表号是 1-1-18，表名是机械碾压路基。

② 工程内容：主要说明本定额表所包括的操作内容。查定额时，必须将实际发生的项目操作内容与表中的工程内容进行比较，不一致时应进行调整或抽换。

③ 定额单位：如 $10m^3$、$100m^3$、$1000m^3$，本分项工程的定额单位是 $1000m^3$。

④ 顺序号：表示消耗人工、材料、机械的顺序号，起简化说明的作用，例如，"1♯人工"。

⑤ 项目：即定额表中的工程所需人工、材料、机械费用的名称、规格。例如，普通雷管、碎石(2cm)、42.5 级水泥。

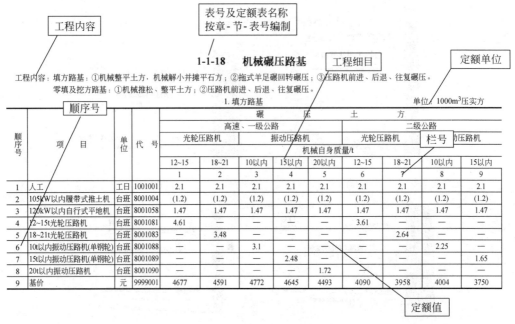

图 3-3 定额表的组成

⑥ 代号：采用软件计算时工料机的识别符。例如，人工 1001001。

⑦ 工程细目：表征本表中所包括的工程细目。例如，道路等级与碾压主机械类型等。

⑧ 栏号：指工程细目的编号。例如，填方路基碾压土方，高速、一级公路如选用 15t 以内振动压路机碾压的工程细目编号为第 4 栏。

⑨ 定额值：表中各种资源的消耗数量。例如，人工为 2.1 工日等。

⑩ 基价：指该工程项目的工程造价，即为 2018 年 12 月北京地区完成该工程细目施工的工程基价。

⑪ 小注：指某些定额表中下方的标注，使用时注意仔细阅读，以免发生错误。

(3) 附录：包含四个附录。

① 附录一。路面材料计算基础数据，为路面材料体积与质量的换算提供依据。

② 附录二。基本定额，是水泥砂浆、水泥混凝土的配合比或水泥强度等级发生变化时进行水泥、中粗砂、碎石材料消耗量抽换的依据。

③ 附录三。材料的周转及摊销，是由施工中如模板、支架等周转性材料的正常周转次数与正常摊销量规定的，当周转材料的实际周转次数变化时，需按照定额附录三表进行消耗量抽换。

④ 附录四。定额人工、设备单价表，是造价进行体积与质量换算和基价调整的依据。

随堂练习

1. 公路工程按照使用阶段的分类有哪些？
2. 公路工程预算定额的组成有哪些部分？
3. 公路工程预算定额附录的内容和作用是什么？

3.2 定额实物消耗量的编制方法

定额消耗的生产要素主要包括人工、材料、机械三类。各要素的定额消耗量测定办法有：技术测定法、统计分析法、比较类推法、试验法和经验估计法等。

1. 人工消耗量指标

人工消耗量指标是指在一定生产技术组织条件下，为完成单位合格产品所规定的人工消耗量标准。人工消耗量指标有两种表现形式，即时间定额和产量定额。时间定额是指完成单位合格产品所必需的工作时间，单位是工时、工日（一般为 8h）等；产量定额是指单位工日所完成的产品数量，常见单位是 m、m^2、m^3 等。时间定额和产量定额数值上成倒数关系。

（1）施工定额中的人工消耗量指标确定有计时观察法、比较类推法、经验估计法、统计分析法等，其中人工消耗量包括施工中的基本工作时间、辅助工作时间、准备与结束工作时间、不可避免的中断时间和休息时间。

【例 3-1】 人工挖路基土方，土为普通土，挖 $1m^3$ 需消耗基本工作时间 80min，辅助工作时间占工作班连续时间的 2%，准备与结束工作时间占工作班连续时间的 2%，不可避免的中断时间占工作班连续时间的 1%，休息时间占工作班连续时间的 15%。计算该人工挖普通土劳动定额的时间定额。

解：假定完成 $1m^3$ 普通土开挖需要的工作班延续时间为 x，则 $x=$ 基本工作时间＋辅助工作时间＋准备与结束工作时间＋中断时间＋休息时间

$x = 80\text{min} + 2\%x + 2\%x + 1\%x + 15\%x$

$x = 80\text{min} \div (1 - 2\% - 2\% - 1\% - 15\%) = 100\text{min}$

若每工日按 8h 计算，则人工挖 $1m^3$ 普通土需要的时间定额为

$x \div 60 \div 8 = (100 \div 60 \div 8) \text{工日}/m^3 = 0.20833 \text{ 工日}/m^3$

（2）预算定额中的人工消耗量是根据测算后综合取定的工程数量和参照施工定额中人工消耗指标计算出的。人工消耗量不分工种、不分技术等级全部综合在一起，再考虑人工幅度差，则可制定出该项目的人工消耗量指标。

预算定额的用工数量＝（基本用工＋辅助用工＋超运距用工）×人工幅度差系数

式中：基本用工为完成预算定额分项工程定额单位工作量计算出的基本用工数量；辅助用工为施工现场对需要加工的材料进行加工的用工数量；超运距用工为超出劳动定额规定的运距部分的运输用工数量；人工幅度差系数为受施工现场因素影响，又无法计量的时间损失，如工序交接间断时间等，需要考虑增加人工幅度差系数，一般用百分率表示。

各分项系数如表 3-2 所示。

表 3-2 人工幅度差系数

预算定额工程项目	系 数
准备工作、土方、石方、安全设施、材料采集加工、材料运输	1.04
路面、临时工程、纵向排水、整修路基、其他零星工程	1.06
砌筑、涵管、木作、支拱架、混凝土及钢筋混凝土	1.08
隧道、基坑、围堰、打桩、造孔、沉井、安装、预应力钢筋、钢桥	1.10

（3）概算定额中人工消耗量是在预算的基础上对项目进行综合并计取幅度差系数，计算规则差不多。人工幅度差主要是考虑工序间衔接的合理等待时间而给出的一个系数，一般为 1.0～1.04。例如，路基土石方工程的幅度差系数为 1，路基排水、防护、桥涵挖基等分项幅度差系数为 1.01，路面工程幅度差系数为 1.03，涵洞工程幅度差系数为 1.04 等。

2. 材料消耗量指标

材料消耗量指标是指在一定生产技术组织条件下，为完成单位合格产品所规定的必须消耗的材料资源的数量标准。公路工程材料分为一次性消耗材料和周转性材料。

（1）施工定额的一次性消耗材料的消耗量指标的确定方法有观察法、试验法、统计法、计算法；而周转性材料的消耗量指标确定是按照多次使用、多次分摊的办法。

施工中材料消耗定额是指必须消耗的材料数量，包括直接用于建筑与安装工程的材料、不可避免的施工废料和不可避免的材料损耗。不可避免的材料损耗一般通过材料损耗率来表示：

$$材料损耗率 = 材料损耗量 / 材料净用量 \times 100\%$$

$$材料定额消耗量 = 材料净用量 + 材料损耗量$$

$$周转性材料的摊销定额 = A(1+K)/n$$

式中：A——周转材料的图纸一次消耗量；

　　　K——场内运输及操作损耗率（定额中综合计入了操作损耗，其损耗率即混凝土预制为 1%，现浇为 2%，沥青混合料为 4%，砌筑砂浆为 2.5% 等，这些损耗都是根据建设规模、施工技术和施工机械配备配套以及管理水平的实际情况等因素拟定的，与实际有一定差距，故有待做全面的调查研究）；

　　　n——周转及摊销次数，从《公路工程预算定额》附录三查取。

（2）预算定额的材料消耗量也是由材料的净用量和各种合理损耗组成。其中各种合理损耗包括场内运输损耗和操作损耗；而场外运输损耗和工地仓库保管损耗则计入材料预算价格之中。

根据作用不同，公路工程预算定额中材料消耗指标的表现形式和计算方法也不同。

主要材料：材料消耗量 = 净用量 ×（1 + 场内运输及操作损耗率）

周转性材料：材料消耗量 = 周转摊销量

其他材料：其他材料费 = 材料预算单价 × 数量

金属设备：设备摊销费 = 55 元 × 设备质量（t）× 施工期（月）

（3）概算定额的材料消耗量是对预算定额项目进行综合计算得到的，消耗量与预算定额消耗量定额基本相同。

【例 3-2】 已知某定额水泥消耗量 4120t，损耗率 3%，求水泥的净用量。

分析：损耗率＝材料损耗量/材料净用量×100%

材料损耗量＝材料净用量×损耗率

材料定额消耗量＝材料净用量＋材料损耗量＝材料净用量×(1＋损耗率)

解：材料净用量＝材料定额消耗量/(1＋损耗率)＝4120t/1.03＝4000t

3. 机械台班消耗量指标

机械台班消耗量指标是指在一定生产技术组织条件下，为完成单位合格产品所必须消耗的机械台班数量的标准。施工机械消耗量指标有两种表现形式，即时间定额和产量定额。时间定额是指完成单位合格产品所必需的工作时间，单位是台时、台班（机械工作 8h）等；产量定额是指单位工日所完成的产品数量，常见单位是 m、m^2、m^3 等。时间定额和产量定额数值上成倒数关系。

（1）施工定额中的消耗量确定首先要对机械小时生产率进行测定，通常采用技术测定法（计时观察法）、比较类推法、经验估计法、统计分析法等。施工机械消耗量是指机械必须消耗的时间，包括净工作时间（机械有效工作时间、不可避免的空转时间等）和辅助消耗时间（工人休息时不可避免的中断时间、准备与结束工作时的中断时间）。

（2）预算定额中的机械台班消耗量指标是根据其施工定额各分项工程的机械台班耗用量，再考虑机械的幅度差来确定的。施工机械通常包括主要机械和小型机具。

$$预算定额主要机械台班消耗量 = \left[\sum(施工定额该种机械台班消耗量 \times 工程数量)\right] \times 该种机械幅度差系数$$

机械的幅度差是指在施工定额测定范围内未包括，但在预算定额中又必须考虑的因素而增加的机械台班数量。例如，推土机、沥青混合料拌和设备及摊铺机的机械幅度差系数为 1.25，铲运机、挖掘机、拖拉机、自卸汽车、稳定土厂拌设备为 1.33，装载机、压路机为 1.43，平地机、回旋钻机、稳定土拌和机为 1.54，混凝土搅拌机（预制/现浇）为 2.00/2.50。

小型机具使用费是指对工程造价影响不大、自重较小的机械，如电钻、电锯、刨床等。因小型机具的台班消耗量较少，定额中直接以费用计算。

（3）概算定额中的消耗量是在预算定额的基础上对项目进行综合，计取幅度差系数，二者计算规则差不多。机械幅度差主要是考虑工序间的衔接及机械的合理等待时间给出一个系数，一般为 1.01～1.03，其中路基土石方工程、路基排水机械幅度差为 1.01，路基防护、路面工程、隧道工程机械幅度差系数为 1.02，涵洞工程、桥梁承台、临时工程机械幅度差系数为 1.03 等。

4. 定额基价

现行的定额基价就是完成定额单位的工程量，按人工、材料、机械台班基价（即 2018 年北京地区的预算单价）及定额人工、材料、机械消耗量计算出的人工费、材料费和机械使用费之和。定额基价的作用是为分项工程造价计算提供参考，并为施工方案选择提供依据。

【例 3-3】 以机械碾压填方路基项目为例，比较分项工程中预算定额和概算定额消耗量指标。比较结果如图 3-4、图 3-5 所示。

(1) 预算定额

1-1-18　机械碾压路基

工程内容：填方路基：①机械整平土方，机械解小并摊平石方；②拖式羊足碾回转碾压；③压路机前进、后退、往复碾压。
零填及挖方路基：①机械推松、整平土方；②压路机前进、后退、往复碾压。

1. 填方路基　　　　　　　　　　　　　　　　　　单位：1000m³压实方

顺序号	项目	单位	代号	碾 压 土 方								
				高速、一级公路					二级公路			
				光轮压路机		振动压路机			光轮压路机		振动压路机	
				机械自身质量/t								
				12~15	18~21	10以内	15以内	20以内	12~15	18~21	10以内	15以内
				1	2	3	4	5	6	7	8	9
1	人工	工日	1001001	2.1	2.1	2.1	2.1	2.1	2.1	2.1	2.1	2.1
2	105kW以内履带式推土机	台班	8001004	(1.2)	(1.2)	(1.2)	(1.2)	(1.2)	(1.2)	(1.2)	(1.2)	(1.2)
3	120kW以内自行式平地机	台班	8001058	1.47	1.47	1.47	1.47	1.47	1.47	1.47	1.47	1.47
4	12~15t光轮压路机	台班	8001081	4.61	—	—	—	—	3.61	—	—	—
5	18~21t光轮压路机	台班	8001083	—	3.48	—	—	—	—	2.64	—	—
6	10t以内振动压路机(单钢轮)	台班	8001088	—	—	3.1	—	—	—	—	2.25	—
7	15t以内振动压路机(单钢轮)	台班	8001089	—	—	—	2.48	—	—	—	—	1.65
8	20t以内振动压路机	台班	8001090	—	—	—	—	1.72	—	—	—	—
9	基价	元	9999001	4677	4591	4772	4645	4493	4090	3958	4004	3750

图 3-4　预算定额

(2) 概算定额

1-1-20　机械碾压路基

工程内容：填方路基：①机械整平土方，机械解小并摊平石方；②拖式羊足碾回转碾压；③压路机前进、后退、往复碾压。
零填及挖方路基：①机械推松、整平土方；②压路机前进、后退、往复碾压。

1. 填方路基　　　　　　　　　　　　　　　　　　单位：1000m³压实方

顺序号	项目	单位	代号	碾 压 土 方								
				高速、一级公路					二级公路			
				光轮压路机		振动压路机			光轮压路机		振动压路机	
				机械自身质量/t								
				12~15	18~21	10以内	15以内	20以内	12~15	18~21	10以内	15以内
				1	2	3	4	5	6	7	8	9
1	人工	工日	1001001	2.1	2.1	2.1	2.1	2.1	2.1	2.1	2.1	2.1
2	120kW以内自行式平地机	台班	8001058	1.49	1.49	1.49	1.49	1.49	1.49	1.49	1.49	1.49
3	12~15t光轮压路机	台班	8001081	4.66	—	—	—	—	3.65	—	—	—
4	18~21t光轮压路机	台班	8001083	—	3.52	—	—	—	—	2.67	—	—
5	10t以内振动压路机(单钢轮)	台班	8001088	—	—	3.13	—	—	—	—	2.27	—
6	15t以内振动压路机(单钢轮)	台班	8001089	—	—	—	2.51	—	—	—	—	1.67
7	20t以内振动压路机	台班	8001090	—	—	—	—	1.74	—	—	—	—
8	基价	元	9999001	4730	4645	4823	4701	4546	4137	4005	4046	3795

图 3-5　概算定额

由图 3-4、图 3-5 定额表可以得出：

① 每 1000m³ 一级公路 15t 以内振动压路机碾压的预算消耗量指标为：

人工：2.1 工日；平地机：1.47 台班；15t 以内振动压路机(单钢轮)：2.48 台班。

② 每 1000m³ 一级公路 15t 以内振动压路机碾压的概算消耗量指标为：

人工：2.1 工日；平地机：1.49 台班；15t 以内振动压路机(单钢轮)：2.51 台班。

概算人工幅度差系数=2.1/2.1=1；机械幅度差系数(平地机)=1.49/1.47=1.014；机械幅度差系数(压路机)=2.51/2.48=1.012；与路基土石方定额编制的规定幅度差系数一致。

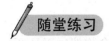

1. 判断题

(1) 相同分项工程的施工定额值一般略大于或等于预算定额值。（　　）

(2) 定额的编制是从施工定额编起，在此基础上逐步扩大幅度差系数编制概算定额，再经过综合扩大得到预算定额。（　　）

(3) 定额中人工消耗指标中应扣除施工中的休息时间和准备、结束工作阶段消耗的时间。（　　）

(4) 定额中材料消耗量指标已经包含操作工艺损耗，如预制水泥混凝土构件每 $10m^3$ 实体需要定额值为 $10.10m^3$ 混凝土。因此说材料定额消耗值大于或等于材料净用量。（　　）

(5) 设备摊销费属于材料消耗量，而不是机械消耗量。（　　）

2. 计算题

已知某定额水泥净用量 4120t，损耗率 3‰，试求水泥的定额消耗量。

3.3 公路工程预算定额总说明

在公路工程造价的编制过程中，定额是重要计价依据之一，测算费用所依据的人工、材料、机械（简称工料机）消耗量是通过查定额来确定的，正确应用定额确定各分项工程工料机消耗量，是保障造价金额测算精度的重要环节。为了正确使用定额，必须熟悉定额组成与章节内容，明确分项工程施工工序，深刻理解定额说明的各项规定，熟练掌握定额使用要领。《公路工程预算定额》是全国通用的行业定额，是工程预决算及编制标底报价的依据，能基本准确地反映工料机消耗量。本章除特殊说明外，主要以《公路工程预算定额》为例来讲述定额的查用方法。

在《公路工程预算定额》的首页是"总说明"。总说明是对定额使用的全面规定和权威解释，只有正确理解、熟练记忆，才能为后面的应用提供依据。《公路工程预算定额》的"总说明"共20条。现就其重要内容介绍如下。

(1)《公路工程预算定额》的使用范围是公路建设新建与改扩建工程。

总说明第一条：本定额是全国公路专业定额。它是编制施工图预算的依据，也是编制工程概算定额（指标）的基础，适用于公路建设新建与改扩建工程。

(2)《公路工程预算定额》的性质是生产要素消耗量定额，而非费用定额。

总说明第二条：本定额是以人工、材料、机械台班消耗量表现的公路工程预算定额。

(3)《公路工程预算定额》具有权威性和法定性。

总说明第四条：本定额是按照合理的施工组织和一般正常的施工条件编制的。定额中所采用的施工方法和工程质量标准是根据国家现行的公路工程施工技术及验收规范、质量评定标准及安全操作规程取定的，除定额中规定允许换算者外，均不得因具体工程的施工组织、操作方法和材料消耗与定额规定不同而变更定额。

（4）工日规定的明确性。

总说明第五条：每工日工作时间规定为潜水工为6h，隧道工为7h，其余均按每工日8h计算。

（5）《公路工程预算定额》中的材料定额值中已包括正常的场内损耗，但不包括场外损耗。

总说明第七条：本定额中的材料消耗量系按现行材料标准的合格料和标准规格料计算的。定额内材料、成品、半成品均已包括场内运输及操作损耗，编制预算时，不得另行增加损耗。其场外运输损耗、仓库保管损耗应在材料预算价格内考虑。

（6）《公路工程预算定额》中的材料定额在一定条件下允许抽换，允许抽换的条件有以下四种。

① 总说明第八条：本定额中周转性材料、模板、支撑、脚手杆、脚手板和挡土板等的数量，已考虑了材料的正常周转次数并计入定额内。其中，就地浇筑钢筋混凝土梁用的支架及拱圈用的拱盔、支架，如确因施工安排达不到规定的周转次数时，可根据具体情况进行换算并按规定计算回收，其余工程一般不予抽换。

② 总说明第九条：定额中列有混凝土、砂浆的强度等级和用量，其材料用量已按附录二中配合比表规定的数量列入定额，不得重算。例如，设计采用的混凝土、砂浆强度等级或水泥强度等级与定额所列强度等级不同，则可按配合比表进行换算。但实际施工配合比材料用量与定额配合比表用量不同时，除配合比表说明中允许换算者外，均不得调整。混凝土、砂浆配合比表的水泥用量，已综合考虑了采用不同品种水泥的因素，实际施工中不论采用何种水泥，均不得调整定额用量。

③ 本定额中各类混凝土均未考虑外掺剂的费用，如设计需要添加外掺剂时，可按设计要求另行计算外掺剂的费用，并适当调整定额中水泥用量。

④ 施工中商品混凝土材料处理办法。

总说明第十一条：本定额中各类混凝土均按施工现场拌和进行编制，采用商品混凝土时，可将相关定额中的水泥、中（粗）砂、碎石的消耗量扣除，并按定额中所列的混凝土消耗量增加商品混凝土的消耗。

（7）《公路工程预算定额》的定额表符号规定。

总说明第十七条：定额表中注明"某某数以内"或"某某数以下"者，均包括"某某数"本身；而注明"某某数以外"或"某某数以上"者，则不包括"某某数"本身。定额内数量带"（）"者，表示基价中未包括其价值。

定额表中"（）"的数量有两种可能性：一种是半成品的复合材料，如砂浆、混凝土材料，其材料通过原材料计入基价，括号中的数值仅用作定额抽换，如[2-2-17]中混凝土数量有括号不计价；另一种是两种同类机械中选其一，根据施工现场情况具体选用，如[1-1-18]中推土机与平地机是并列关系，若实际施工时用推土机整平，则预算中就应计入推土机括号中的台班数，而去掉平地机的台班数。

（8）《公路工程预算定额》中的基价。

总说明第十九条：本定额的基价是人工费、材料费、机械使用费的合计价值。基价中的人工费、材料费按附录四计算，机械使用费按《公路工程机械台班费用定额》(JTG/T 3833—

2018)计算。

项目所在地海拔超过3000m以上,人工、材料、机械基价乘以系数1.3。

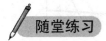

1. 判断题

(1) 预算定额是费用定额。(　　)
(2) 材料消耗量定额中已经包含材料的场内外运输损耗,在造价编制中不得另行增加。(　　)
(3) 定额内数量带"( )"者,则表示施工中未用到,表中列出没有实质性意义。(　　)
(4) 设备摊销费和机具使用费都属于材料费。(　　)
(5) 1工日是指工人正常工作8h时间。(　　)

2. 问答题

预算定额在哪些条件下允许抽换?

3.4 路基工程

路基是公路工程的重要组成部分,是沿线修筑的有一定技术要求的带状构造物,尤其是山岭区公路的路基土石方工程量相当庞大,正确运用路基定额对造价测算具有重要意义。

3.4.1 路基土石方名词

(1) 断面方:包括挖方与填方。根据路线工程图的路基横断面,分别计算填方、挖方路段的土石方数量,称为断面方数量,即按照设计图上给出的"土石方数量表"中的数量。对于填方是指压实方,对于挖方是指天然密实方。

$$断面方 = 挖方(天然密实方) + 填方(压实方)$$

(2) 利用方:利用路堑挖方填入路堤的土方量,按照运距远近分为本桩利用和远运利用。利用方以压实方计算。

(3) 借方:利用路基范围以外的土方量。借方以压实方计算。

$$借方 = 填方(压实方) - 利用方(压实方)$$

(4) 弃方:多余的土石方或不适合作路基填料的土石方需要运到弃土场的方量。弃方以天然密实方计算。

$$弃方 = 挖方(天然密实方) - 利用方(天然密实方)$$

(5) 计价方:路堑挖方和借方的方量之和。

$$计价方 = 挖方(天然密实方) + 填方(压实方) - 利用方(压实方)$$
$$= 挖方(天然密实方) + 借方(压实方)$$

各类土石方调配的工程意义如图3-6所示。

在路基土石方工程填挖施工中,应考虑在经济合理的运距条件下尽可能移挖作填,以满

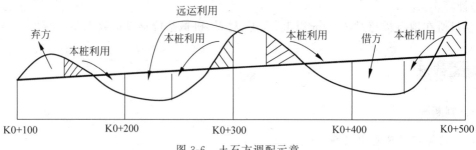

图 3-6 土石方调配示意

足用最少的土石方数量达到路基工程快速施工和节约的目的。施工前的土石方调配就是要确定路堑挖方用多少数量移挖作填,有多少数量运往弃土堆,还需要多少从路堤两侧取土坑或其他取土场挖运用作路堤填土的施工组织设计方法。

【例 3-4】 某二级公路路基土方工程,挖方 30000m³ 天然密实方(普通土),填方 40000m³(压实方),利用方 25000m³(天然密实方),设利用方与借方的压实方与天然密实方的换算系数从预算定额土石方章节说明中查取,为 1.16,则借方需 18448m³(压实方),计价方为 48448m³,弃方为 5000m³(天然密实方)。

解:利用方 = 25000m³/1.16 = 21552m³(压实方)

借方 = 40000m³ − 21552m³ = 18448m³(压实方)

计价方 = 30000m³ + 18448m³ = 48448m³

弃方 = 30000m³ − 25000m³ = 5000m³(天然密实方)

3.4.2 路基施工常见分项工程

(1) 清表:表层土含有容易腐蚀分解的有机物(如草、树根叶等),其不利于道路地基的稳定性。路基清表是对路基施工范围内不适合作为路基填筑材料的腐殖土、树根路段、软基处理或特殊路基处理等路段均进行清除,一般是清除表土层 20~30cm。但对于开挖不可利用的弃方路段、沼泽地、需换填地段路基、桥梁路段可以不清除。

清表施工方案:包括推、运、压施工工序,常用机械包括推土机、装载机、自卸汽车、压路机、洒水。一般采用推土机推挖表土,推出路基以外。清除的表土如用于后期绿化可以不用运输,如需远运,按土方运输定额另计运输定额。碾压采用夯实或压路机碾压。

清表分项定额模板[1-1-1]、[1-1-11](若需要运输)、[1-1-5](二级以下公路)或[1-1-18](二级及二级以上公路)。

注意:清除表土和除草定额不可同时套用。

(2) 路基填方:包括利用方填筑和借方填筑两类。

利用方填筑:利用路堑挖方填入路堤的方量。利用方的挖方和运输在挖方中计算,利用方填筑施工只需计洒水和碾压工序,定额套用应考虑夯实增加的工料机消耗。

利用方定额模板[1-1-18],需要洒水时计[1-1-22]。

借方填筑:利用路基范围以外的土方填入路堤的填方。利用方的施工工序包括挖、运和碾压夯实,定额套用应考虑开挖、从取土场到施工现场的运输、夯实碾压的消耗量,造价计算时还应考虑取土资源费用等。

借方定额模板[1-1-9]、[1-1-11]、[1-1-18],需要洒水时计[1-1-22]。

(3) 土方开挖:包括开挖、运输、修刷边坡三个工序。土方开挖机械包括推土机、铲运机、装载机、挖掘机、自卸汽车等,土方开挖机械适用范围如表3-3所示。

表3-3 土方开挖机械适用范围

机械	工作内容	运输经济运距	适用范围	备注
推土机	平整场地、填埋沟槽、挖基坑	10~100m短距离推、运	土方开挖(本桩利用)	形式有履带式和轮胎式
铲运机	短距离、大规模土方转移	100~600m中长距离的挖土、运土、卸土、填筑、整平	土方开挖(中长距离挖+运)	形式有拖式和自行式两种,自行式效率高
挖掘机+(装载机)+自卸汽车	长距离、大规模土方转移	>500m的长距离运输时应选自卸车	土方开挖(远运利用和弃方)、借方的开挖	
人工挖运	在机械操作达不到处	可以配套机动翻斗车、手扶拖拉机进行运输,运距<1000m	土方开挖(局部路段)	

土方开挖定额模板根据情况选用[1-1-9]~[1-1-13]。对于装载机和自卸汽车的合理配合规定如下:$1m^3$斗容的装载车与3~6t自卸车配套;$2m^3$斗容的装载车与8~10t自卸车配套;$3m^3$斗容的装载车与12~20t自卸车配套。

(4) 石方开挖:对于石方开挖路段,常采用爆破法。当工程分散、石方量少时采用人工打眼开炸施工,路基石方集中路段的坚石、次坚石可采用机械打眼开炸或挖掘机带破碎锤破碎石方施工,适用于一般爆破的施工方法;而当施工条件复杂,如周围有临近的重要建筑物、营运的高铁、高压电力塔、水库等时,需严格控制飞石距离,必须采取控制爆破技术开炸石方,半填半挖石方路段可以采用抛坍爆破施工。

石方开挖定额模板根据情况选用[1-1-14]~[1-1-17]。

(5) 路基整修:包括整修路拱和整修边坡两项内容。

路基整修定额模板[1-1-20]。

(6) 软基处理:包括各类软基处理方案,路基整修定额模板在3.1节,注意排水环节的处理。

(7) 路基排水:路基排水是防止路基水损害的重要因素。路基排水分排除地面水和排除地下水两大类。排除地面水设施可采用边沟、截水沟、排水沟、跌水与急流槽、拦水带、蒸发池等;排除地下水设施有排水沟、暗沟(管)、渗沟、渗井、检查井等。各类排水设施分布与形状如图3-7~图3-11所示。

路基排水工程的施工包括基坑开挖、垫层施工(如有)、砌筑或现浇衬砌等。其中边沟、排水沟、截水沟、盲沟的挖基定额用[1-3-1],其他排水工程的挖基定额套用路基土石方工程的相关定额。挖基工程量的计算是边沟只计砌筑部分体积,断面部分已经在路基挖方中算过,不能重复计算,其他挖基工程量应按照断面方和砌筑体积之和计算。如需考虑垫层,按有关定额另行计算;砌筑或现浇分别按照相关定额计入。

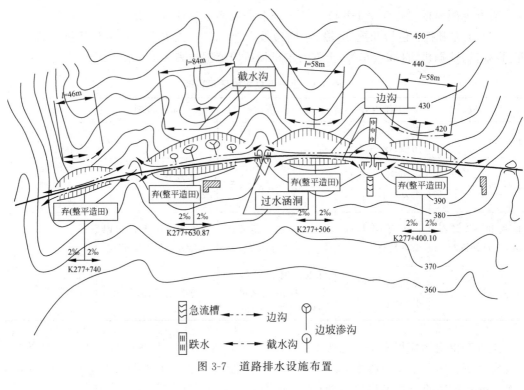

图 3-7 道路排水设施布置

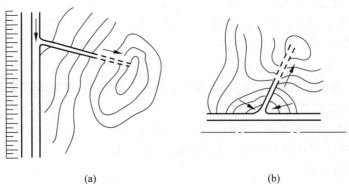

图 3-8 排水沟设置

(a) 水排至低洼处；(b) 水从盆地排走

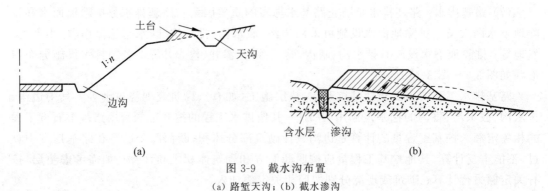

图 3-9 截水沟布置

(a) 路堑天沟；(b) 截水渗沟

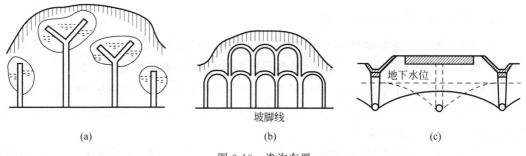

图 3-10 渗沟布置

(a) 条带形渗沟；(b) 边坡渗沟；(c) 引水渗沟(降低地下水位)

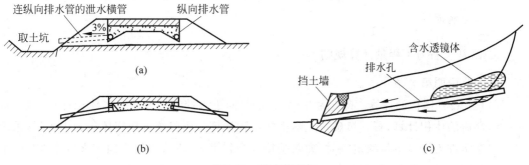

图 3-11 排水管布置

(a) 纵向排水管；(b),(c) 横向排水管

3.4.3 路基定额应用要点

《公路工程预算定额》中第一章"路基工程"的说明包括章说明 2 条和节说明 26 条，明确规定了路基工程的工程量计量方法和计算内容。学习时应特别注意以下内容。

1. 路基土方与石方应分类计量

路基土方、石方的开挖、压实工作对于不同类别的土壤和岩石，其施工的难易程度不同，所需的费用也不同。因此，编制概(预)算时，应将不同类别的土壤和岩石分类统计，套用不同的定额栏目。根据设计规范要求，在工程项目设计时，按照十六级土、石分类进行设计；在工程造价计算时，按照综合后的土、石六级分类进行计算。

章说明：定额按开挖的难易程度将土壤、岩石分为六类(表 3-4)。

土壤分为三类：松土、普通土、硬土。

岩石分为三类：软石、次坚石、坚石。

表 3-4 不同分类方法土、石分类对照

本章定额分类	松土	普通土	硬土	软石	次坚石	坚石
六级分类	I	II	III	IV	V	VI
十六级分类	I~II	III	IV	V~VI	VII~IX	X~XVI

2. 各类土石方的定额计价内容

① 挖方:按照土质分别套用相应定额,定额单位为天然密实方。
② 填方:按照公路等级分类,选择路基碾压机械型号,定额单位为压实方。
本桩利用:不参与费用计算。其挖已在"挖方"中计算,其填已在"填方"内计算。
远运利用:只计算调配运输的费用,其挖已在"挖方"中计算,其填已在"填方"内计算,计算时注意土方运输损耗系数。
③ 借方:需计算"挖、装、运"的费用,其填已在"填方"内计算,计算时注意土方运输损耗系数。
④ 弃方:只计算运输的费用,其挖已在"挖方"中计算,弃土场需要费用另计,弃方计算不计土方运输损耗。

3. 路基土石方工程量计算规则

第1节说明第8条:

(1) 土石方体积的计算。除定额中另有说明外,土方挖方按天然密实体积计算,填方按压(夯)实后的体积计算,石方爆破按天然密实体积计算。当以填方压实体积为工程量,采用以天然密实方为计量单位的定额时,如路基填方为利用方,所采用的定额应乘以表3-5中系数;如路基填方为借方,则应在表3-5中系数基础上增加0.03的损耗。

表3-5 天然密实方与压实方换算系数

公路等级	土方			石方
	松土	普通土	硬土	
二级及二级以上等级公路	1.23	1.16	1.09	0.92
三、四级公路	1.11	1.05	1.00	0.84

(2) 零填及挖方地段基底压实面积等于路槽底面的宽底(m)和长度(m)的乘积。
(3) 抛坍爆破的工程量按设计的抛坍爆破石方体积计算。
(4) 整修边坡的工程量按公路路基长度计算。

4. 需要增补的辅助工程量

第一节说明第7条:下列数量由施工组织设计提出,并入路基填方数量内计算。
(1) 清除表土或零填方地段的基底压实、耕地填前夯(压)实后,回填至原地面标高所需土、石方数量。
(2) 因路基沉陷需增加填筑的土、石方数量。
(3) 为保证路基边缘的压实度须加宽填筑时,所需的土、石方数量。

【例3-5】 某一级公路路基工程全长28km,均为填方路段,路基平均填土高度为4.0m,边坡坡度1:1.5,路基宽24m,为保证路基边缘压实度需加宽填筑,宽填宽度每边为0.25m,路基占地为耕地,土质为Ⅲ类土,填前用12t压路机压实,填前压实沉降厚度为

0.15m,土的压实干密度为 $1.4t/m^3$,自然状态土的含水率低于其最佳含水率 2%。求该路段实际填方工程量。

分析:实际填方工程量=填土断面方量+增加土方量,增加的土方量=沉降土方量+宽填土方量,因断面为梯形断面,底宽=24m+1.5×4m×2=36m。

解:(1) 填土断面方量=28000m×[(24m+36m)×4m/2]=3360000m^3

(2) 需增加的土方量。

路基填前压实沉降增加的土方量=28000m×36m×0.15m=151200m^3

宽填增加土方量=28000m×0.25m×4m×2=56000m^3

(3) 实际填方工程量=3360000m^3+151200m^3+56000m^3=3567200m^3

5. 清表工程量

路基清表工程量计算(m^2)=(全路段长度-不需清表长度)×清表宽度

路基清表运输的工程量计算(m^3)=清表工程量×清表厚度

砍树、挖根的工程量计算(棵):树径大于10cm及以上的进行综合考虑。

6. 需要调整的工程量

第一节说明第3条:机械施工土、石方,挖方部分机械达不到需由人工完成的工程量由施工组织设计确定,其中人工操作部分按相应定额乘以系数1.15。

7. 定额表的"工作内容"及"注"

在查用定额时,应注意对照定额表上方的"工作内容"与实际发生的操作内容是否一致,防止重算或漏算;定额表下方的"注"对定额值起到修正、说明的作用。它们对定额值的确定至关重要。

(1) 定额表1-1-1"伐树、挖根、除草、清除表土"的"注"。

① 挖竹根按挖坑体积计算;挖芦苇根按挖竹根乘以系数0.73。

② 砍挖灌木林,每1000m^2灌木林220棵以下为稀,220棵以上为密。

③ 清除表土和除草定额不可同时套用。清除的表土如需远运,按土方运输定额另行计算。

(2) 定额表1-1-6"人工挖运土方、装运石方"的"注"。

① 当采用人工挖、装土方,机动翻斗车运输时,其挖、装所需的人工按第一个20m挖运定额减去30.0工日计算;当采用人工装石方,机动翻斗车运输时,其装石所需的人工按第一个20m装运定额减去52.0工日计算。

② 当采用人工挖、装、卸土方,手扶拖拉机运输时,其挖、装、卸所需人工按第一个20m挖运定额减去18.0工日计算;当采用人工装、卸石方,手扶拖拉机运输时,其装、卸所需的人工按第一个20m装运定额减去32.0工日计算。

③ 石方开炸按相应定额计算,第一章只考虑爆破后的人工装运。

④ 当遇升降坡时,除按水平距离计算运距外,还应按附表(见定额表1-1-6备注4)增加运距。

(3) 定额表 1-1-9"挖掘机挖装土、石方"的"注"。

土方不需装车时,应乘以系数 0.87。

(4) 定额表 1-1-10"装载机装土、石方"的"注"。

① 装载机装土方如需推土机配合推松、集土时,其人工、推土机台班的数量按"推土机推运土方"第一个 20m 定额乘以 0.8 的系数计算。

② 装载机与自卸汽车的常见配合见附表(见定额表 1-1-10 备注 2)。

(5) 定额表 1-1-13"铲运机铲运土方"的"注"。

① 采用自行式铲运机铲运土方时,铲运机台班数量应乘以系数 0.7。

② 上坡推运的坡度大于 10%时,按坡面的斜距乘以附表(见定额表 1-1-13 备注 2)列系数作为运距。

3.4.4 定额应用示例

1. 定额查用步骤

(1) 确定定额的编号。

按照建设项目划分结果,确定末级分项工程的工作内容和施工工序,针对现场施工技术状况选择合理的施工方案,根据选定的施工方案确定定额编号,定额编号表示通常有[页-表-栏]或[表-栏]两种形式。例如,[9-1-1-6-2]表示《公路工程预算定额》P9 的 1-1-6 表的第 2 栏,即人工挖运普通土的预算定额。

(2) 正确进行定额调整。

确定定额编号后,应仔细核对定额表左上方的"工作内容",检查所选用的定额表号是否有误,然后仔细阅读定额中与该分项有关的总说明、章说明、节说明及定额表下方的"注"。若分项工程的工作内容与所选定额完全吻合,则直接抄录人工、材料、机械的定额值;若分项工程的工作内容与定额中内容有出入,则依据相关规定调整确定人工、材料、机械的定额值。

(3) 核对工程量单位与数量。

检查定额表的定额单位与工程量单位是否一致,实际工程量计量方法是否符合章节说明的要求,是否需要调整,如清除表土中的 m^2 与运输表土的 m^3 的换算等。

(4) 计算分项工程的实际工料机消耗量。

工程数量=实际工程量/定额单位

分项工程的实际工料机消耗量=定额值×工程数量

2. 定额应用示例

【例 3-6】 某地区人工挖运普通土,平均运距为 40m,试确定其预算定额和基价。

解:(1) 根据分项工程内容,存在增运运距,查目录可知,人工挖运普通土的定额编号为[9-1-1-6-2+4]。

(2) 每 $1000m^3$ 天然密实方预算定额。

人工：1001001　　$[145.5+5.9\times(40-20)/10]$ 工日 $=157.3$ 工日

基价：9999001　　15464 元 $+627$ 元 $\times(40-20)/10=16718$ 元

【例 3-7】 某路基工程采用挖掘机挖装普通土方，但机械无法操作处，需由人工挖装，机动翻斗车运 $800m$ 的工程量为 $1500m^3$，试确定其预算定额。

解：(1) 根据分项工程内容，查目录

由目录可知：人工挖装，机动翻斗车运输对应的定额编号为[1-1-6-2]、[1-1-8-1+5]。

(2) 定额调整

① 按[1-1-6]附"注"1，当采用人工挖、装土方，机动翻斗车运输时，其挖、装所需的人工按第一个 $20m$ 挖运定额减 30 工日计算，确定每 $1000m^3$ 挖普通土方预算定额。

人工：1001001　　145.5 工日 -30 工日 $=115.5$ 工日

② 第一节说明第 3 条：机械施工土、石方，挖方部分机械达不到，需由人工完成的工程量由施工组织设计确定，其中人工操作部分按相应定额乘以系数 1.15。可知实际定额为：

$$115.5 \text{ 工日} \times 1.15 = 132.825 \text{ 工日}$$

(3) 每 $1000m^3$ 天然密实方

人工：1001001　　132.825 工日

机械：8007046　　$1t$ 以内机动翻斗车 $[26.85+1.63\times(800-100)/50]$ 台班 $=49.67$ 台班

(4) 实际消耗量

工程数量 $=1500m^3/1000m^3=1.5$

人工：1001001　　132.825 工日 $\times 1.5=199.24$ 工日

机械：8007046　　$1t$ 以内机动翻斗车 49.67 台班 $\times 1.5=74.51$ 台班

【例 3-8】 试确定自卸汽车配合挖掘机、装载机联合作业 $1000m^3$ 硬土的预算定额（$8t$ 自卸汽车运距 $2km$，挖掘机挖斗容积 $1.0m^3$ 以内，装载机挖斗容积 $2.0m^3$ 以内）。

解：(1) 根据分项工程内容，查目录

由目录可知：联合挖运硬土分项对应的定额编号为[1-1-9-6]、[1-1-10-2]、[1-1-11-7+8]。

(2) 定额调整

分析[1-1-9-6]、[1-1-10-2]"工作内容"，"装土"工作重复，按[1-1-9]附"注"：土方不需装车时，应乘以系数 0.87。

人工：1001001　　3.4 工日 $\times 0.87=2.96$ 工日

机械：8001027　　$1.0m^3$ 以内履带式液压单斗挖掘机 2.26 台班 $\times 0.87=1.97$ 台班

(3) 每 $1000m^3$ 硬土挖运预算定额

人工：1001001　　2.96 工日

机械: 8001027　1.0m³ 以内履带式液压单斗挖掘机 1.97 台班

8001047　2.0m³ 以内轮胎式装载机 1.41 台班

8007016　12t 以内自卸汽车[5.96+0.72×(2−1)/0.5]台班＝7.4 台班

基价: 9999001　3062 元×0.87+1390 元+5611 元+782 元×2＝11228.94 元

【例 3-9】　某二级公路路基工程填方总量为 2000m³,全部采用 1m³ 挖掘机挖,容积 2m³ 以内的装载机配合 10t 自卸汽车运 1.6km 从取土场借普通土,确定机械台班消耗量,并将结果填写在表 3-6 的分项工程预算表中(21-2 表)。

解：(1) 根据分项工程内容,查目录

由目录可知：1m³ 挖掘机挖土,10t 自卸汽车配合装载机运土对应的定额编号为[1-1-9-5]、[1-1-10-2]、[1-1-11-5+6]。

(2) 定额调整

① 根据第一节说明第 8 条,填方单位是压实方,应换算为天然密实方,因为路基填方为借方,增加 0.03 的损耗,所以换算系数为 1.19。

土方量为：2000m³×1.19＝2380m³

② 分析[1-1-9-5]、[1-1-10-2]"工作内容","装车"工作重复,按[1-1-9]附"注"：不需装车时,应乘以 0.87 系数来计算。

人工: 1001001　3.10 工日×0.87＝2.697 工日

机械: 8001027　1.0m³ 以内履带式液压单斗挖掘机 1.98 台班×0.87＝1.723 台班

(3) 每 1000m³ 天然密实方预算定额

人工: 1001001　2.697 工日

机械: 8001027　1.0m³ 以内履带式液压单斗挖掘机 1.723 台班

8001047　2.0m³ 以内轮胎式装载机 1.41 台班

8007015　10t 以内自卸汽车[6.82+0.83×(1.6−1)/0.5]台班＝7.65 台班

注　按第一节说明第 5 条增运运距尾数不足增运运距半数时不计。

(4) 实际机械台班消耗量

工程数量＝2380m³/1000m³＝2.38

人工: 1001001　2.697 工日×2.38＝6.419 工日

机械: 8001027　1.0m³ 以内履带式液压单斗挖掘机 1.723 台班×2.38＝4.100 台班

8001047　2.0m³ 以内轮胎式装载机 1.41 台班×2.38＝3.356 台班

8007015　10t 以内自卸汽车 7.65 台班×2.38＝18.207 台班

定额查用结果填写在表 3-6(21-2 表)中。

编制范围：××公路　　　工程名称：借土方填筑　　　单位：m³　　　单价：　　　第 页　共×页　表 21-2

分项编码：LJ0302　　　　　　　　　　　　　　　　数量：2380

表 3-6　分项工程预算表

工程项目	工程细目	定额单位	工程数量	定额表号
	挖掘机挖装土、石方	1000m³ 以内挖掘机挖装普通土 1000m³ 天然密实方	2.38	1-1-9-5,定额×0.87
	装载机装土、石方	2.0m³ 以内轮胎式装载机装土 1000m³ 天然密实方	2.38	1-1-10-2
	自卸汽车运土、石方	10t 以内自卸汽车运土 1.6km 1000m³ 天然密实方	2.38	1-1-11-5＋6
	合计			

序号	工料机名称	单位	单价/元	数量	金额/元	数量	金额/元	数量	金额/元	数量	金额/元
1	人工	工日	2.697	6.419						6.419	
2	1.0m³ 履带式液压单斗挖掘机	台班	1.723	4.100						4.100	
3	2.0m³ 轮胎式装载机	台班				1.410	3.356			3.356	
4	10t 以内自卸汽车	台班						7.65	18.207	18.207	
5	定额基价			2345.52	5582.34	1390	3308.2	5808	13823.04		22713.58
	直接费	元									
	措施费 Ⅰ	元									
	措施费 Ⅱ	元									
	企业管理费	元									
	规费	元									
	利润	元									
	税金	元									
	定额合计	元									

编制：　　　　　　　　　　　　　　　　　　　　　　　　　　　　　　　　　　　　　　复核：

【例 3-10】 某路基工程用 $12m^3$ 以内的自行式铲运机铲运硬土,平均运距 $500m$,重力上坡 18%,确定预算定额。

解:(1)根据分项工程内容,查目录

由目录可知:$12m^3$ 以内的自行式铲运机铲运硬土对应的定额编号为[1-1-13-11+12]。

(2)分析工作内容

① 按[1-1-13]附"注"2:上坡推运坡度大于 10% 时,应按坡面斜距乘以附表第 2 列系数作为运距,题中 $500m$ 是水平距离,重力上坡 18%,则调整运距为 $\sqrt{(500m)^2+(500m\times18\%)^2}\times1.5=762m$,增运单位=$(762m-100m)/50m=13.24$,按 13 个调整。

② 定额编制中采用的机械是拖式铲运机,按[1-1-13]附注 1:采用自行式铲运机铲运土方时,铲运机台班数量应乘以系数 0.7。

$\boxed{8001018}$ $12m^3$ 以内自行式铲运机$(1.95$ 台班$+0.27$ 台班$\times13)\times0.7=3.822$ 台班

(3)每 $1000m^3$ 天然密实方预算定额

人工:$\boxed{1001001}$ 2.9 工日

机械:$\boxed{8001002}$ 75kW 以内液压履带式推土机 0.32 台班

$\boxed{8001018}$ $12m^3$ 以内自行式铲运机 3.822 台班

基价:$\boxed{9999001}$ 因定额中机械变化需要从《公路工程机械台班费用定额》查到,$12m^3$ 以内拖式铲运机基价为 1669.95 元/台班;$12m^3$ 以内自行式铲运机基价为 1828.95 元/台班;调整后基价=3848 元+451 元×13-1669.95 元/台班×5.46 台班+1828.95 元/台班×3.822 台班=9711 元-9117.93 元+6990.247 元=7583.317 元。

3.4.5 综合应用案例

【例 3-11】 鹤壁地区有一山岭重丘区高速公路,路基土方为普通土,平均运距为 $40m$ 的有 $1500000m^3$,平均运距为 $200m$ 的有 $1000000m^3$,平均运距为 $3000m$ 的有 $1000000m^3$。

问题:(1)计算该路段挖土方的平均运距;

(2)确定路基挖方的合理化施工方案;

(3)列出该路段路基土方施工的工程细目名称、预算定额表号。

分析:本案例考核了土石方工程机械的经济运距。一般而言,工程量较大的土石方施工应选择大功率或大吨位的施工机械。

解:(1)挖土方平均运距

$(40m\times1500000m^3+200m\times1000000m^3+3000m\times1000000m^3)/(1500000m^3+1000000m^3+1000000m^3)=931m$

(2)合理的机械化施工方案

平均运距为 $40m$ 的采用推土机推运施工($135\sim240kW$ 均可);平均运距为 $200m$ 的采用铲运机施工($10\sim12m^3$ 均可);平均运距为 $3000m$ 的采用挖掘机/推土机、装载机、自卸汽车联合施工($1\sim2m^3$ 挖掘机自卸汽车 $12\sim15t$,装载机 $2\sim3m^3$ 均可)。

(3) 路基工程预算定额(表 3-7)

表 3-7 路基工程预算定额

施工方式	预算定额项目名称	定额编号	工程数量	调整
推土机施工	165kW 以内推土机推土运距 40m	[1-1-12-18+20]	1500	增运系数 2.0
铲运机施工	10m³ 以内铲运机铲运土方运距 200m	[1-1-13-6+8]	1000	增运系数 2.0
挖掘机联合施工	165kW 以内推土机推土、推松、集土	[1-1-12-18+20]	1500	人工、推土机按第一个 20m 乘以 0.8
	3m³ 以内装载机装土	[1-1-10-3]		
	15t 以内自卸汽车运输运距 3000m	[1-1-11-9+10]		增运系数 4.0

【例 3-12】 列表填写案例项目路基工程部分的预算定额。

见表 3-8。

表 3-8 案例项目预算定额(路基工程部分)

分项编码	名称	单位	工程数量	备注
1	第一部分 建筑安装工程费	公路公里	6.5	
⋮				
102	路基工程	km	6.5	
LJ01	场地清理	km	6.5	
LJ0101	清理与掘除	km	6.5	
LJ010101	清除表土	m³	1293	
1-1-1-11	90kW 以内推土机清除表土	100m³	12.93	清除表土厚度 30cm
1-1-5-4	填前 12~15t 光轮压路机压实	1000m²	4.31	
LJ010102	伐树、挖根	棵	113.0	
1-1-1-3	人工伐树,2m³ 挖掘机挖树根	10 棵	11.3	
LJ0201	挖土方	m³	109500	
1-1-12-6	90kW 以内推土机推普通土第一个 20m	1000m³ 天然密实方	25.0	本桩利用普通土(总共 27500m³,按比例换算普通土 25000m³)
1-1-9-5	1.0m³ 以内挖掘机挖装普通土	1000m³ 天然密实方	80.0	远运利用普通土 80000m³
1-1-11-7	12t 以内自卸汽车运土 0.4km	1000m³ 天然密实方	80.0	
1-1-12-7	90kW 以内推土机推硬土第一个 20m	1000m³ 天然密实方	2.5	
1-1-9-6	1.0m³ 以内挖掘机挖装硬土	1000m³ 天然密实方	2.5	

续表

分项编码	名称	单位	工程数量	备注
1-1-11-7	12t以内自卸汽车运土0.4km	1000m³ 天然密实方	2.05	
LJ0202	挖石方	m³	34900.0	
1-1-9-10	1.0m³以内挖掘机挖装软石	1000m³ 天然密实方	2.0	不需装车定额×0.87
1-1-9-10	1.0m³以内挖掘机挖装软石	1000m³ 天然密实方	3.4	弃方
1-1-11-21	12t以内自卸汽车运石0.4km	1000m³ 天然密实方	3.4	
1-1-9-11	1.0m³以内挖掘机挖装次坚石	1000m³ 天然密实方	29.5	远运利用
1-1-11-21	12t以内自卸汽车运石0.16km	1000m³ 天然密实方	29.5	
LJ03	路基填方	m³	161193	
LJ0301	利用土方填筑	m³	132580.46	
1-1-18-9	二级公路填方路基15t以内振动压路机碾压土方	1000m³ 压实方	94.64	
LJ0302	借土方填筑	1000m³ 压实方	24.03	
1-1-9-5	1.0m³以内挖掘机挖装普通土	1000m³ 天然密实方	24.03	
1-1-11-7+8×2	12t以内自卸汽车运土2km	1000m³ 天然密实方	24.03	
1-1-18-9	二级公路填方路基15t以内振动压路机碾压土方	1000m³ 压实方	24.03	
1-1-22-3+4×2	6000L以内洒水车洒水2km	1000m³ 水	0.673	
LJ0303	利用石方填筑	1000m³ 压实方	34.24	
1-1-18-16	二级公路填方路基15t以内振动压路机碾压石方	1000m³ 压实方	34.24	
LJ04	排水工程	km	5.761	
LJ0401	边沟	m³/m	3258.99/4578	
LJ040101	浆砌混凝土预制块边沟	m³/m	3258.99/4578	
1-3-1-3	机械开挖沟槽	1000m³ 天然密实方	3.25899	
1-3-3-1	边沟、排水沟、截水沟浆砌片石	10m³ 实体	325.899	
1-3-4-10	水沟盖板预制混凝土矩形带孔	10m³ 实体	12.08	

续表

分项编码	名称	单位	工程数量	备注
1-3-4-11	水沟盖板预制混凝土矩形带孔钢筋	1t	13.0405	
1-3-4-12	水沟盖板预制混凝土矩形带孔安装	10m³ 实体	12.08	
1-3-4-5	边沟现浇混凝土	10m³ 实体	4.833	
LJ0402	排水沟	m³/m	419.085/632.0	
LJ040201	浆砌片(块)石排水沟	m³/m	419.085/632.0	
1-3-1-3	机械开挖沟槽	1000m³ 天然密实方	0.419	
1-3-3-1	边沟、排水沟、截水沟浆砌片石	10m³ 实体	41.9	
LJ0403	截水沟	m³/m	217.5/504.0	
LJ040301	浆砌片(块)石截水沟	m³/m	217.5/504.0	
1-3-1-3	机械开挖沟槽	1000m³ 天然密实方	0.2175	
1-3-3-5	边沟、排水沟、截水沟浆砌片石	10m³ 实体	21.75	
LJ0404	急流槽	m³/m	89.392/47.0	
LJ040401	浆砌片(块)石急流槽	m³/m	89.392/47.0	
1-3-1-3	机械开挖沟槽	1000m³ 天然密实方	0.089392	
1-3-3-3	边沟、排水沟、截水沟浆砌片石	10m³ 实体	21.75	
LJ05	路基防护与加固工程	km	6.5	
LJ0501	高边坡防护与加固	km/处	6.5/2	
LJ050101	浆砌片石挡土墙	m³/m	1134.8/144.4	
4-1-1-1	土方干处基坑深 3m 以内	1000m³	0.756	
1-4-26-2	砂砾泄水层	100m³	0.072	
1-4-16	浆砌片石挡土墙墙身	10m³ 实体	113.48	
1-1-7-1	人工夯实	1000m³ 压实方	0.504	
4-11-2-1	锥坡填土	10m³ 实体	1.54	
LJ050102	骨架护坡	m³/m	19.62/315	
4-1-1-1	土方干处基坑深 3m 以内	1000m³	0.708	
1-1-7-1	人工夯实	1000m³ 压实方	0.054	
1-4-2-7	机械液压喷播植草填方边坡	1000m²	1.268	
1-4-6-3	菱形格护坡预制混凝土	10m³	1.962	
1-4-6-9	菱形格护坡码砌	10m³	1.962	
1-4-11-2	石砌护坡	10m³ 实体	42.494	

3.5 路面工程

路面是直接为汽车提供安全、经济、舒适服务的带状构造物,是公路工程的重要组成部分,路面材料单价高,施工技术复杂多样,尤其是高等级公路的路面工程金额占预算总造价的 50% 以上,正确运用定额对造价测算影响较大。

3.5.1 路面分类与结构组成

(1) 路面按技术品质分为高级、次高级、中级和低级四种。

① 高级路面——沥青混凝土路面、水泥混凝土路面、厂拌沥青碎石路面、整齐石块或条石路面。

② 次高级路面——沥青贯入式碎、砾石路面,路拌沥青碎、砾石路面,沥青表面处治路面,半整齐石块路面。

③ 中级路面——碎、砾石(级配或泥结)路面,不整齐石块路面,其他粒料路面。

④ 低级路面——粒料加固土路面,其他当地材料加固或改善土路面。

(2) 路面结构层位组成如图 3-12 所示。

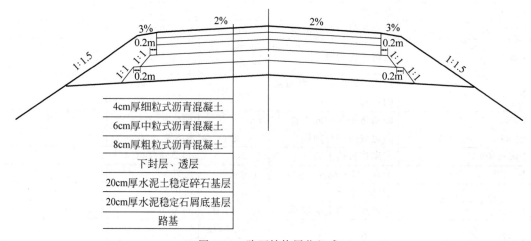

图 3-12 路面结构层位组成

中、低级路面结构包括面层、基层和垫层。高级路面结构包括面层、联结层、基层、底基层、垫层等。

① 垫层:是路面与土基联结的一层,常铺设在土基水温状况不良的地段,如潮湿地带、湿软土基(隔离层)、北方地区的冻胀土基(防冻层)等,并非所有道路都设。垫层用以排除路面、路基中滞留的自由水,确保路面结构处于干燥或中湿状态,保证面层和基层的强度稳定性和抗冻胀能力。垫层选用粗砂、砂砾、碎石、煤渣、矿渣等松散颗粒材料(需设反滤层),或采用水泥、石灰煤渣稳定的密实垫层,垫层宽度应宽出底基层 25cm 或与路基同宽。

② 基层:基层位于面层之下,垫层或路基之上。基层主要承受面层传递的车轮垂直力的作用,并把它扩散到垫层和土基,基层还可能受到面层渗水以及地下水的侵蚀,故需选择

强度较高、刚度较大,并有足够水稳性的材料,在重交通道路和高速公路基层共分两层铺筑,其中对底基层材料的强度和刚度的要求可以略次于基层。基层宽度应宽出面层30～50cm。

用来修筑基层和底基层的材料主要有:水泥、石灰等稳定土的半刚性基层或稳定粒料(如碎石、砂砾)、工业废渣稳定土或稳定粒料,各种碎石混合料或天然砂砾的柔性基层。

③ 面层:位于整个路面结构的最上层。面层应具有较高的结构强度、刚度和稳定性,并且耐磨、不透水,其表面还应具有良好的抗滑性和平整度。修筑高等级道路面层所用的材料主要有沥青混凝土和水泥混凝土等,一般分上面层、中面层、下面层铺筑。

④ 联结层:包括透层、黏层、封层等。

透层是为使沥青面层与非沥青材料基层结合良好,在基层上浇洒乳化沥青、煤沥青或液体沥青而形成的透入基层表面的薄层,如在水稳碎石基层与沥青混凝土面层间铺透层。

黏层是使上下层沥青结构层或沥青结构层与结构物(或水泥混凝土路面)完全黏结成一个整体,如在沥青混凝土的上面层与下面层间铺黏层。

封层的作用有:①封闭某一层起到保水防水作用。②起基层与沥青表面层之间的过渡和有效联结作用。③路的某一层表面破坏离析松散处的加固补强。④基层在沥青面层铺筑前,要临时开放交通,防止基层因天气或车辆作用出现水毁。封层可分为上封层和下封层;就施工类型来分,可采用拌和法或层铺法的单层式表面处理方法,也可以采用乳化沥青稀浆封层。⑤路面附属设施:包括路肩、路缘石等。

3.5.2 路面常见分项工程施工方法

1. 路拌法(垫层、底基层、基层)

路拌法指的是采用人工、利用拖拉机(带铧犁)或稳定土拌和机在路上(路槽中)或沿线就地拌和混合料的施工方法。路拌法施工仅适用于二级及二级以下的公路,其中二级公路应采用稳定土拌和机制备混合料。一般而言,水泥土和石灰土底基层施工多采用路拌法。

路拌法施工的拌和、碾压、养护工作在一个定额中,因此路拌法施工定额模板为[2-1-1]～[2-1-6]。底基层的路拌法施工没有专门定额,当底基层使用基层定额时,需要对基层定额按照节说明进行调整。

2. 厂拌法(基层、面层)

厂拌法是指在固定拌和工厂或移动式拌和站采用专用设备拌制混合料的施工方法。各类稳定碎石基层、底基层施工、水泥混凝土路面、沥青混合料路面施工均采用厂拌法。

厂拌法的施工工序包含混合料拌和、混合料运输、混合料摊铺等,各工序对应专门定额。厂拌基层混合料施工定额模板为[2-1-7]～[2-1-9],厂拌法水泥混凝土路面施工定额模板为[2-2-17]、[2-2-19],厂拌法沥青混合料路面施工定额模板为[2-2-10]～[2-2-14]。另外,若要计入拌和站安拆,还需增加[2-1-10](基层混合料拌和站)、[2-2-15](沥青混合料拌和站)、[4-11-11](水泥混凝土拌和站)。

3. 路面附属设施施工

路肩分硬路肩和土路肩,硬路肩施工方法同路面面层;土路肩施工分为挖路槽和培路肩(常用)两种；路缘石施工包括现浇和预制两种方法。

3.5.3 定额应用要点

《公路工程预算定额》中第二章"路面工程"的章说明共 7 条，节说明共 19 条，在学习时应特别注意以下内容。

1. 路面工程的定额计量单位规定

章说明第 1 条：本章定额包括各种类型路面以及路槽、路肩、垫层、基层等，除沥青混合料路面、厂拌基层稳定土混合料运输以 1000m³ 路面实体为计算单位外，其他均以 1000m² 为计算单位。

垫层、基层、面层(沥青混合料面层除外)的计价工程量均指各层的设计顶面面积，沥青混合料路面、厂拌基层稳定土混合料运输的计价工程量是指设计路面混合料的实体体积。若需要进行混合料体积与质量换算，则各类压实混合料干密度应从《公路工程预算定额》(下册)附录一(路面材料计算基础数据表)表中查取。

应注意工程量与定额单位之间的换算。

2. 路面混合料的运输定额规定

章说明第 7 条：自卸汽车运输稳定土混合料、沥青混合料和水泥混凝土定额项目，仅适用于平均运距在 15km 以内的混合料运输，当运距超过第一个定额运距单位时，其运距尾数不足一个增运定额单位的半数时不计，超过或等于半数时按一个增运定额运距单位计算。当平均运距超过 15km 时，应按市场运价计算其运输费用。

3. 路面基层结构层厚度的规定

第一节说明第 1 条：各类垫层、级配碎石、级配砾石基层的压实厚度在 15cm 以内，填隙碎石一层的压实厚度在 12cm 以内，各类稳定土基层、其他种类的基层和底基层压实厚度在 20cm 以内，拖拉机、平地机、摊铺机和压路机的台班消耗按定额数量计算。如超过上述压实厚度进行分层拌和、摊铺、碾压时，拖拉机、平地机、摊铺机和压路机的台班消耗按定额数量加倍计算，每 1000m³ 增加 1.5 个工日。

4. 路面基层结构层材料抽换依据

路面基层结构层材料的设计配合比与定额配合比不一致时的定额值抽换依据如下。

第一节说明第 2 条：各类稳定土基层定额中的材料消耗是按一定配合比编制的，当设计配合比与定额标明的配合比不同时，有关材料可分别按下式换算：

$$C_i = [C_d + B_d \times (H - H_0)] \times L_i / L_d$$

式中：C_i——按设计配合比换算后的材料数量；

C_d——定额中基本压实厚度的材料数量；

B_d——定额中压实厚度每增减 1cm 的材料数量；

H_0——定额的基本压实厚度；

H——设计的压实厚度；

L_d——定额中标明的材料百分率；

L_i——设计配合比的材料百分率。

5. 底基层定额值的调整规定

第一节说明第 6 条：各类稳定土底基层采用稳定土基层定额时，每 1000m² 路面减少 12~15t 光轮压路机 0.18 台班。

6. 路面面层结构层厚度的规定

第二节说明第 1 条：泥结碎石、级配碎石、级配砾石、天然砂砾、粒料改善土壤路面面层的压实厚度在 15cm 以内，拖拉机、平地机和压路机的台班消耗按定额数量计算。如超过上述压实厚度且需进行分层拌和、碾压时，拖拉机、平地机和压路机的台班消耗按定额数量加倍计算，每 1000m³ 增加 1.5 个工日。

7. 沥青混凝土的油石比换算

第二节说明第 10 条：本章定额是按一定的油石比编制的。当设计采用的油石比与定额不同时，可按设计油石比调整定额中的沥青用量，换算公式如下：

$$S_i = S_d \times \frac{L_i}{L_d}$$

式中：S_i——按设计油石比换算后的沥青数量；

S_d——定额中的沥青数量；

L_d——定额中标明的油石比；

L_i——设计采用的油石比。

8. 平均运距的计算

在集中拌和的混合料运输中，若需要多处设置拌和站，便需要先计算混合料的平均运距，才能进行定额查用，平均运距的计算多采用加权平均的办法。

$$L_{平均} = (L_1 \times A_1 + L_2 \times A_2 + \cdots)/(A_1 + A_2 + \cdots)$$

若各段运量 A 是一致的，则可以省略运量直接进行距离计算。

【例 3-13】（1）某路段长 30km，在路线中点离道路 2km 处设一基层混合料拌和站，则混合料的平均运距为多少？

（2）某路段长 30km，在 10km 处离道路 2km 处设一基层混合料拌和场，则混合料的平均运距是多少？

解：（1）（15km/2×15km+15km/2×15km）/30km+2km=9.5km

（2）（10km/2×10km+20km/2×20km）/30km+2km=（5km×10km+10km×20km）/30km+2km≈10.33km

3.5.4 定额应用示例

【例 3-14】某水泥、石灰稳定土底基层工程 20000m²，路拌法施工（稳定土拌和机拌和),设计配合比为 5∶3.5∶91.5,厚度 22cm,确定预算定额,并将结果填写在分项工程预算表 3-9(21-2 表)中。

解:(1)根据分项工程内容,查目录

由目录可知,该工程对应的定额编号为[2-1-6-21+22]。

(2)定额调整

① 由于定额中标明的水泥∶石灰∶土的配合比是 6∶4∶90,而设计要求水泥∶石灰∶土的配合比是 5∶3.5∶91.5,根据第一节说明第 2 条规定,可以对水泥、石灰稳定土基层的材料定额用量进行调整,计算公式是:

$$C_i = [C_d + B_d \times (H - H_0)] \times L_i / L_d$$

32.5 级水泥: 5509001 [20.392t+1.02t/cm×(22−15)cm]×5/6=22.943t

熟石灰: 5503003 [14.943t+0.747t/cm×(22−15)cm]×3.5/4=17.651t

土: 5501002 [268.07m³+13.4m³/cm×(22−15)cm]×91.5/90=367.901m³

② 本分项是稳定土底基层套用基层定额,根据第一节说明第 6 条规定,每 1000m² 路面减少 12~15t 光轮压路机 0.18 台班。

8001081 12~15t 光轮压路机 0.25 台班−0.18 台班=0.07 台班

③ 由于底基层厚度为 22cm,根据第一节说明第 1 条规定,当压实厚度超过 20cm,进行分层拌和、摊铺、碾压时,拖拉机、平地机、摊铺机与压路机的台班消耗按定额数量加倍,且每 1000m³ 增加 1.5 工日。

人工: 1001001 11.4 工日+0.5 工日/cm×(22−15)cm+1.5 工日=16.4 工日

机械:(压实厚度超标,需调整)

8001058 120kW 以内自行式平地机 0.3 台班×2=0.6 台班

8001081 12~15t 光轮压路机 0.25 台班×2=0.50 台班

8001083 18~21t 光轮压路机 0.8 台班×2=1.60 台班

④ 基价调整:因定额消耗量变化,基价也需要调整,各类人工、材料的基价需从《公路工程预算定额》附录四查取,机械台班的基价从《公路工程机械台班费用定额》中查取。本案例基价调整需要查取以下工料机。

人工:106.28;32.5 级水泥:307.69;熟石灰:276.7;土:9.71;

120kW 推土机:1188.74;12~15t 压路机:587.09;18~21t 压路机:752.93。

基价调整为:[16519+766×(22−15)+1.5×106.28+(22.943−27.532)×320+(17.651−20.172)×276.7+(367.901−361.87)×9.71+0.3×1188.74+0.25×587.09+0.8×752.93]元=21038.679 元

(3)每 1000m² 水泥、石灰稳定土底基层实际预算定额

人工: 1001001 16.4 工日

材料: 5509001 32.5 级水泥 22.943t

5503003 熟石灰 17.651t

|5501002| 土 367.901m³

机械：|8001058| 120kW 以内自行式平地机 0.6 台班

|8001081| 12～15t 光轮压路机 0.50 台班

|8001083| 18～21t 光轮压路机 1.60 台班

|8003005| 235kW 稳定土拌和机 0.26 台班＋0.02 台班/cm×(22－15)cm＝0.40 台班

|8007043| 10000L 以内洒水车 0.33 台班＋0.02 台班/cm×(22－15)cm＝0.47 台班

基价：|9999001| 21038.679 元

（4）实际消耗预算定额值为：底基层工程数量＝20000m²/1000m²＝20

人工：|1001001| 16.4 工日×20＝328 工日

材料：|5509001| 32.5 级水泥 22.943t×20＝458.86t

|5503003| 熟石灰 17.651t×20＝353.02t

|5501002| 土 367.901m³×20＝7358.02m³

机械：|8001058| 120kW 以内自行式平地机 0.6 台班×20＝12 台班

|8001081| 12～15t 光轮压路机 0.50 台班×20＝10 台班

|8001083| 18～21t 光轮压路机 1.60 台班×20＝32 台班

|8003005| 235kW 稳定土拌和机 0.40 台班×20＝8 台班

|8007043| 10000L 以内洒水车 0.47 台班×20＝9.4 台班

基价：|9999001| 21038.679 元×20＝420773.58 元

定额查用结果填写在分项工程预算表(21-2 表)中，见表 3-9。

表 3-9　分项工程预算表

编制范围：××公路

分项编码：LM010101　工程名称：水泥、石灰稳定类底基层　单位：　数量：　单价：　第×页　共×页　　21-2 表

代号	工程项目	水泥、石灰稳定类							合计	
	工程细目	水泥、石灰、土压实厚度 22cm 水泥：石灰：土＝5：3.5：91.5								
	定额单位	1000m²								
	工程数量	20								
	定额表号	2-1-6-21＋22×7.0,换								
	工料机名称	单位	单价/元	定额	数量	金额/元	定额	数量	金额/元	数量	金额/元
1	人工	工日		16.4	328					328	
2	32.5 级水泥	t		22.943	458.86					458.86	
3	熟石灰	m³		17.651	353.02					353.02	

续表

代号	工程项目		水泥、石灰稳定类						合计	
	工程细目		水泥、石灰、土压实厚度22cm 水泥:石灰:土=5:3.5:91.5							
	定额单位		1000m²							
	工程数量		20							
	定额表号		2-1-6-21+22×7.0,换							
	工料机名称	单位	单价/元	定额	数量	金额/元	定额	数量	金额/元	数量	金额/元
4	土	m³	367.901		7358.02					7358.02	
5	120kW自行式平地机	台班		0.6	12					12	
6	12~15t光轮压路机	台班		0.50	10					10	
7	18~21t光轮压路机	台班		1.60	32					32	
8	235kW稳定土拌和机	台班		0.40	8					8	
9	10000L洒水汽车	台班		0.47	9.4					9.4	
10	基价	元		21038.679	420773.58					420773.58	
	直接费		元								
	措施费	Ⅰ	元								
		Ⅱ	元								
	企业管理费		元								
	规费		元								
	利润		元								
	税金		元								
	金额合计		元								

【例 3-15】 某三级公路路基宽7.5m,长5km,基层为20cm厚水泥稳定碎石,厂拌法施工,用8t自卸汽车运输混合料3km,试确定该分项工程的预算定额(不计基层稳定土拌和站建设)。

解:(1)根据工程内容,查目录

由目录可知:厂拌法施工对应的定额编号为[2-1-7-5+6](拌和)、[2-1-8-1+2](运输)、[2-1-9-7](摊铺)。

(2)定额调整

由于基层厚度为20cm,根据第二节说明第1条规定,当压实厚度超过15cm,进行分层拌和、摊铺、碾压时,拖拉机、平地机、摊铺机和压路机台班按定额数量加倍,且每1000m³增加1.5工日。

人工:<u>1001001</u> 2.8工日+1.5工日=4.3工日

机械:<u>8001081</u> 12~15t光轮压路机0.08台班×2=0.16台班

<u>8001090</u> 20t以内振动压路机0.41台班×2=0.82台班

<u>8003015</u> 7.5m以内稳定土摊铺机0.31台班×2=0.62台班

| 8003067 | 16～20t 轮胎式压路机 0.25 台班×2＝0.50 台班

| 8007043 | 10000L 以内洒水汽车 0.16 台班×2＝0.32 台班

(3) 每 1000m² 水泥稳定碎石基层预算定额

① 拌和＋摊铺。

人工： | 1001001 | 2.5 工日＋0.1 工日/cm×(20－15)cm＋4.3 工日＝7.3 工日

材料： | 3005004 | 水 28m³＋1m³/cm×(20－15)cm＝33m³

| 5505016 | 碎石 296.73m³＋14.84m³/cm×(20－15)cm＝370.93m³

| 5509001 | 32.5 级水泥 22.566t＋1.128×(20－15)t＝28.206t

机械： | 8001049 | 3m³ 以内轮胎式装载机 0.55 台班＋0.03 台班/cm×(20－15)cm＝0.70 台班

| 8001081 | 12～15t 光轮压路机 0.08 台班×2＝0.16 台班

| 8001090 | 20t 以内振动压路机 0.41 台班×2＝0.82 台班

| 8003011 | 300t/h 稳定土厂拌设备 0.25 台班＋[0.01×(20－15)]台班＝0.30 台班

| 8003015 | 7.5m 以内稳定土摊铺机 0.31 台班×2＝0.62 台班

| 8003067 | 16～20t 轮胎式压路机 0.25 台班×2＝0.50 台班

| 8007043 | 10000L 以内洒水汽车 0.16 台班×2＝0.32 台班

② 运输。

机械： | 8007014 | 8t 以内自卸汽车 8.1 台班＋[0.92×(3－1)/0.5]台班＝11.78 台班

(4) 实际预算定额值

基层拌和、摊铺工程量＝(7.5×5000)m²＝37500m²，工程数量＝37500m²/1000m²＝37.5

基层运输工程量＝(7.5×5000×0.2)m³＝7500m³，工程数量＝7500m³/1000m³＝7.5

① 水泥稳定碎石基层预算定额(拌和＋摊铺)。

人工： | 1001001 | (7.3×37.5)工日＝273.75 工日

材料： | 3005004 | 水(33×37.5)m³＝1237.5m³

| 5505016 | 碎石(370.93×37.5)m³＝13909.875m³

| 5509001 | 32.5 级水泥(28.206×37.5)t＝1057.725t

机械： | 8001049 | 3m³ 以内轮胎式装载机(0.70×37.5)台班＝26.25 台班

| 8001081 | 12～15t 光轮压路机(0.16×37.5)台班＝6 台班

| 8001090 | 20t 以内振动压路机(0.82×37.5)台班＝30.75 台班

| 8003011 | 300t/h 稳定土厂拌设备(0.30×37.5)台班＝11.25 台班

| 8003015 | 7.5m 以内稳定土摊铺机(0.62×37.5)台班 = 23.25 台班

| 8003067 | 16~20t 轮胎式压路机(0.50×37.5)台班 = 18.75 台班

| 8007043 | 10000L 以内洒水汽车(0.32×37.5)台班 = 12 台班

② 水泥稳定碎石基层预算定额(运输)。

| 8007014 | 8t 以内自卸汽车(11.78×7.5)台班 = 88.35 台班

【例 3-16】 某二级公路水泥混凝土路面厚 22cm，拌和站到施工现场平均运距为 2.3km，试确定水泥混凝土路面的预算定额。

解：(1) 根据分项工程内容，查目录。

由目录可知：该工程对应的定额编号为[2-2-17-3+4]。

(2) 定额调整

由于混凝土平均运距为 2.3km，而[2-2-17]定额表附"注"3 中规定，摊铺机铺筑定额中不包括水泥混凝土的拌和、运输，需要时按有关定额另行计算(暂不计算混凝土拌和、拌和站安拆的费用)。

水泥混凝土的运输定额应选用[4-11-11-24+25]。

每 100m³ 混凝土增运 2.3km，需：

| 8005031 | 6m³ 以内的混凝土搅拌运输车[$1.08 + 0.06 \times (2.3-1)/0.5$]台班 ≈ 1.26 台班($0.06 \times (2.3-1)/0.5$ 取整为 3)。

每 1000m² 水泥混凝土面层需混凝土[$204 + 10.2 \times (22-15)$]m³ = 275.4m³，故需增加台班数为：

| 8005031 | 6m³ 以内混凝土搅拌运输车($1.26 \times 275.4/100$)台班 = 3.47 台班

(3) 每 1000m² 水泥混凝土路面预算定额(混凝土施工)

人工：| 1001001 | [$66.1 + 1.8 \times (22-15)$]工日 = 78.7 工日

材料：| 2001001 | HPB300 钢筋 0.003t

| 2003004 | 型钢 0.001t

| 3001001 | 石油沥青[$0.099 + 0.004 \times (22-15)$]t = 0.127t

| 3005001 | 煤[$0.02 + 0.001 \times (22-15)$]t = 0.027t

| 3005004 | 水[$30 + 2 \times (22-15)$]m³ = 44m³

| 4003002 | 锯材 0.06m³

| 5503005 | 中(粗)砂[$93.84 + 4.69 \times (22-15)$]m³ = 126.67m³

| 5505013 | 碎石(4cm)[$169.32 + 8.47 \times (22-15)$]m³ = 228.61m³

| 5509001 | 32.5 级水泥[$76.908 + 3.845 \times (22-15)$]t = 103.823t

| 7801001 | 其他材料费[$265.3 + 3.8 \times (22-15)$]元 = 291.9 元

机械：| 8003077 | 2.5~4.5m 轨道式水泥混凝土摊铺机

[$0.41 + 0.02 \times (22-15)$]台班 = 0.55 台班

8003083	混凝土刻纹机 7.22 台班
8003085	混凝土切缝机 2.501 台班
8005031	6m³ 以内混凝土搅拌运输车 13.47 台班
8007043	10000L 以内洒水汽车 1.48 台班

【例 3-17】 某路段路面长 8.5km，宽 10m，上面层是厚 8cm AC-10 Ⅰ 细粒式沥青混凝土，油石比为 5.5%，试确定拌制上面层的材料预算定额。

解：(1) 根据分项工程内容，查目录

由目录可知：该工程定额编号为[2-2-11-Ⅲ-15]。

(2) 定额调整

因该分项的沥青混凝土油石比为 5.5%，而通过查定额附录一(4)可知细粒式沥青混凝土的定额油石比为 5.22%，需要对沥青用量进行换算。

每 1000m³ 路面实体：3001001 石油沥青 123.161t×5.5%/5.22%＝129.77t

(3) 每 1000m³ 级配碎石路面预算定额

材料：
3001001	石油沥青 129.77t
5503013	矿粉 85.21m³
5503015	路面用石屑 402.60m³
5505017	路面用碎石(1.5cm) 1103.61m³
7801001	其他材料费 279.10 元

(4) 实际预算定额

沥青混凝土工程量＝(8500×10×0.08)m³＝6800m³

工程数量＝6800m³/1000m³＝6.8

材料：
3001001	石油沥青 129.77t×6.8＝882.436t
5503013	矿粉 85.21m³×6.8＝579.428m³
5503015	路面用石屑 402.60m³×6.8＝2737.68m³
5505017	路面用碎石(1.5cm) 1103.61m³×6.8＝7504.548m³
7801001	其他材料费 279.10 元×6.8＝1897.88 元

3.5.5 综合应用案例

【例 3-18】 某二级公路，长 20km，路面宽 10m，土路肩宽 1.5m。基层结构为 20cm 8% 石灰土底基层＋20cm 水泥稳定碎石基层，面层结构为 4cm AC-16 Ⅰ 沥青混凝土上面层＋6cm AC-25 Ⅱ 沥青混凝土下面层。列出本路段路面工程施工图预算所需的全部工程细目名称、单位、定额编号、工程量、定额调整等内容，并填写下列表格。

解：(1) 计算路面各层工程量

底基层、基层工程量：[20000×(10＋1.5×2)]m²＝260000m²

基层运输工程量：$[20000\times(10+1.5\times2)\times0.2]m^3=52000m^3$

上面层工程量：$(20000\times10\times0.04)m^3=8000m^3$

下面层工程量：$(20000\times10\times0.06)m^3=12000m^3$

培路肩工程量：$(20000\times1.5\times2)m^3=60000m^3$

（2）拟定施工方案

底基层为石灰土，拟用路拌法(稳定土拌和机)施工。

基层为水泥稳定碎石，拟用厂拌法施工，拌和站一座，建在路段中部，运距为20km/4=5km。

面层为沥青混凝土，拟用厂拌法施工，拌和站一座，建在路段中部，运距为20km/4=5km。

（3）本路段路面工程施工图预算所需定额(表3-10)

表3-10 路面工程定额套用

工程细目	施工内容	定额编号	单位	工程数量	定额调整
底基层(路拌法)	10%石灰土	1-3-19	1000m²	260	石灰剂量由10%调为8%；底基层采用基层定额调整12~15t光轮压路机台班－0.18
基层(厂拌法)	水泥稳定碎石	1-7-5	1000m²	260	
		1-8-7+8	1000m³	52	运距为5km
		1-9-11	1000m²	260	
		1-10-4	座	1	
面层(厂拌法)	沥青混凝土	2-11-9	1000m³	8	AC-16 Ⅰ为中粒式沥青混凝土
		2-11-4	1000m³	12	AC-25 Ⅱ为粗粒式沥青混凝土
		2-13-7+8	1000m³	20	运距为5km
		2-14-43	1000m³	8	
		2-14-42	1000m³	12	
		2-15-4	座	1	
路肩	培路肩	3-2-5	100m³	60	
透层		2-16-4	1000m²	260	
黏层		2-16-6	1000m²	200	
封层	石油沥青上封层	2-16-11	1000m²	200	

3.6 隧道工程

隧道是公路工程的重要构筑物，尤其是山岭区高速公路占有较大比例，其建筑单价远高于路线部分，应正确运用定额确定其工程造价。

3.6.1 隧道的组成及作用

隧道由主体构造物和附属构造物组成，如图3-13所示。主体构造物是为了保持岩体的稳定和行车安全而修建的人工永久建筑物，通常指洞身衬砌和洞门构造物。附属构造物是主体构造物以外的其他建筑物，是为了运营管理、维修养护、给水排水、供配发电、通风、照明、通信、安全等建造的。

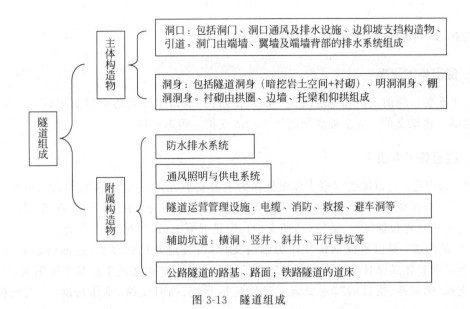

图 3-13 隧道组成

(1) 洞身：隧道结构的主体部分，是车辆通行的通道，其长度由两端洞门的位置决定。洞身衬砌是承受地层压力、维持岩体稳定、阻止坑道周围地层变形的永久性支撑物。它由拱圈、边墙、托梁和仰拱组成。拱圈位于坑道顶部，半圆形，为承受地层压力的主要部分。边墙位于坑道两侧，承受来自拱圈和坑道侧面的土体压力，可分为垂直型和曲线型两种。托梁位于拱墙和边墙之间，防止拱圈底部挖空时发生松动开裂，用来支承拱圈。仰拱位于坑底，形状与一般拱圈相似，但弯曲方向与拱圈相反，用来抵抗土体滑动和防止底部土体隆起。

(2) 洞门：位于隧道出入口处，用来保护洞口土体和边坡稳定，排除仰坡流下的水。它由端墙、翼墙及端墙背部的排水系统所组成。洞门类型有：端墙式洞门、翼墙式洞门、环框式洞门、遮光式洞门等，端墙式洞门和翼墙式洞门如图 3-14 所示。

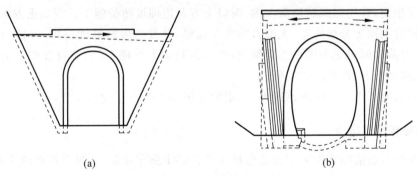

图 3-14 隧洞洞门
(a) 端墙式洞门；(b) 翼墙式洞门

(3) 附属建筑物：为工作人员、行人及运料小车避让列车而修建的避人洞和避车洞；为防止和排除隧道漏水或结冰而设置的排水沟和盲沟；为机车排出有害气体的通风设备及电气化铁道的接触网、电缆槽等。

3.6.2 隧道工程主要分项工程施工

1. 隧道施工流程

施工准备—超前支护和地层改良—洞口截水沟、洞口土方及边仰坡防护施工—洞身开挖＋运输—初期支护—防水隔离层施工—二次支护—装饰—竣工。

2. 隧道施工方法

（1）新奥法：是以喷射混凝土和锚杆作为主要支护方式，通过监测控制围岩的变形，便于发挥围岩自承能力的施工方法。新奥法施工的基本原则为少扰动、早喷锚、勤量测、紧封闭，主要施工过程包括开挖、喷锚（初期支护）、模筑混凝土（二次衬砌）及装饰。

（2）矿山法：是以木或钢构件作为临时支撑，待隧道开挖成型后，逐渐将临时支撑撤换，而代之以整体式厚衬砌作为永久性支护的施工方法。矿山法施工的基本原则为："少扰动、早支撑、慎撤换、快衬砌"，主要施工过程包括开挖、临时支撑、整体衬砌（二次支护）及装饰。

（3）明挖法：是指挖开地面，自上而下开挖至设计高程后，自基底由下而上顺序施工，完成隧道主体结构，最后回填基坑或恢复地面的施工方法。明洞和棚洞隧道都是采用明挖法施工的。明挖法通常有先墙后拱法、先拱后墙法、拱墙交替法。

（4）盾构法：是将盾构机在地中推进，通过盾构外壳和管片支承四周围岩防止发生隧道内坍塌，同时在开挖面前方用切削装置进行土体开挖，通过出土机械运出洞外，靠千斤顶在后部加压顶进，并拼装预制混凝土管片，形成隧道结构的一种机械化施工方法。盾构法一般适用于松软含水地层，或地下线路等设施埋深较深的情况，地铁修筑多采用盾构法。

3. 洞门施工

隧道开挖前，首先完成洞口截水沟、洞口土方及边仰坡防护施工。洞口土方采用挖掘机配合装载机自上而下分层施工，大型自卸汽车运输，并及时做好坡面防护，开挖一段（台阶）防护一段（台阶），洞口先施做护拱混凝土，然后做超前大管棚，开始洞身开挖。定额选用路基截水沟、路基土方、边坡防护定额。

洞门墙的施工可以采用砌筑或现浇，定额选用[3-2-1]～[3-2-3]。

4. 洞身开挖与运输

洞身开挖与运输的常见施工方法包括人工开挖手推车运输、机械开挖轻轨斗车运输、机械开挖自卸汽车运输。其中前两种方法是针对矿山法施工，定额选用[3-1-1]、[3-1-2]；机械开挖自卸汽车运输是针对新奥法施工，定额选用[3-1-3]，运距超出洞外500m需要补充定额[1-1-11]。石质隧道施工均采用钻爆法开挖，出渣采用装载机配合大型或中型自卸汽车无轨运输。

5. 支护措施

土质隧道易坍塌，成洞困难，施工中常采用预加固、超前支护措施，如超前小导管、管棚等；石质隧道稳定性好，常采用喷锚支护；软岩隧道需要多采用超前支护、分部开挖、复合衬砌等措施，定额选用[3-1-4]～[3-1-10]。

3.6.3 定额应用要点

《公路工程预算定额》中第三章"隧道工程"的章说明 7 条，节说明 24 条，在学习时应特别注意以下内容。

(1) 章说明第 1 条：本章定额按现行隧道设计、施工技术规范将围岩分为六级，即Ⅰ～Ⅵ级。

(2) 章说明第 4 条：洞内出渣运输定额已综合洞门外 500m 运距。当洞门外运距超过此运距时，可按照路基工程自卸汽车运输土石方的增运定额加计增运部分的费用。

(3) 第①节第 7 条：本定额中凡是按不同隧道长度编制的项目，均只编制到隧道长度在 5000m 以内。隧道长度超过 5000m 时，应按以下规定计算。

① 洞身开挖：以隧道长度 5000m 以内定额为基础，与隧道长度 5000m 以上每增加 1000m 定额叠加使用。

② 正洞出渣运输：通过隧道进出口开挖正洞，以换算隧道长度套用相应的出渣定额计算。换算隧道长度计算公式为：

换算隧道长度＝全隧长度－通过辅助坑道开挖正洞的长度

当换算隧道长度超过 5000m 时，以隧道长度 5000m 以内定额为基础，隧道长度 5000m 以上每增加 1000m 定额叠加使用。

③ 通风、管线路定额，按正洞隧道长度综合编制，当隧道长度超过 5000m 时，以隧道长度 5000m 以内定额为基础，与隧道长度 5000m 以上每增加 1000m 定额叠加使用。

(4) 第①节第 10 条：工程量计算规则。

① 本定额所指隧道长度均指隧道进出口(不含与隧道相连的明洞)洞门端墙墙面之间的距离，即两端端墙面与路面的交线同路线中线交点间的距离。双线隧道按上、下行隧道长度的平均值计算。

② 洞身开挖、出渣工程量按设计断面数量(成洞断面加衬砌断面)计算，包含洞身及所有附属洞室的数量，定额中已考虑超挖因素，不得将超挖数量计入工程量。

③ 现浇混凝土衬砌中浇筑、运输的工程数量均按设计断面衬砌数量计算，包含洞身及所有附属洞室的衬砌数量。定额中已综合因超挖及预留变形需回填的混凝土数量，不得将上述因素的工程量计入计价工程量中。

3.6.4 定额应用示例

【例 3-19】 某隧道工程全长 1460m，设计开挖断面面积为 $150m^2$，开挖土石方数量为 $221780m^3$，其中Ⅳ级围岩 40%，Ⅴ级围岩 60%，洞外出渣运距为 1500m，试确定隧道洞身开挖的工料机消耗量。

解：(1) 根据工程内容，隧道洞身开挖包括洞身开挖、洞外运输两个环节。查目录可知：Ⅳ级围岩开挖自卸汽车运输工程对应的定额编号为[3-1-3-10＋47]，Ⅴ级围岩开挖自卸汽车运输对应的定额编号为[3-1-3-11＋47]。

(2) 定额调整：由于洞外出渣长度为1500m，根据章说明第4条：洞内出渣运输定额已综合洞门外500m运距，当洞门外运距超过此运距时，可按照路基工程自卸汽车运输土石方的增运定额加计增运部分的费用。应补充路基工程自卸汽车运输定额[1-1-11-26]，故每1000m³天然密实方土石，Ⅳ级围岩对应增运定额为：[0.57×(1500−500)/500]台班＝1.14台班。洞身开挖定额单位为100m³，增运定额调整：8007019 20t以内自卸汽车(0.57×100/1000×2)台班＝0.114台班。

(3) 每100m³自然密实方土石，Ⅳ级围岩对应定额如下。

  人工：1001001 (27.4＋1.1)工日＝28.5工日

  材料：2001021 8～12号铁丝1.9kg

     2003008 钢管0.011t(其他材料省略)

  机械：8001027 1.0m³以内履带式液压单斗挖掘机0.02台班

     8001053 3.0m³以内轮胎式装载机(三向)0.19台班

     8001103 气腿式风动凿岩机4.26台班

     8013019 φ100mm以内潜水泵0.16台班

     8007002 3t以内载货汽车0.18台班

     8007019 20t以内自卸汽车(0.66＋0.114)台班＝0.774台班

     8017045 20m³/min以内电动空压机1.37台班

每100m³天然密实方土石，Ⅴ级围岩对应定额值略。

(4) 实际预算定额值。

题目中给定的洞身开挖土石方数量为221780m³，而计算所得洞身开挖工程量为：(150×1460)m³＝219000m³，说明题目中给定的洞身开挖土石方数包含超挖数量，根据第1节节说明第10条(2)，超挖部分不能计价，因此Ⅳ级围岩的工程量为219000m³×40%＝87600m³，工程数量＝87600m³/100m³＝876；Ⅴ级围岩的工程量为219000m³×60%＝131400m³，工程数量为131400m³/100m³＝1314。

Ⅳ级围岩开挖工料机实际预算消耗量如下。

  人工：1001001 28.5工日×876＝24966工日

  材料：2001021 8～12号铁丝1.9kg×876＝1664.4kg

     2003008 钢管0.011t×876＝9.636t(其他材料省略)

  机械：8001027 1.0m³以内履带式液压单斗挖掘机0.02台班×876＝17.52台班

     8001053 3.0m³以内轮胎式装载机(三向)0.19台班×876＝166.44台班

     8001103 气腿式风动凿岩机4.26台班×876＝3731.76台班

     8013019 φ100mm以内潜水泵0.16台班×876＝140.16台班

     8007002 3t以内载货汽车0.18台班×876＝157.68台班

| 8007019 | 20t 以内自卸汽车 0.774 台班×876＝678.024 台班
| 8017045 | 20m³/min 以内电动空压机 1.37 台班×876＝1200.12 台班

Ⅴ级围岩开挖出渣工料机消耗量原理同上。

3.7 桥涵工程

桥涵是公路工程的重要构筑物，构件结构复杂、类型多，施工方法多样，是预算定额中内容最多、篇幅最长的一章。该章定额包括开挖基坑，围堰、筑岛及沉井工程，打桩工程，灌注桩工程，砌筑工程，现浇混凝土及钢筋混凝土，预制、安装混凝土及钢筋混凝土构件，构件运输，拱盔、支架工程，钢结构工程和杂项工程等共 11 节，每节都包含若干条款的节说明，学习时应注意准确理解和正确运用。

3.7.1 桥涵分类与结构组成

(1) 桥梁按照受力结构划分为：梁式桥、拱式桥、刚构桥、悬索桥、组合桥五类。

① 梁式桥：以梁作为承重结构，以其抗弯能力承受荷载。目前工程中常见的有箱梁、T 梁。

② 拱式桥：以拱肋作为抗压承重结构来承受荷载。一般外型美观，要求地基基础好。

③ 刚构桥：由上部的受弯梁板结构和承压的下部柱墩整体刚性结合而成的承压结构，施工复杂，一般用于跨径不大的公路高架桥和立交桥等。

④ 悬索桥：以悬索为主要承重结构的桥梁，适合于建造大跨径的桥梁。

⑤ 组合桥：如连续刚构、梁拱组合结构、斜拉桥等。

(2) 桥梁由"五大件"＋"五小件"组成，如图 3-15 所示。

五大件
- 桥跨结构：上部结构跨越障碍承受活荷载
- 支座系统：支承上部结构并将荷载传递到桥梁墩台上，应保证在荷载、温度变化或其他因素作用下上部结构的位移功能
- 桥墩：是在河中或岸上支承两侧桥跨上部结构的建筑物，传递上部结构荷载
- 桥台：设在河岸的两端；一端与路堤相接防止路堤滑塌；另一端则支承桥跨上部结构的端部。桥台的锥形护坡、挡土墙等保护桥台和路堤填土
- 墩台基础：保证桥梁墩台安全并将荷载传至地基的结构

五小件
- 桥面铺装：铺装的平整、耐磨性、不翘曲、不渗水是保证行车舒适的关键
- 排水防水系统：应能迅速排除桥面积水，并使渗水的可能性降至最小
- 栏杆(或防撞栏杆)：它既是保证安全的构造措施，又是装饰件
- 伸缩缝：桥跨上部结构之间或桥跨上部结构与桥台端墙之间所设的缝隙，以保证结构的变位。为使行车顺适、不颠簸，桥面上应设置伸缩缝构造
- 灯光照明

图 3-15 桥梁的组成

(3) 涵洞按照受力结构分为圆管涵、石拱涵、盖板涵、箱涵等，常由进口段、洞身段、出口段构成。

3.7.2 桥涵常见分项工程施工方法

1. 桥涵施工流程

桥涵施工流程如图 3-16 所示。

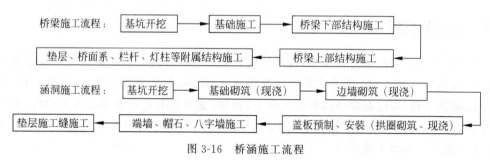

图 3-16 桥涵施工流程

2. 基坑开挖

定额中基坑开挖方法包括人工开挖和机械开挖两种：一般小桥涵基础工程量不大的基坑，可采用人力开挖的方法；大、中桥涵基础工程，由于基坑深、开挖量大，可采用机械开挖的方法。

基坑的开挖按土方、石方、深度、干处或湿处等不同情况，分别统计其数量，并结合施工期内河床水位的高低，注意合理确定辅助工程（如围堰）的数量、基坑排水台班消耗标准以及必须采取的技术安全措施等；了解挖基废方的远运等情况。以上各项均需按照实际情况，将所需费用计入工程造价内。

定额套用[4-1-1]～[4-1-4]，若是基坑土远运则增加[1-1-11]；若是湿处开挖需排水则需要增加水泵，水泵台班数见第 1 节说明第 8 条；若需修筑围堰增加[4-2-1]～[4-2-6]。

3. 基础施工

桥梁基础包括扩大基础、桩基础、管柱、沉井、地下连续墙等。

扩大基础施工常采用明挖法，属于浅基础，定额选用包括开挖、排水、砌筑或浇筑，需要时还要辅助地基处理。定额选用[4-1-1～3]、[4-5-1～7]、[4-6-1]。

桩基础分为沉入桩、钻孔灌注桩、挖孔桩等。其中钻孔灌注桩施工流程为安放护筒、挖孔、钢筋笼制作、混凝土浇筑等。若水中作业还需要修筑围堰或搭设工作平台，灌注桩施工定额选用[4-4-1～10]；围堰定额选用[4-2-1]～[4-2-6]；沉入桩为安装预制桩或钢管桩，定额选用[4-3-1～7]。

沉井施工包括沉井制作、拼接、运输、下沉、填塞等工序，对应定额为[4-2-7]～[4-2-10]。地下连续墙包括成槽、安放钢筋笼、浇筑混凝土，作为基础开挖的支撑结构，对应定额为[4-2-11]。

4. 桥梁下部结构施工

桥梁下部结构包括承台、墩台（分为实体式墩台、柱式墩台）、埋置式桥台、空心墩、Y形墩、薄壁墩、悬索桥的索塔等。桥梁墩台多采用现浇混凝土的施工方法，定额选用[4-6-1]～

[4-6-6],小跨径的墩台也可以采用砌筑的施工方法,对应定额选用[4-7-1]~[4-7-3]。

5. 桥梁上部结构施工

桥梁上部结构主要是指桥梁的承重结构,常见的承重类型有板梁、T梁、箱梁、拱圈、桁架、悬索等。上部结构的施工分为预制安装和现浇两大类。

(1) 预制施工工序包括预制场建设、构件预制(包括混凝土和钢筋)、构件运输、构件安装(起重机架设、跨墩门式起重机、架桥机架设、悬臂拼装、顶推施工)等工作,构件预制和安装定额多选用[4-7-9]~[4-7-26],构件运输选用定额[4-8-1]~[4-8-7]。

(2) 现浇施工包括固定支架法、逐孔现浇法(移动模架施工、悬臂挂篮施工等)、转体施工法、劲性骨架施工法,上部结构现浇定额选用[4-6-8]~[4-6-12]。

(3) 支座是桥梁上部结构的支承部分,其作用是将上部结构的支反力(包括竖向力、水平力)传递给桥梁墩台,并保证上部结构在荷载作用和温度变化的影响下,具有设计要求的静力条件。支座有活动支座和固定支座两种,可用钢、橡胶或一定强度等级的钢筋混凝土制作,支座安装定额为[4-7-27]。

6. 桥梁附属结构施工

桥梁附属结构包括桥面铺装、锥形护坡、桥头搭板、灯柱等。

(1) 桥面是供车辆和行人直接走行的部分,包括三角垫层、防水混凝土、沥青混凝土面层、泄水管、伸缩缝等,对应定额为[4-6-13]、[2-2-17]、[2-2-10]~[2-2-14]。

(2) 桥头搭板是减缓桥头跳车的构件,常采用现浇施工,对应定额为[4-6-14]。其他锥形护坡填土、台背填筑、伸缩缝安装等定额均在[4-11]。

7. 涵洞施工

涵洞施工包括开挖基坑、基础砌筑、侧墙砌筑、盖板预制与安装、伸缩缝处理等,如钢筋混凝土圆管涵施工常用定额为[4-1-3](基坑开挖,需要增运另行增加运输)、[4-5-2-1](进口段截水墙、铺砌砌筑)、[4-5-2-5](八字墙墙砌筑)、[4-5-2-9](锥坡砌筑)、[4-7-25-11](帽石钢筋绑扎)、[4-7-25-2](预制帽石)、[4-7-26-1](安装帽石)、[4-7-4-2](预制圆管涵混凝土)、[4-7-4-3](预制圆管涵钢筋)、[4-7-4-4]、[4-7-5-4](安装圆管涵)、[4-7-5-5](现浇管座)、[4-11-5](涵管基础垫层)、[4-11-4](防水层)、[4-11-7](沥青麻絮伸缩缝)。

3.7.3 定额应用要点

《公路工程预算定额》中第四章"桥涵工程"的章说明共5条,节说明115条,学习时应特别注意以下内容。

1. 混凝土工程的定额施工规定

章说明第1条:

(1) 定额中混凝土强度等级均为按一般图纸选用,其施工方法除小型构件采用人拌人捣外,其他均按机拌机捣计算。

(2) 定额中混凝土工程除大型预制构件底座、混凝土搅拌站安装、拆除和钢桁架桥式码头项目中已考虑混凝土的拌和费用外，其他混凝土项目中均未考虑混凝土的拌和费用，应按有关定额另行计算。

(3) 定额中混凝土均按露天养护考虑，如采用蒸汽养护时，应从各有关定额中按每 $10m^3$ 扣减人工 1.0 个工日及其他材料费 4 元，并按蒸汽养护有关定额计算。

(4) 定额中采用泵送混凝土的项目均已包括水平和向上垂直泵送所消耗的人工、机械，当水平泵送距离超过定额综合范围时，可按附表增列人工及机械消耗量。向上垂直泵送不得调整。

(5) 混凝土中的钢板、型钢、钢管等预埋件，均作为附属材料列入混凝土定额内。连接用的钢板、型钢等则包括在安装定额内。

2. 钢筋工程

定额中的钢筋按选用图纸分为 HPB300、HRB400；设计中采用 HRB500 时，可将定额中的 HRB400 抽换为 HRB500。当设计图纸的钢筋比例与定额有出入时，可调整钢筋品种的比例。

一般的工程量清单中都按惯例将钢筋分为 HPB300 和 HRB400，而定额中是合在一起的，没有按 HPB300、HRB400 级钢筋分开，在套用这样的定额时要做一些技术处理。现以"现浇简支 T 梁上部构造"现场加工钢筋([4-6-9-5])为例，确定 HPB300、HRB400 级钢筋的定额消耗，见表 3-11。

表 3-11　HPB300、HRB400 级钢筋的定额消耗

序号	项目	单位	原钢筋定额消耗	HPB300 级钢调整后定额消耗	HRB400 级钢调整后定额消耗
4	HPB300 钢筋	t	0.225	1.025	0.00
5	HRB400 钢筋	t	0.80	0.00	1.025
6	20~22 号铁丝	kg	2.76	2.76	2.76
12	电焊条	kg	1.07	0.00	1.125
26	30kV·A 以内交流电焊机	台班	0.25	0.00	0.320
27	150kV·A 以内交流电焊机	台班	0.09	0.00	0.115
28	小型机具使用费	元	18.7	18.7	18.7
29	基价	元	4104		

说明：交通运输部颁布的《公路工程预算定额》中，大部分定额工料机的消耗量比较稳定，如表中的钢筋定额，每吨钢筋考虑加工损耗后，其定额的消耗量为 1.025t，损耗为 2.5‰。所以，无论是计算 HPB300 级钢筋还是计算 HRB400 级钢筋，其单位定额消耗量都应该是 1.025t。

定额中,根据专业知识可以得出判断,电焊条消耗量、电焊机的台班消耗量均是针对HRB400级钢筋发生的,HPB300级钢筋是不用电焊或对焊的。因此,计算HPB300级钢筋时就要将其消耗去掉,而在计算HRB400级钢筋时则要加上。例如,对于HRB400级钢筋消耗的30kV·A以内交流电焊机台班的计算式为:(0.25/0.80)×1.025=0.320。显然,在定额中的20~22号铁丝和小型机具使用费,即是针对HPB300级钢筋的,也是针对HRB400级钢筋的,即使有些变化,但对于整个定额来说,也是微不足道的,所以不予以调整。实践证明,经过这样的处理后,HPB300、HRB400级钢筋的单价就拉开了距离,否则,HPB300、HRB400级钢筋的单价便很接近。

3. 工程量计算一般规则

章说明第5条:

(1)现浇混凝土、预制混凝土、构件安装的工程量为构筑物或预制构件的实际体积,不包括其中空心部分的体积,钢筋混凝土项目的工程量不扣除钢筋(钢丝、钢绞线)、预埋件和预留孔道所占的体积。

(2)构件安装额中在括号内所列的构件体积数量表示安装时,需要备制的构件数量。

(3)钢筋工程量为钢筋的设计质量,定额中已计入施工操作损耗,一般钢筋因接长所需增加的钢筋质量已包括在定额中,不得将这部分质量计入钢筋设计质量内。但对于某些特殊的工程,必须在施工现场分段施工采用搭接接长时,其搭接长度的钢筋质量未包括在定额中,应在钢筋的设计质量内计算。

4. 各分项工程的增运运距处理规定

第一节说明第2条:开挖基坑土、石方运输按弃于坑外10m范围内考虑,如坑上水平运距超过10m,另按路基土、石方增运定额计算。

第二节说明第2条:草土、塑料编织袋、竹笼、木笼铁丝围堰定额中已包括50m以内人工挖运土方的工日数量,定额中括号内所列"土"的数量不计价,仅限于取土运距超过50m时,按人工挖运土方的增运定额,增加运输用工。

第八节说明第1条:本节的各种运输距离以10m、50m、1km为计算单位。不足一个10m、50m、1km者,均按10m、50m、1km计,超过第一个定额运距单位时,其运距尾数不足一个增运定额单位的半数时不计,等于或超过半数时按一个定额运距单位计算。

5. 基坑排水台班的补充

第一节说明第1条:干处挖基指开挖无地面及地下水位以上部分的土壤,湿处挖基指开挖施工水位以下部分的土壤。挖基坑石方、淤泥、流沙不分干处、湿处均采用同一定额。

第一节说明第8条:挖基定额中未包括水泵台班,挖基及基础、墩台修筑需要排水时按基坑排水定额计算。

第一节说明第10条:基坑水泵台班消耗可根据覆盖层土壤类别和施工水位高度采用表列数值计算。

(1)墩(台)基坑水泵台班消耗=湿处挖基工程量×挖基水泵台班+墩(台)座数×修筑

水泵台班。

(2) 基坑水泵台班消耗表中水位高度栏中"地下水"适用于围堰内挖基,水位高度指施工水位至坑顶的高度,其水泵消耗台班已包括排除地下水所需台班数量,不得再按"地下水"加计水泵台班;"地下水"适用于岸滩湿处的挖基,水位高度指施工水位至坑底的高度,其工程量应为施工水位以下的湿处挖基工程数量,施工水位至坑顶部分的挖基,应按干处挖基对待,不计水泵台班。

(3) 表列水泵台班均为 ϕ150mm 水泵。

6. 拱盔、支架的工程计量规定

第九节说明第 1 条:桥梁拱盔、木支架及简单支架均按有效宽度 8.5m 计,钢支架按有效宽度 12.0m 计;当实际宽度与定额不同时,可按比例换算。

第九节说明第 8 条:涵洞拱盔支架、板涵支架定额单位的水平投影面积为涵洞长度乘以净跨径。

第九节说明第 9 条:桥梁拱盔定额单位的立面积系指起拱线以上的弓形侧面积,其工程量按下式(表)计算:F(工程量)$= K$(表列系数)$\times$(净跨)^2。

第九节说明第 10 条:桥梁支架定额单位的立面积为桥梁净跨径乘以高度,拱桥高度为起拱线以下至地面的高度,梁式桥高度为墩、台帽顶至地面的高度。这里的地面指支架地梁的底面。

第九节说明第 12 条:钢管支架定额指采用直径大于 30cm 的钢管作为立柱,在立柱上采用金属构件搭设水平支撑平台的支架,其中下部指立柱顶面以下部分,上部指立柱顶面以上部分。下部工程量按立柱质量计算,上部工程按支架水平投影面积计算。

3.7.4 定额应用示例

【例 3-20】 某桥梁的塑料编织袋围堰工程,装塑料编织袋的土人工挑抬运距 220m,围堰高 2.2m。试确定该工程的预算定额和基价。

解: (1) 根据分项工程内容,查目录可知:该工程对应的定额编号为[4-2-2-6]。

(2) 根据第 2 节说明第 2 条,草土、塑料编织袋、竹笼、木笼铁丝围堰定额中已包括 50m 以内人工挖运土方的工日数量,仅限于取土运距超过 50m 时,按人工挖运土方的增运定额,增加运输用工。应补充人工挖运的增运定额[1-1-6-4],每 1000m³ 天然密实方:人工 1001001 [5.9×(220−50)/10]工日=100.3 工日。

因此,每 10m 围堰的预算定额如下。

人工: 1001001　[26+100.3×68.41/1000]工日=32.86 工日

材料: 5001052　塑料编织袋 1139 个

　　　 5501002　土(68.41m³)(计量不计价)

(3) 基价调整:当项目中定额值被调整时,其基价也应做相应调整。

基价=4415 元+增列超距运输基价=4415 元+[627×(220−50)/10÷1000×68.41]元=

4415 元＋729.18 元＝5144.18 元。

【例 3-21】 试确定浇筑 C25 水泥混凝土搭板预算定额。

解：(1) 根据分项工程内容，查目录

由目录可知：该工程定额编号为[4-6-14-1]。

(2) 定额调整

由于定额所列混凝土强度等级 C30 与设计强度等级 C25 不符，故混凝土材料定额值应予以调整抽换。但混凝土设计强度等级为 C25 时，每 $10m^3$ 实体所需混凝土数量仍为 $10.2m^3$。根据附录(二)基本定额中混凝土配合比表知：每 $1m^3$ 混凝土碎石最大粒径为 4cm 的 C25 普通混凝土需要 32.5 级水泥 335kg；中(粗)砂 $0.48m^3$；碎石 $0.83m^3$。

因此每 $10m^3$ 实体需 C25 混凝土的材料定额抽换值(即采用值)为：

5509001	32.5 级水泥$(0.335×10.2)t=3.417t$
5503005	中(粗)砂$(0.48×10.2)m^3=4.896m^3$
5505013	碎石(4cm)$(0.83×10.2)m^3=8.466m^3$

每 $10m^3$ 实体需 C30 混凝土的材料定额减去值为：

5509001	32.5 级水泥$(0.377×10.2)t=3.845t$
5503005	中(粗)砂$(0.46×10.2)m^3=4.692m^3$
5505013	碎石(4cm)$(0.83×10.2)m^3=8.466m^3$

(3) 每 $10m^3$ 实体的预算定额

人工：1001001　14.1 工日

材料：2003004　型钢 0.002t

2003026　组合钢模板 $0.003m^3$

2009028　铁件 1.4kg

3005004　水 $12m^3$

4003001　原木 $0.001m^3$

4003002　锯材 $0.008m^3$

5503005　中(粗)砂$(4.692-4.692+4.896)m^3=4.896m^3$

5505013　碎石(4cm)$(8.466-8.466+8.466)m^3=8.466m^3$

5509001　32.5 级水泥$(3.845-3.845+3.417)t=3.417t$

7801001　其他材料费 24.5 元

机械：8007046　1t 以内机动翻斗车 0.451 台班

8099001　小型机具使用费 14.3 元

9999001　基价 4031 元

(4) 查预算定额

查预算定额附录四"定额基价人工、材料单位质量、单价表"(注：表中人工和材料费基本采用北京市2018年的人工、材料预算价格计算而得)可知：32.5级水泥：307.69元/t、中(粗)砂：87.38元/m^3、碎石(4cm)：86.41元/m^3。调整后的基价=[4031+(3.417-3.845)×307.69+(4.896-4.692)×87.38]元=3917.1元。

【例3-22】 试确定预制3×25m桁架拱桥C30钢筋混凝土拱肋(共计120m^3混凝土，HPB300级钢筋15t，HRB400级钢筋25t)的预算定额。已知：碎石D_{max}=40mm，42.5级水泥，蒸汽养护。

解： (1) 根据分项工程内容，查目录

由目录可知：该工程对应的定额编号为[4-7-21-1](混凝土)、[4-7-21-2](钢筋)。

(2) 定额调整

根据章说明第1条的混凝土施工条件，结合本题目实际工作条件，应进行如下调整。

① 应补充蒸汽养护定额[4-11-8-2]。

每10m^3构件消耗如下。

人工： |1001001| 4.7工日

材料： |7801001| 其他材料费18.3元

机械： |8009080| 30kN以内单筒慢动卷扬机0.64台班

　　　|8017054| 1t/h以内工业锅炉1.7台班

② 蒸汽养护从定额中减1.0工日，其他材料费减4元。

人工： |1001001| (25.6-1.0)工日=24.6工日

材料： |7801001| 其他材料费(52.6-4)元=48.6元

③ 定额中采用C30混凝土(32.5级水泥)，而设计为C30(42.5级水泥)混凝土，应按总说明第9条进行定额抽换。

抽换依据见附录二混凝土配合比表，最大粒径为40mm，每1m^3C30混凝土需42.5级水泥355kg，中砂0.46m^3，碎石0.84m^3。而由定额[4-7-21-1]顺序号3可知，10m^3实体中共需混凝土10.10m^3，所以各相应材料调整用量为：42.5级水泥=(10.10×355)kg=3585.5kg=3.5855t；中砂=(10.10×0.46)m^3=4.65m^3；碎石=(10.10×0.84)m^3=8.48m^3。

(3) 每预制10m^3钢筋混凝土拱肋实体的混凝土(含蒸汽养护)预算定额

人工： |1001001| (24.6+4.7)工日=29.3工日

材料： |2003004| 型钢0.029t

　　　|2003026| 组合钢模板0.045t

　　　|2009028| 铁件21.2kg

　　　|3005004| 水16kg

　　　|4003001| 原木0.03m^3

|4003002| 锯材 0.13m³

|5503005| 中(粗)砂 4.65m³

|5505013| 碎石(4cm)8.38m³

|5509001| 32.5级水泥 3.808t

|7801001| 其他材料费(48.6+18.3)元=66.9元

机械：|8009080| 30kN以内单筒慢动卷扬机 0.64台班

|8017054| 1t/h以内工业锅炉 1.7台班

|8099001| 小型机具使用费 5.3元

(4) 预制拱肋钢筋工程，1t HPB300钢筋的预算定额

人工：|1001001| 4.3工日

材料：|2001001| HPB300钢筋 1.025t(仅考虑HPB300钢筋时的抽换)

|2001002| HRB400钢筋 0t

|2001022| 20~22号铁丝 3.1kg

机械：|8099001| 小型机具使用费 15元

预制拱肋1t HRB400钢筋工作的预算定额如下。

人工：|1001001| 4.3工日

材料：|2001001| HPB300钢筋 0t(仅考虑HRB400级钢筋时的抽换)

|2001002| HRB400钢筋 1.025t

|2001022| 20~22号铁丝 3.1kg

|2009011| 电焊条 3.5kg

机械：|8015028| 32kV·A以内交流电焊机 0.48台班

|8099001| 小型机具使用费 15元

(5) 预制120m³钢筋混凝土拱肋实体的混凝土(含蒸汽养护)实际消耗量

混凝土工程数量=120m³/10m³=12

人工：|1001001| (29.3×12)工日=351.6工日

材料：|2003004| 型钢(0.029×12)t=0.348t

|2003026| 组合钢模板(0.045×12)t=0.54t

|2009028| 铁件(21.2×12)kg=254.4kg

|3005004| 水(16×12)kg=192kg

|4003001| 原木(0.03×12)m³=0.36m³

|4003002| 锯材$(0.13×12)m^3=1.56m^3$

|5503005| 中(粗)砂$(4.65×12)m^3=55.8m^3$

|5505013| 碎石(4cm)$(8.38×12)m^3=100.56m^3$

|5509001| 32.5级水泥$(3.808×12)t=45.696t$

|7801001| 其他材料费$(66.9×12)$元$=802.8$元

机械：|8009080| 30kN以内单筒慢动卷扬机$(0.64×12)$台班$=7.68$台班

|8017054| 1t/h以内工业锅炉$(1.7×12)$台班$=20.4$台班

|8099001| 小型机具使用费$(5.3×12)$元$=63.6$元

(6) 预制拱肋 HPB300、HRB400 钢筋消耗量

HPB300钢筋15t，HRB400钢筋25t，则HPB300钢筋工程数量$=15t/1t=15$，HRB400钢筋工程数量$=25t/1t=25$

① 预制拱肋 HPB300 钢筋工作的消耗量。

人工：|1001001| $(4.3×15)$工日$=64.5$工日

材料：|2001001| HPB300钢筋$(1.025×15)t=15.375t$

|2001002| HRB400钢筋$(0×15)t=0t$

|2001022| 20~22号铁丝$(3.1×15)kg=46.5kg$

机械：|8099001| 小型机具使用费$(15×15)$元$=225$元

② 预制拱肋 HRB400 钢筋工作的消耗量。

人工：|1001001| $(4.3×25)$工日$=107.5$工日

材料：|2001001| HPB300钢筋0t（仅考虑HPB400级钢筋时的抽换）

|2001002| HRB400钢筋$(1.025×25)t=25.625t$

|2001022| 20~22号铁丝$(3.1×25)kg=77.5kg$

|2009011| 电焊条$(3.5×25)kg=87.5kg$

机械：|8015028| 32kV·A以内交流电焊机$(0.48×25)$台班$=12$台班

|8099001| 小型机具使用费$(15×25)$元$=375$元

【例3-23】 某河中桥墩挖基工程，施工地面水位深1m，确定人工挖基摇头扒杆卷扬机吊运普通土的预算定额。

解：(1) 根据分项工程内容，查目录

由目录可知：人工挖基摇头扒杆卷扬机吊运普通土对应的定额编号为[4-1-2-2]。

(2) 定额调整

对照"工作内容"，缺少隐含的"排水"环节，根据第一节说明第9条，挖基定额中未包括水泵台班。挖基及基础、墩台修筑所需的水泵台班按"基坑水泵台班消耗表"的规定计算。

每 $10m^3$ 墩台基础开挖的排水水泵定额为:

|8013020| ϕ150mm 水泵 0.1 台班

(3) 每 $1000m^3$ 桥墩基础开挖的预算定额

人工: |1001001| 218.2 工日

机械: |8009080| 30kN 以内单筒慢动卷扬机 11.88 台班

|8013020| ϕ150mm 水泵($0.1\times1000/10$)台班＝10 台班(定额单位不同换算)

【例 3-24】 某 3 孔跨径为 30m 的混凝土拱桥,拱盔宽 18m,拱矢比为 1/5,起拱线至地面的高度为 10m,制备 1 孔满堂式木拱盔和支架,试确定该桥的拱盔立面积、支架立面积和拱盔的预算定额。

解:(1) 拱盔立面积(1 孔)。根据《公路工程预算定额》第四章"桥涵工程"第九节说明第 9 条:桥梁拱盔定额单位的立面积系指起拱线以上的弓形侧面积,其工程量按下式(表)计算: $F=K\times(跨径)^2$, K 由附表查得,为 0.138,故: $F=(1(孔)\times 0.138\times 30^2)m^2=124.2m^2$。

(2) 支架立面积(1 孔)。根据"桥涵工程"第九节说明第 10 条:桥梁支架定额单位的立面积为桥梁净跨径乘以高度,拱桥高度为起拱线以下至地面的高度,梁式桥高度为墩、台帽顶至地面高度,这里的地面指支架地梁的底面,故 $F=(1(孔)\times 30\times 10)m^2=300m^2$。

(3) 根据分项工程内容,满堂式木拱盔制作对应的定额编号为[4-9-2-3]。

(4) 定额调整。① 根据第九节说明第 1 条:桥梁拱盔、木支架及简单支架均按有效宽度 8.5m 计,钢支架按有效宽度 12.0m 计,如实际宽度与定额不同时,可按比例换算,故每 $10m^2$ 立面满堂式木拱盔的定额值如下。

人工: |1001001| ($30.3\times 18/8.5$)工日＝64.16 工日

材料: |2009028| 铁件($35\times 18/8.5$)kg＝74.12kg

|2009030| 铁钉($0.9\times 18/8.5$)kg＝1.91kg

|4003001| 原木($0.95\times 18/8.5$)m^3＝2.01m^3

|4003002| 锯材($0.57\times 18/8.5$)m^3＝1.21m^3

机械: |8015013| ϕ500mm 以内木工圆锯机($0.57\times 18/8.5$)台班＝1.21 台班

|8099001| 小型机具使用费($19.6\times 18/8.5$)台班＝41.5 台班

② 由已知条件可知,拱盔的实际周转次数是 3 次,由附录三(一)-1,查得制作木拱盔的各类周转性材料的规定周转次数是:木料 5 次,铁件 5 次,铁钉 4 次,故应对定额值进行抽换 $E_1=E\times K$,式中 $K=n/n_1$,其中 E_1 表示实际周转次数的周转性材料定额;E 表示定额规定的周转性材料定额;K 表示换算系数;n 表示规定的材料周转次数,n_1 表示实际的材料周转次数。

则实际材料定额应抽换为:铁件($74.12\times 5/3$)kg＝123.53kg

铁钉($1.91\times 4/3$)kg＝2.55kg

原木($2.01\times 5/3$)m^3＝3.35m^3

$$锯材(1.21×5/3)m^3=2.02m^3$$

机械：8015013　　ϕ500mm 以内木工圆锯机(0.57×18/8.5)台班＝1.21 台班

　　　　8099001　　小型机具使用费(19.6×18/8.5)元＝41.5 元

(5) 制备1孔满堂式木拱盔的消耗量。

人工：1001001　　(64.16×124.2/10)工日＝796.86 工日

材料：2009028　　铁件(123.53×124.2/10)kg＝1534.24kg

　　　2009030　　铁钉(2.55×124.2/10)kg＝31.671kg

　　　4003001　　原木(3.35×124.2/10)m^3＝41.607m^3

　　　4003002　　锯材(2.02×124.2/10)m^3＝25.09m^3

机械：8015013　　ϕ500mm 以内木工圆锯机(1.21×124.2/10)台班＝15.03 台班

　　　　8099001　　小型机具使用费(41.5×124.2/10)元＝515.43 元

制备1孔支架的消耗量步骤同上。

3.7.5　综合应用案例

【例 3-25】　某平原区高速公路，新建预应力连续梁桥1座，上部结构采用 40m×9(孔)预制 T 梁，每孔 14 片梁，梁高 2.4m，梁宽 1.6m，梁底宽 50cm，每片梁用混凝土 25m^3，T 梁预制周期为 8 天，计划预制和安装的总工期为 8 个月；基础采用灌注桩：其中每个桥墩处采用 6 根直径 1.8m 孔深 40m 的桩，水中施工水深 5m，桥台处采用 8 根直径 1.5m 孔深 40m 的桩，干处施工，砂土层平均厚度为 10m，黏土层平均厚度为 30m。请列出该桥梁上部构造和基础工程相关的施工图预算定额的名称、单位、定额编号、工程数量、定额调整。

(1) 预制底座

预制 T 梁数量＝14 片/孔×9 孔＝126 片

8 天出 1 片梁，因考虑安装需要 1 个月，所以预制工期为 7 个月，预制需要底座数量为(126×8/210)个＝4.8 个，即预制底座数量不少于 5 个。

根据"桥涵工程"第十一节说明第 2 条：1 个底座面积为[(40+2)×(0.5+1)]m^2＝63m^2。总的底座面积为(5×63)m^2＝315m^2。

(2) T 梁施工

T 梁混凝土工程量为(126×25)m^3＝3150m^3

与 T 梁预制相关的辅助工作还包括预制场的场地平整、T 梁的运输(如跨墩门式起重机)、T 梁的架设(如架桥机)、临时轨道等。本题目暂不计算辅助工程量。

(3) 灌注桩钢护筒数量计算

根据"桥涵工程"第四节说明第 11 条可知：

拟定 1.5m 桩护筒平均长 2.5m，考虑周转需要 4 个，护筒质量为 2.5m/根×4×568.0kg/m＝5.68t/根。

拟定 1.8m 桩护筒平均长 8m(考虑水深 5m)，考虑周转需要 12 个：8m/根×12×

778.6kg/m(内插法得到)=74.7456t/根。

(4) 灌注桩工程量

混凝土工程量为$[(1.8/2)^2 \times \pi \times 40 \times 48 + (1.5/2)^2 \times \pi \times 40 \times 8]m^3 = (4883.33 + 565.2)m^3 = 5448.53m^3(\pi 取 3.14)$。

钢筋工程量为260t。

该桥梁上部构造和基础工程相关的施工图预算定额的名称、单位、定额编号、工程数量、定额调整见表3-12。

表3-12 桥梁基础定额表

项目	细目	定额编号	定额单位	工程数量	调整
灌注桩	1.5m桩径灌注桩成孔(砂土)	4-4-4-41	10m	8	
	1.5m桩径灌注桩成孔(黏土)	4-4-4-42	10m	24	
	1.8m桩径灌注桩成孔(砂土)	4-4-4-65	10m	48	×0.87 桩径不同
	1.8m桩径灌注桩成孔(黏土)	4-4-4-66	10m	144	×0.87 桩径不同
	灌注桩混凝土浇筑	4-4-8-12	10m³	5.652	
	灌注桩混凝土浇筑	4-4-8-15	10m³	488.33	
	灌注桩钢筋	4-4-8-26	1t	260	7
	钢护筒埋设(干处)	4-4-9-7	1t	2.893	
	钢护筒埋设(湿处)	4-4-9-8	1t	39.96	
	施工平台搭建	4-4-10-1	100m²	待定	
	水上泥浆循环系统	4-11-14-1	1套	待定	
预制安装 T梁	T梁预制	4-7-14-2	10m³	315	
	T梁预应力钢绞线	4-7-20-2	1t	100	
	T梁安装	4-7-14-9	10m³	315	
	现浇湿接缝	4-7-14-10	10m³	按图纸确定	
	现浇横隔板	4-7-14-15	10m³	按图纸确定	
	双导梁	4-7-28-2	10t	施工组织确定	
	预制场门式起重机	4-7-28-3	10t	施工组织确定	
	预制底座(假设1m)	4-11-9-1	10m²	31.5	
构件运输	轨道运输(第一个50m)	4-8-2-21	100m³	施工组织确定	
临时轨道	临时轨道安设	7-1-4-3		施工组织确定	
	拌和站安拆	4-11-11-8	1座	1	
	混凝土搅拌	4-11-11-12	100m³		
	混凝土运输	4-11-11-26	100m³		

【例3-26】 新建1道钢筋混凝土盖板涵,标准跨径4.0m,涵高3.0m,涵长42m,进口形式为边沟跌井,出口形式为八字墙,其施工图预算工程量统计如表3-13所示。

表 3-13 盖板涵工程量统计

桩号	涵型	涵长/m	洞身					
			盖板		帽石	铺砌	台身	基础
			混凝土		C25混凝土/m³	M7.5浆砌片石涵底/m³	C20片石混凝土/m³	C20片石混凝土/m³
			钢筋/t	C30混凝土/m³ 锚栓/kg				
K12+641.9	1-4.0×3.0	42.00	0.845	12.66　0.77	5.95	19.2	100.5	45.61

洞口				抹面	涵底铺砌	沥青麻絮沉降缝/m	回填/m	挖基土方/m³
八字墙身	八字墙基	截水墙	洞口铺砌	水泥砂浆/m²	砂砾垫层/m³			
M7.5浆砌片石/m³								
12.43	8.87	1.37	3.2	22	6.4	74.9	23.7	420

请用表格列出该盖板涵相关的施工图预算定额的名称、单位、定额编号、工程数量、定额调整。

解：表 3-14 列出了定额名称、编号、定额单位、工程数量及定额调整。

表 3-14 盖板涵定额表

项目	定额编号	定额单位	工程数量	定额调整
基坑开挖	4-1-3-3	1000m³	0.42	根据运距增加增运定额
砂砾垫层	4-11-5-1	10m³	0.64	
基础、截水墙、铺砌	4-5-2-1	10m³	1.344	工程量累加
八字墙墙身与基础	4-5-2-1	10m³	1.243	
水泥砂浆抹面	4-11-6-17	100m²	0.22	
涵底及洞口铺砌	4-5-2-1	10m³	1.92	M5 换 M7.5
台身基础	4-6-1-3	10m³	4.56	C15 换 C20
台身混凝土	4-6-2-4	10m³	10.05	C15 换 C20
预制矩形板（跨径 4m 以内）	4-7-9-1	10m³ 实体	1.266	
矩形板钢筋	4-7-9-3	1t	0.845	
锚栓钢筋	4-6-4-16	1t	0.77	
汽车式起重机运输构件	4-8-3-7	100m³ 实体	0.126	
起重机安装矩形板	4-7-10-2	10m³ 实体	1.266	
帽石混凝土	4-6-3-2	10m³	0.595	C30 换 C25
沉降缝	4-11-1-1	10m²	7.49	沉降缝深度按 10cm 计入
混凝土拌和	4-11-11-1	10m³	11.316	
台背排水	4-11-2-3	10m³ 实体	2.37	

3.8 防护工程

防护工程是公路工程的重要构筑物,路基防护工程包括挡土墙、驳岸、护坡、导流坝、石笼等。学习时应注意正确运用定额抽换。

【例 3-27】 某浆砌块石挡土墙工程,设计采用 M10 水泥砂浆,32.5 水泥,试确定其预算定额。

解:(1) 根据工程内容,本项目应划分为挡土墙基础和墙身两个子目。查目录可知:挡土墙基础砌筑对应的定额编号为[1-4-16-6],挡土墙墙身砌筑对应的定额编号为[1-4-16-8]。

(2) 由定额表可知,砌筑需 M7.5 水泥砂浆,而设计采用 M10 水泥砂浆(32.5 水泥),因其强度等级不同,所以应对其组成原材料 32.5 水泥和中粗砂进行抽换。抽换依据见附录二基本定额的(一)1. 中砂浆配合比表,每 $1m^3$ M10 水泥砂浆需 32.5 级水泥 311kg,中(粗)砂 $1.07m^3$;每 $1m^3$ M7.5 水泥砂浆需 32.5 级水泥 266kg,中(粗)砂 $1.09m^3$。

(3) 砌筑基础定额中,原每 $10m^3$ 实体需 M7.5 水泥砂浆 $2.7m^3$,即需 M10 水泥砂浆 $2.7m^3$,需 32.5 水泥 $(2.7 \times 266)kg = 718.2kg = 0.718t$,中(粗)砂 $(2.7 \times 1.09)m^3 = 2.943m^3$;现每 $10m^3$ 实体需 M7.5 水泥砂浆 $2.7m^3$,即需 M10 水泥砂浆 $2.7m^3$,需 32.5 水泥 $(2.7 \times 311)kg = 839.7kg \approx 0.840t$,中(粗)砂 $(2.7 \times 1.07)m^3 = 2.889m^3$。

则基础砌筑每 $10m^3$ 实体的定额如下。

人工: 1001001   5.3 工日

材料: 3005004   水 $7m^3$

       5501003   黏土 $0.03m^3$

       5503005   中(粗)砂 $(2.94-2.94+2.90)m^3 = 2.90m^3$

       5505025   块石 $10.5m^3$

       5509001   32.5 级水泥 $(0.718-0.718+0.840)t = 0.840t$

       7801001   其他材料费 2.2 元

机械: 8001045 $1.0m^3$ 以内轮胎式装载机 0.1 台班

       8005010   400L 以内灰浆搅拌机 0.12 台班

墙身原理相同略。

3.9 交通工程及沿线设施

公路工程的交通工程及沿线设施主要包括沿线安全设施,监控、收费系统,通信系统及通信管道,通风及消防设施,供电、照明系统,电缆敷设、配管及铁构件制作安装等项目,随着人们对道路服务功能要求的提高,所需沿线设施在公路工程中占有一定比例。学习时应注意正确运用定额。

3.9.1 定额应用要点

《公路工程预算定额》中第五章"交通工程及沿线设施"的章说明共 2 条,节说明 45 条,在学习时应特别注意以下内容。

(1) 章说明第 1 条指出本章定额包括项目内容。

(2) 各节说明中均包括本节的子项项目、工程量的计量规则等。在定额使用时应仔细阅读。

(3) 定额表的重要附"注"。

如定额表 5-1-9 中的"注"为:

① 中间带的绿化可按设计另行计算;填土如需远运,可按"路基工程"项目的土方运输定额另行计算。

② 隔离墩上如不安装钢管栏杆或防眩板,则应在钢筋子目中扣除人工 4 个工日,钢板 0.081t,电焊条 7.7kg,30kV·A 交流电焊机 2.3 台班。

3.9.2 定额应用示例

【例 3-28】 某高速公路隔离栅工程,设为钢筋混凝土柱上挂刺铁丝网形式,柱距为 2m,试确定该工程的预算定额。

分析:本隔离栅工程项目应包括钢筋混凝土立柱安装和网面编织两个工序,分混凝土、钢筋、刺铁丝三个子目。因各子目的定额单位各不相同,所以三子目定额值应分别单列。

解:(1) 根据分项工程内容,查目录可知:该工程三个子目对应的定额编号分别为[5-1-3-1]、[5-1-3-2]、[5-1-3-6]。

(2) 根据第一节说明第 4 条(3)的工程量计算规则,分别计算各子目工程量。

(3) 每 10m³ 混凝土定额值为

人工: 1001001   47.5 工日

材料: 2003004   型钢 0.002t

其他材料略。

机械: 8005002   250L 以内强制式混凝土搅拌机 0.31 台班

其他机械略。

同理,每 1t 钢筋和 1t 刺铁丝的定额值如表[5-1-3-2]、[5-1-3-6]中所列,无抽换。

3.10 绿化及环境保护工程

随着社会的进步,绿化及环境保护工程的重要性越来越凸显。绿化及环境保护工程包括绿化工程(如乔木、灌木、绿篱、地被、绿化养护、苗木运输等)和环境保护工程(如声屏障基础、声屏障立柱安装和声屏障板材安装等)等。学习时要注意正确运用定额抽换。

3.10.1 定额应用要点

(1) 绿化工程栽植子目中均已综合了挖树穴、底肥、1次浇水费用。

(2) 栽植子目中已包含死苗补植,使用定额时不得更改。盆栽植物均按脱盆的规格套用相应的定额子目。

(3) 苗木及地被植物的场内运输已在定额中综合考虑,使用定额时不得另行增加。

(4) 工程内容中的清理场地,指工程完工后将树穴余泥杂物清除并归堆;当有余泥杂物需外运时,其费用另按土石方有关定额子目计算。

(5) 栽植子目中均已综合了挖树穴工程量,底肥费用计入其他材料费中,浇水按1次计算,其余内容按相应定额计算,但不得重复计算。栽植子目按土可用的情况进行编制;若需要换土,则按有关子目进行计算。

(6) 当编制中央分隔带部分的绿化工程预算时,若中央分隔带内的填土没有计入该项工程预算,其填土可按路基土方有关定额子目计算,但应扣减树穴所占的体积。

(7) 为确保路基边坡的稳定而修建的各种形式的网格植草或播种草籽等护坡,应并入防护工程内计算。

(8) 测量放样均指在场地平整好,达到设计要求后进行的,场地平整费用另按场地平整定额子目计算。

(9) 运苗木子目仅适用于自运苗木的运输。

(10) 定额中的胸径指距地坪1.30m高处的树干直径;株高指树顶端距地坪的高度;篱高指绿篱苗木顶端距地坪的高度。

(11) 环境保护工程隔声、吸声板材可依据设计进行调整。

(12) 立柱安装定额中预埋件、H型钢立柱等均按成品镀锌构件编制。使用定额时,刷防腐油漆等工序不应另行计算。

(13) 板材安装定额不包括板材的制作与运输。另外,本定额中板材是按定额表中所给出的结构形式及尺寸编制;若板材各单元的组合或尺寸有变,可根据设计按实进行调整。

3.10.2 定额应用示例

【例3-29】 高速公路某标段种植新疆杨:胸径5cm(属于乔木),8455株(带土球),苗木运输距离为20km,洒水汽车运水、浇水2次,距离为1km,绿化成活期保养1个月,试确定其预算定额和基价。

解:(1) 根据工程内容,查目录

栽植新疆杨对应的定额编号为:[6-1-7-1](苗木运输)、[6-1-1-1](乔木栽植)、[6-1-5-7](浇水)、[6-1-6-1](绿化成活期保养)。

定额第六章第一节的节说明第4条中砍挖树穴、底肥、浇水1次均已考虑,只需[6-1-5-7]定额考虑浇水1次。

(2) 实际预算定额(运输+栽植+浇水+保养)

人工: 1001001 [2.9×8455/10000+1.5×8455/100+(3+0.4)×8455/1000+0.3×8455/100]工日=183.4工日

材料： 3005004　水$(16×8455/100+15×8455/1000)\mathrm{m}^3=1479.6\mathrm{m}^3$

　　　　4009001　乔木$(105×8455/100)$株$=8878$株

　　　　7801001　其他材料费$(93×8455/100+0.8×8455/100)$元$=7930.79$元

机械： 8007005　6t 以内载货汽车$[(3.59+0.03×10)×8455/10000]$台班$=3.29$台班

　　　　8007040　4000L 以内洒水汽车$(0.02×8455/100+0.35×8455/1000)$台班$=4.65$台班

　　　　8099001　小型机具使用费$(0.4×8455/100+0.1×8455/100)$台班$=42.28$台班

基价： 9999001　$[(2076+15×10)×8455/10000+5327×8455/100+538×8455/1000+33×8455/100]$元$=459618.87$元

3.11 临时工程

临时工程是形成公路工程建筑必须的工程设施，学习时应注意正确运用定额。

3.11.1 定额应用要点

《公路工程预算定额》中第七章"临时工程"的章说明共 7 条，在学习时应特别注意以下内容。

(1) 章说明第 2 条：汽车便道按路基宽度为 7.0m 和 4.5m 分别编制，便道路面宽度按 6.0m 和 3.5m 分别编制，路基宽度 4.5m 的定额中已包括错车道的设置。汽车便道如使用期内需要养护的，按相应定额另行计算。

(2) 章说明第 3 条：临时汽车便桥按桥面净宽 4m、单孔跨径 21m 编制；钢栈桥按上、下部编制。

(3) 章说明第 4 条：重力式砌石码头定额中不包括拆除的工程内容，需要时可按"桥涵工程"项目的"拆除旧建筑物"定额另行计算。

(4) 章说明第 7 条：本章定额中便桥输电线路的木料、电线的材料消耗均按一次使用量计列，编制预算时应按规定计算回收；其他各项定额分不同情况，按其周转次数摊入材料数量。

3.11.2 定额应用示例

【例 3-30】某平原微丘区临时汽车便道工程，长 1.5km，路基宽度为 4.5km，天然砂砾路面宽 3.5km，压实厚度 15cm，使用养护期为 8 个月，试确定该工程的工料机消耗量。

解：(1) 根据分项工程内容，查目录

由目录可知：该工程对应的定额编号为[7-1-1-3+6]，根据章说明第 2 条，汽车便道如使用期内需要养护的，按相应定额另行计算，相关定额为[7-1-1-8]。

(2) 每 1km 临时汽车便道的定额

人工： 1001001　$(17.3+100.4+1.5×8)$工日$=129.7$工日

材料：　3005004　　水 67m³

　　　　5503009　　天然级配(716.04＋10.8×8)m³＝802.44m³

机械：　8001002　　75kW 推土机 6.44 台班

　　　　8001078　　6～8t 光轮压路机(0.54＋1.123×8)台班＝9.524 台班

　　　　8001079　　8～10t 压路机(0.34＋0.69)台班＝1.03 台班

　　　　8001081　　12～15t 压路机(1.42＋1.48)台班＝2.9 台班

　　　　800105　　手扶式振动碾 4.19 台班

(3) 1.5km 临时汽车便道的工料机消耗量

人工：　1001001　　(129.7×1.5)工日＝194.55 工日

材料：　3005004　　水(67×1.5)m³＝100.5m³

　　　　5503009　　天然级配(802.44×1.5)m³＝1203.66m³

机械：　8001002　　75kW 推土机(6.44×1.5)台班＝9.66 台班

　　　　8001078　　6～8t 光轮压路机(9.524×1.5)台班＝14.286 台班

　　　　8001079　　8～10t 压路机(1.03×1.5)台班＝1.545 台班

　　　　8001081　　12～15t 压路机(2.9×1.5)台班＝4.35 台班

　　　　800105　　手扶式振动碾(4.19×1.5)台班＝6.285 台班

3.12　材料采集及加工

在公路工程施工中,有些材料如自采的砂、黏土、草皮、碎石等可以由施工单位自行采集和加工,称之为自采性材料。在材料采集和加工过程中工料机的消耗量应以本章定额为依据,按照《公路工程建设项目概算预算编制办法》中的相关规定可以计算自采性材料的料场单价。

3.12.1　定额应用要点

《公路工程预算定额》中第七章"材料采集及加工"的章说明共 3 条,在学习时应特别注意以下内容。

(1) 章说明第 1 条：本章定额包括人工种植及采集草皮,土、黏土采筛,采筛洗砂及机制砂,采砂砾、碎(砾)石土、砾石、卵石、片石、块石开采,料石、盖板石开采,机械轧碎石,采筛路面用石屑、煤渣、矿渣,人工洗碎(砾、卵)石,堆、码方,碎石破碎设备安、拆等项目。

(2) 章说明第 2 条：本章定额中机制砂、机轧碎石用到的片石均按捡清片石计算。

(3) 章说明第 3 条：本章定额中材料采集及加工定额已包括采、筛、洗、堆及加工等操作损耗。

(4) 定额表的"工作内容"及附"注"中,重要的附"注"如下。

① 定额表 8-1-4"采砂砾、碎(砾)石土、砾石、卵石"的附"注":如需备水洗石,每 $1m^3$ 石料用水量按 $0.3m^3$ 计算,运水工另行计算;资源费另计。

② 定额表 8-1-6"料石、盖板石开采"的附"注":如需爆破,按开采块石所需材料计算。

③ 定额表 8-1-9"人工洗碎(砾、卵)石"的附"注":如需备水,每 $1m^3$ 碎(砾、卵)石用水量按 $0.3m^3$ 计算,运水工另行计算。

3.12.2 定额应用示例

【例 3-31】 某工地用砂,其成品率为 80%,试确定其人工采筛堆作业的预算定额和基价。

解:根据分项工程内容,查目录可知:该人工"采筛洗堆"砂对应的定额编号为[8-1-3-6+7]。

每 $100m^3$ 堆方的定额值如下。

人工: 1001001　14.3 工日

基价: 9999001　1520 元

3.13　材料运输

在公路工程施工过程中,根据施工组织设计,有些材料是施工单位自行运输,工程上称为自办运输。材料自办运输的形式包括:人工挑抬运输、手推车运输、机动翻斗车运输(配合人工装车)、手扶拖拉机运输(配合人工装车)、载货汽车运输(配合人工装卸)、自卸汽车运输(配合装载机装车)、人工装机动翻斗车、人工装卸汽车、装载机装汽车、其他装卸汽车、洒水车运水等项目。

3.13.1 定额应用要点

《公路工程预算定额》中第九章"材料运输"的章说明共 6 条,在学习时应特别注意以下内容。

(1) 章说明第 6 条:本章定额中未列名称的材料,可按下列规定执行,其中不是以质量计量的应按单位质量进行换算。

① 与碎石运输定额相同的材料有:天然级配、石渣、风化石。

② 定额中未列的其他材料,一律按水泥运输定额计算。

(2) 定额表的"工作内容"及附"注"中,重要的附"注"如下。

① 定额表 9-1-1"人工挑抬运输"的附"注":遇有升降坡时,除按水平距离计算运距外,应按附表增加运距。

② 定额表 9-1-2"手推车运输"的附"注":遇有升降坡时,除按水平距离计算运距外,应按附表增加运距。

3.13.2 定额应用示例

【例 3-32】 某工地距料场 350m,采用人工装卸手扶拖拉机运输片石,试确定其预算定额。

解:(1)根据分项工程内容,查目录可知:"手扶拖拉机运输"对应的定额编号为 [9-1-4-7+8],每 100m³ 的片石运输定额如下。

机械: 8007054 拖拉机 [4.29+0.37×(350−100)/100] 台班=5.215 台班

(2)根据分项工程内容,应补充"人工装卸手扶拖拉机"对应的定额编号为 [9-1-8-4],每 100m³ 的片石装卸定额如下。

人工: 1001001 7.4 工日

3.14 附录

《公路工程预算定额》共包括四个附录,依次为:路面材料计算基础数据表、基本定额、材料的周转及摊销,以及定额人工、材料、设备单价表,其中附录四执行的是 2018 年北京地区的预算单价标准。

3.14.1 附录一 路面材料计算基础数据表

该附录主要是提供定额所用各种路面组成材料的压实混合料干密度数据(t/m³),为预算过程中进行体积与质量的换算提供依据。

3.14.2 附录二 基本定额

基本定额是指在正常施工技术与组织条件下,为生产单位数量的半成品、中间产品所规定的各种人工、材料、机械等消耗量标准。

(1)定额组成与分类如图 3-17 所示。

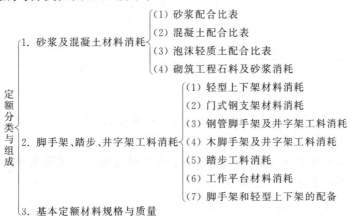

图 3-17 基本定额组成

(2) 作用。

① 若水泥混凝土、水泥砂浆等半成品材料的设计强度等级与定额强度等级不一致,基本定额的砂浆及混凝土材料配合比表是进行原材料定额值抽换的依据。

② 当设计中出现定额表中查不到的脚手架等工作时,基本定额的脚手架、踏步、井字架工料消耗表是分析分项工程或半成品所需工料机消耗量的依据。

3.14.3 附录三 材料周转与摊销

在公路工程中使用的材料,按照使用次数的多少可以分为两类:一类是一次性消耗的材料,如水泥、砂、石等;另一类是可以重复使用的材料,如模板、拱盔、支架等,称之为周转性材料。周转性材料的定额值是按照正常周转次数经过摊销后而制定的。本附录主要规定了周转材料在施工中合理使用的周转或摊销次数。

(1) 周转材料的摊销分类如图 3-18 所示。

材料周转与摊销
1. 混凝土及钢筋混凝土构件、块件模板材料周转及摊销次数
   ① 现浇混凝土的模板及支架、拱盔、隧道支撑
   ② 预制混凝土构件的木模板
   ③ 组合钢模板材料周转次数
   ④ 定型钢模板材料周转次数
2. 脚手架、踏步、井字架、金属门式吊架、吊盘等摊销次数
3. 临时轨道铺设材料摊销
4. 基础及打桩工程材料摊销次数
5. 灌注桩设备材料摊销
6. 吊装设备材料摊销次数
7. 预制构件和块件的堆放、运输材料的摊销次数

图 3-18 周转材料的摊销分类

(2) 作用。

① 规定各种周转性材料的周转、摊销次数。

② 根据《公路工程预算定额》总说明第 8 条,例如,就地浇筑钢筋混凝土梁用的支架及拱圈用的拱盔、支架,确因施工安排达不到规定的周转次数时,可根据附录三进行换算,并按规定计算回收。

$$定额用量 = \frac{图纸一次使用量 \times (1 + 场内运输及操作损耗)}{周转次数(或摊销次数)}$$

(3) 应用示例。

【例 3-33】 某跨径 16m 的石拱桥,制备 1 孔木拱盔,满堂式,周转 2 次。试确定其实际周转次数的周转性材料预算定额。

解:(1) 根据分项工程内容,查目录可知:制备拱盔对应的定额编号为[4-9-2-2],每制作 10m² 立面积的拱盔的材料定额如下。

铁件: 2009028 41.8kg

铁钉: 2009030 1.1kg

原木：4003001　0.47m³

锯材：4003002　1.63m³

(2) 由附录三(一)-1，查得木拱盔的周转性材料的规定周转次数是：木材5次，铁件5次，铁钉4次。而实际周转次数为2次。本例符合抽换条件，应对定额值进行抽换$E_1 = E \times K$，式中$K = n/n_1$；其中E_1表示实际周转次数的周转性材料定额；E表示定额规定的周转性材料定额；K表示换算系数；n表示规定的材料周转次数，n_1表示实际的材料周转次数。

则实际定额用量为：

$$铁件 = (41.8 \times 5/2)kg = 104.5kg$$

$$铁钉 = (1.1 \times 4/2)kg = 2.2kg$$

$$原木 = (0.47 \times 5/2)m^3 = 1.175m^3$$

$$锯材 = (1.63 \times 5/2)m^3 = 4.075m^3$$

【例3-34】 试确定跨径$L = 2m$的拱涵拱盔及支架周转使用3次时的实际定额用量。

解：(1) 根据分项工程内容，查目录可知：该工程定额编号为[4-9-1-1]，由定额表"涵洞拱盔、支架"内容可知：跨径$L = 2m$的拱涵拱盔及支架，每100m²水平投影面积需

铁件：2009028　87.1kg

铁钉：2009030　3.3kg

原木：4003001　3.25m³

锯材：4003002　1.71m³

(2) 由附录三(一)-1查得各种材料的周转次数分别为：木料5次；铁件5次；铁钉4次。而实际周转次数为3次。

则实际定额用量如下。

铁件：2009028　$(87.1 \times 5/3)kg = 145.2kg$

铁钉：2009030　$(3.3 \times 4/3)kg = 4.4kg$

原木：4003001　$(3.25 \times 5/3)m^3 = 5.417m^3$

锯材：4003002　$(1.71 \times 5/3)m^3 = 2.85m^3$

3.14.4　附录四定额人工、材料、设备单价表

附录四的作用如下。

(1) 在《公路工程预算定额》的定额表中，为便于工料机的检索与对照，对工料机进行编号，其中：人工代号为10，配比材料与路面混合料代号为15，原材料代号为20～70，机械代号为80；其他表中未列工料机代号可以根据需要补充。

(2) 表内所列原材料的单位质量(kg)为预算过程中体积与质量的换算、个数与质量的换算提供依据。

(3) 表内所列各类材料的单价是2018年北京地区的预算单价，是定额表内基价计算的

依据,同时也是定额基价调整的依据。

3.15 定额套用总结

项目划分要与《公路工程建设项目概算预算编制办法》的概(预)算项目表内容一致;每一分项工程内容所套用的定额要依据一定的施工方法、步骤和完成的先后顺序,这样不至于漏项和重计。例如,桥梁工程,一般从挖基开始依次套用如下定额:筑岛、围堰、埋护筒、挖(钻)孔、浇筑桩混凝土、桩钢筋、挖基坑、承台、柱混凝土、柱钢筋、盖梁混凝土、盖梁钢筋、耳背墙混凝土、耳背墙钢筋、支座、预制上部结构混凝土、上部结构钢筋、运输、吊装、安装伸缩缝、泄水管、护栏混凝土、护栏钢筋、扶手、水泥桥面铺装、桥面铺装钢筋、沥青混凝土铺装。同时还要考虑的一些辅助工作,如拌和站、设备安拆、张拉台座底座、现浇混凝土支架、预压基底处理等。套用定额时,对每一项定额的工程内容应进行分析和研究,以避免重计定额中已经综合的工程量。

各章节定额使用中应注意的细节分述如下。

(1)路基工程:清除表土的定额和除草的定额不能同时使用;整修边坡定额不能与刷坡定额同时使用;对于零填方和挖方地段应增列零增方和挖方地段的碾压台班;人工、施工机械之间应相互协调和配合;由施工组织设计提出的需增加的路基填方数量。

(2)路面工程:路面基层混合料的比例抽换;人工和压实台班的调整;拌和料场的设置数量和增运距的调整方法;透层油、黏层、封层的洒布部位。

(3)隧道工程:如工作面的长度不同时,套用相应定额,洞内的工程采用洞外工程定额时,人工和机械台班数量及小型机具的使用费应乘以系数1.26;临时钢支撑根据岩石级别确定是否计算回收。

(4)桥梁工程:工程量的单位和定额单位的统一;混凝土强度等级的抽换和抽换方法;钢筋类别的抽换;预制场地平整面积;大型预制构件平面底座的个数;吊装设备和预制场的门架设备一般可根据施工组织设计进行确定;拱桥和现浇上部工程的支架地梁基础工程应根据河床的地形情况,由设计提出并计列各项的工程量,支架宽度的调整;钢筋类别按实际设计数量的比例进行调整,钢绞线束数的确定、计算和调整方法。

(5)防护工程:注意现浇混凝土防护的工程量单位和定额单位的一致;均不包括挖基和垫层的工程内容。

(6)房建工程应按建筑工程定额和编制办法进行编制。

1. 判断题

(1)预算定额的材料用量已经包括了场内运输和操作消耗,但不包括场外运输损耗和仓库保管损耗。(   )

(2) 在公路工程预算中,工程数量就是工程量,二者是相同的。（   ）

2. 简答题

(1) 确定下列分项的定额编号。

① 浆砌片石锥形护坡。

② 浆砌片石挡土墙。

③ 人工挑抬土。

④ 人工挖运普通土土方。

(2) 简述《公路工程预算定额》四个附录的作用。

(3) 确定下列分项工程的预算定额。

① 某人工挖运硬土,重力上坡 10%,运距 60m,试确定其预算定额。

② 求 $1m^3$ 以内挖掘机挖方、$2m^3$ 以内装载机装车、10t 自卸汽车运输 3km,联合作业 $1000m^3$ 普通土的预算定额。

③ 求设计配合比为 10∶36∶54、设计厚度为 24cm 的石灰粉煤灰土底基层（拖拉机带铧犁拌和）的预算定额。

④ 某二级公路路面,采用厚 22cm,4% 的水泥稳定碎石基层（厂拌法,8t 自卸汽车运 4km）,120kW 平地机摊铺,试确定其预算定额。

⑤ 某级配碎石路面,压实厚度为 18cm,人工摊铺骨料,拖拉机带铧犁分层拌和碾压,试确定其预算定额,并将结果填写在分项工程预算表（21-2 表）中。

⑥ 某浆砌块石挡土墙工程,设计采用 M10 水泥砂浆,42.5 级水泥,试确定挡土墙墙身砌筑的预算定额。

⑦ 试确定某桥梁工程的预制钢筋混凝土 T 形梁的预算定额。已知混凝土为 C30,32.5 级水泥,采用蒸汽养护。

3. 案例分析题

(1) 已知某二级公路的路基土石方工程量统计如表 3-15 所示,其中挖方和利用方均为天然密实方,填方为压实方。

表 3-15　路基土石方工程量　　　　　　　　　　　m^3

项目	挖方				利用方				填方
	普通土	硬土	石方	合计	普通土	硬土	石方	合计	
工程量	1500000	1000000	1000000	3500000	1200000	500000	300000	2000000	4000000

问题：① 计算本路段的挖方、填方、借方、弃方数量。

② 假设本桩利用方运距为 30m,远运利用方运距为 800m,借土为普通土,运距为 5.3km,弃方运距为 3.2km,列出本路段土石方工程施工图预算所需的全部工程细目名称、单位、定额编号、工程数量、定额调整等内容,并填写表 3-16。

表 3-16 二级公路路基工程定额套用表

工程细目	定额编号	单位	工程数量	定额调整

(2) 列出前言案例中路面工程的施工图预算所需的全部工程细目名称、单位、定额编号、工程数量、定额调整等内容,并填写表 3-17。

表 3-17 案例项目路面工程定额套用表

工程细目	定额编号	单位	工程数量	定额调整

(3) 确定案例项目涵洞对应的定额编号(表 3-18)。

表 3-18 案例项目涵洞工程定额套用表

工程细目	定额编号	单位	工程数量	定额调整

第4章

人工、材料、机械台班预算单价计算

> **任务目标**
> 1. 熟悉人工预算单价的计算办法;
> 2. 掌握外购材料和自采材料的预算单价计算办法;
> 3. 掌握机械台班预算单价的计算办法。

4.1 人工预算单价

人工预算单价指列入概(预)算定额的直接从事建筑安装工程施工的生产工人一个工日(一般按8h计,隧道工为7h,潜水工为6h)应计的各项费用,包括生产工人的基本工资、辅助工资、工资性津贴、福利性津贴等。以上各项工资、补助标准按照项目所在地的各省级交通运输主管部门制定发布,并适时进行动态调整。

人工预算单价包括以下几项。

(1)计时工资或计件工资:指按计时工资标准和工作时间或对已做工作按计价单价支付给个人的劳动报酬。

(2)津贴、补贴:指为补偿职工特殊或额外的劳动消耗和因其他特殊原因支付给个人的津贴,以及为保证职工工资水平不受物价影响支付给个人的物价补贴。例如,流动施工津贴、特殊地区施工津贴、高温(寒)作业临时津贴、高空津贴等。

(3)特殊情况下支付的工资:根据国家法律、法规和政策规定,因病、工伤、产假、计划生育假、婚丧假、事假、探亲假、定期休假、停工学习、执行国家或社会义务等原因按计时工资标准或计价工资标准的一定比例支付的工资。

人工费以概(预)算定额人工工日乘以综合工日单价计算。

人工费标准按本地区公路建设项目的人工工资统计情况以及公路建设劳务市场情况进行综合分析、确定人工工日单价。人工工日单价由省级交通运输主管部门制定发布，并适时进行动态调整。

但需注意，人工单价仅作为编制概（预）算的依据，不作为施工企业实发工资的依据。

4.2 材料预算单价

工程所用材料系指施工过程中耗用的构成工程实体的原材料、辅助材料、构（配）件、零件、半成品、成品的用量和按摊销计量的周转材料等。材料预算单价又称出库价，是材料由来源地或交货地到达工地仓库或指定施工堆放材料地点后的综合平均价格，由材料原价、运杂费、场外运输损耗费、采购及仓库保管费四部分组成。材料预算单价均指预算编制年项目所在地的材料价格。

4.2.1 材料预算单价确定方法

1. 调查法

将各省公路工程造价管理站中发布的材料价格信息直接选用计算。

2. 计算法

计算公式为：

$$材料预算价格 = (材料原价 + 运杂费) \times (1 + 场外运输损耗率) \times (1 + 采购及保管费费率) - 包装品回收价值$$

(1) 材料原价——材料的出厂价格、进口材料抵岸价、销售部门的批发价、市场采购价或料场价格。

(2) 运杂费——材料自供应地点至工地仓库（施工地点存放材料的地方）的运杂费用，包括装卸费、运费、过磅费、标签费、路桥通行费等各项费用，但不包含场内运输和场内二次搬运费用。

(3) 场外运输损耗——有些材料（散体材料如砂石，液体材料如石油等）在正常运输过程中发生的损耗。

(4) 采购及保管费——工地仓库以及各级材料管理部门在组织采购、供应和保管材料过程中，所需的各项费用及工地仓库的材料储存损耗费用。

4.2.2 材料的预算单价计算

按照材料不同来源方式，工程所用材料分为外购材料、地方性材料、自采材料等，其预算单价计算办法见表 4-1。

表 4-1 材料的预算单价计算办法

材料	原价	运杂费		场外损耗	采购保管	预算单价
		运费	杂费			
外购材料	物价部门调查得到	(运价率×运距+杂费)×毛重系数/单位(毛)重×单位重,毛重系数见表 4-2	如过磅、标签、支撑加固、路桥通行等费用	散粒材料和液体材料按表 4-3 计取	钢材的采购及保管费费率为 0.75%,燃料、爆破材料为 3.26%,其余材料为 2.06%。商品混凝土、沥青混合料和各类稳定土混合料不计采购及保管费,外购的构件、成品及半成品的采购及保管费费率为 0.42%	计算得到
地方性材料	—	—	—	—	—	物价部门或市场调查得到
自采材料	根据《公路工程预算定额》第八章"材料采集及加工"定额并加计辅助生产间接费	根据《公路工程预算定额》第九章"材料运输"运输定额加计辅助生产间接费计算得到	根据《公路工程预算定额》第九章"材料运输"的装卸定额并加计辅助生产间接费计算得到	散粒材料和液体材料按表 4-3 计取	原材料按 2.5%	计算得到

1. 外购材料

外购材料价格参照本行政区域内交通运输主管部门发布的价格和按调查的市场价格进行综合取定。

(1) 材料原价。

材料价格按工业产品出厂价格或供销部门的供应价格计算,并根据情况加计供销部门手续费和包装费,具体信息由市场调查得到。

(2) 运杂费。

通过铁路、水路和公路运输部门运输的材料,按铁路、航运和当地交通部门规定的运价计算运杂费。

$$单位运杂费=单位运费+单位杂费$$

$$单位运费=基本运价率×运距×毛重系数/单位毛重×单位重$$

式中:基本运价率——由当地交通运输部门确定执行,单位为元/(t·km);

单位重——由《公路工程预算定额》附录四查取,用于计算计价单位为 m^3 的材料;

毛重系数/单位毛重——按照《公路工程建设项目概算预算编制办法》规定执行,分别计算单位为 t 和 m³ 的长大、轻浮、易爆等特殊材料所计取的系数,具体数量见表4-2。

单位杂费 =(装卸费 + 杂费)× 毛重系数 / 单位毛重 × 单位重

表4-2 材料毛重系数和单位毛重

材料名称	单位	毛重系数/%	单位毛重
爆破材料	t	1.35	—
水泥、块状沥青	t	1.01	—
铁钉、铁件、焊条	t	1.10	—
液体沥青、液体燃料、水	t	桶装 1.17,油罐车装 1.00	—
木料	m³	—	原木 0.750t,锯材 0.650t
草袋	个	—	0.004t

(3)场外运输损耗。

一般松散粒状或流体材料在场外运输过程中按照损耗率计算损耗费用,需要计入此项费用的材料见表4-3,未列材料不计。

表4-3 场外运输操作损耗率

材料名称		场外运输(一次装卸)	每增加一次装卸
块状沥青		0.5	0.2
石屑、碎砾石、砂砾、煤渣、工业废渣、煤		1.0	0.4
砖、瓦、桶装沥青、石灰、黏土		3.0	1.0
草皮		7.0	3.0
水泥(袋装、散装)		1.0	0.4
砂	一般地区	2.5	1.0
	多风地区	5.0	2.0

注:汽运水泥运距超过 500km 时,袋装水泥损耗率增加 0.5%。

(4)材料采购及保管费。

材料采购及保管费是指在组织材料采购、保管过程中,所需的各项费用及工地仓库的材料储存损耗。

材料采购及保管费以材料的原价加运杂费及场外运输损耗的合计数为基数,乘以采购及保管费费率。

钢材的采购及保管费费率为 0.75%,燃料、爆破材料为 3.26%,其余材料为 2.06%。商品混凝土、沥青混合料和各类稳定土混合料、外购的构件、成品及半成品的预算价格计算方法与材料相同。商品混凝土、沥青混合料和各类稳定土混合料不计采购及保管费,外购的构件、成品及半成品的采购及保管费费率为 0.42%。

【例4-1】 某32.5级水泥,原价为350元/t,汽车运距30km,运价率为0.6元/(t·km),装卸费为2元/(t·次),囤存费为2元/t,计算水泥的预算单价。

解：本材料为外购、长途运输材料，计算办法见表 4-4 的外购材料。

表 4-4 材料预算单价计算示例

建设项目名称：
编制范围：　　　　　　　　　　　　　　　　　　第 1 页　共 1 页　　22 表

序号	规格名称	单位	原价/元	运杂费				原价运费合计/元	场外运输损耗		采购及保管费		预算单价/元
				供应地点	运输方式、相对密度及运距/km	毛重系数或单位毛重	运杂费构成说明或计算式	单位运费/元		费率/%	金额/元	费率/%	金额/元	
1	32.5级水泥	t	350.000		汽车、1.0、30.0	1.010000	(0.6×30.0+2.0×1.0)×1×1.01	20200	370.20	1.000	3.702	2.500	9.348	383.250
2	石屑	m³	30.000		汽车、1.0、25.0	1.500000	(0.6×25.0+2.5×2.0)×1×1.5	30000	60.00	1.400	0.840	2.500	1.521	62.360

(1) 原价为 350 元/t。

(2) 运杂费为[(0.6×30+2+2)×1.01]元/t＝22.22 元/t。

(3) 查表 4-3，水泥的场外运输操作损耗率为 1%。场外运输损耗费为[(350+22.22)×1%]元/t＝3.7222 元/t。

(4) 采购保管费费率为 2.06%；采购及保管费为[(350+22.22+3.7222)×2.06%]元/t＝7.7444 元/t。

(5) 水泥预算单价为(350+22.22+3.7222+7.7444)元/t＝383.6866 元/t。

【例 4-2】 某桥梁施工采用商品混凝土，因用量较大由两家混凝土拌和站供料，其中 A 家运距为 8km，供料为 40%，B 家运距为 12km，供料为 60%。已知该商品混凝土的供货价均为 310 元/m³，运价率为 3 元/(m³·km)，试计算商品混凝土的预算单价。

解：商品混凝土预算价格的计算方法与材料相同，但其采购保管费费率为 0；该材料由两处料场供料，运距应采用平均运距，即[(8×40%+12×60%)/(40%+60%)]km＝10.4km，取 11km。

(1) 原价为 310 元/m³。

(2) 运费为(3×11)元/m³＝33 元/m³。

(3) 按照经验，混凝土的场外损耗率为 2%。

(4) 采购保管费费率为 0。

(5) 商品混凝土预算单价为[(310+33)×(1+2%)]元/m³＝349.86 元/m³。

2. 地方性材料

地方性材料是指当地乡镇等企业统一开采加工出售的石灰、砂、石等建筑材料，包括外购的砂、石材料等。地方性材料按实际调查价格或当地主管部门规定的预算价格计算。

3. 自采材料

自采材料(砂、石、黏土等)按定额中开采单价加辅助生产间接费和矿产资源税(如有)计算。

(1) 自采材料原价。

自采材料原价即料场价,按《公路工程预算定额》中第八章"材料采集及加工"的开采单价加辅助生产间接费和矿产资源税(如有)计算。辅助生产间接费通常取开采定额人工费的5%,计算过程填入 23-1 表。

(2) 运杂费。

施工单位自办的运输,单程运距 15km 以上的长途汽车运输按前文方法计算运杂费;单程运距 5~15km 的汽车运输按当地交通部门规定的统一运价计算运费,当工程所在地交通不便时,允许增加 50% 的计算运费;单程运距 5km 及以内的汽车运输以及人力场外运输,按预算定额计算运费,其中人力装卸和运输另按人工费加计辅助生产间接费。

(3) 场外运输损耗费。

自采的砂石料在场外运输过程中按照表 4-3 所列损耗率计算损耗费用。

(4) 采购保管费。

自采材料的采购保管费费率一律为 2.06%。

【例 4-3】 某施工企业自采碎石,已知料场距施工现场 2km,采用机械轧制碎石(最大粒径为 4cm),未筛分,装载机($1m^3$)装自卸汽车(6t)运输,试求该碎石的预算价格。已知:人工预算单价为 45.45 元/工日,片石 30 元/m^3,400mm×250mm 电动碎石机为 148 元/台班,$1m^3$ 以内的装载机为 405 元/台班,6t 以内自卸汽车为 410 元/台班。

分析:本题中碎石为自采自办材料,料场原价需加计辅助生产间接费,但运输和装卸非人工操作,故不需加计辅助生产间接费。料场原价=人工费×(1+5%)+材料费+机械使用费,装卸费=人工费+机械使用费,运费=人工费+机械使用费,均通过相应定额确定工料机消耗量计算得到。

解:(1) 材料原价:由《公路工程预算定额》第八章[8-1-7-5]得知:每 $100m^3$ 堆方粒径 4cm 的碎石定额为:人工 30.2 工日,片石 114.9m^3,破碎机 3.42 台班。

料场价格为[30.2×45.45×(1+5%)+114.9×30+3.42×148]元=5394.38 元/$100m^3$=53.9438 元/m^3(人工费的 5% 为辅助生产间接费)。

(2) 运费。

由《公路工程预算定额》第九章[9-1-6-23+24]得知:每 $100m^3$ 碎石运 2km 定额为:自卸汽车为(0.85+0.17)台班=1.02 台班,则运费为(1.02×410)元=418.2 元/($100m^3$)=4.18 元/m^3。

(3) 装卸费。

由《公路工程预算定额》第九章[9-1-10-1]得知:每 $100m^3$ 碎石定额为:装载机为 0.26 台班,则装卸费为 0.26×405=105.3 元/($100m^3$)=1.05 元/m^3。

(4) 查表 4-3,碎石的场外损耗率为 1%。

(5) 采购保管费费率为 2.06%。

碎石预算单价为[(53.94+4.18+1.05)×(1+1%)×(1+2.06%)]元/m^3=60.99 元/m^3。

计算结果填入预算表格 22 表中。

4.3 机械台班预算单价

机械台班预算单价是指施工机械一个施工台班内(一般按 8h 计)应计入的各项费用之和,各类机械台班单价费用包括不变费用和可变费用两类。

1. 不变费用

不变费用包括折旧费、检修费、维护费、安拆辅助费等;此类费用的计算通常直接从交通运输部颁布的《公路工程机械台班费用定额》中查取,样表见表 4-5。但是项目所在地为青海、新疆、西藏的工程预算需按照当地交通运输厅的规定在表列基础上进行调整。

表 4-5 公路机械台班费用计算样表

序号	代号	机械名称	主机型号	不变费用/元					可变费用				定额基价/元
				折旧费	大修理费	经常修理费	安拆及辅助设施费	小计	人工	汽油	柴油	……	
									工日	kg	kg	……	
一、土、石方工程机械													
1	8001001	60kW 以内履带式推土机	T80	55.21	32.45	85.76	—	173.42	2		40.86		689.98
2	8001002	75kW 以内履带式推土机	TY100	83.62	49.15	129.90	—	262.67	2		54.97		884.21
3	8001003	90kW 以内履带式推土机	T120A	110.75	65.10	172.04	—	347.89	2		65.37		1046.80
4	8001004	105kW 以内履带式推土机	T140-1 带松土器	126.72	74.48	196.84	—	398.04	2		76.52		1179.91
5	8001005	120kW 以内履带式推土机		153.08	89.97	237.76	—	480.81	2		89.14		1356.57

(1)折旧费。

折旧费是指施工机械在规定的耐用总台班内,陆续收回其原值(含智能信息化管理设备费)的费用。

(2)检修费。

检修费指施工机械在耐用总台班内,按规定检修间隔进行必要的检修,以恢复其正常功能所需的费用。

(3)维护费。

维护费指施工机械在耐用总台班内,按规定的维护间隔进行各级维护和临时故障排除所需的费用,包括为保障机械正常运转所需替换设备与随机配备工具附具的摊销费用、机械运转及日常维护所需的润滑与擦拭的材料费用和机械停滞期间的维护费用等。

(4)安拆辅助费。

安拆辅助费指施工机械在施工现场进行安装与拆卸所需的人工、材料、机械和试运转费,以及机械辅助设备的折旧、搭设、拆除等费用。

例如,由《公路工程机械台班费用定额》可知,90kW 履带式推土机台班单价的不变费用:折旧费 110.75 元,检修费 65.10 元,维护费 172.04 元,安装拆卸及辅助设施费 0 元,共计 347.89 元。

2. 可变费用

可变费用是指机械台班单价中的实物消耗费用,包括在机械台班中消耗的人工费、燃油费、车船使用税等费用之和。表 4-5 中仅列出了各机械台班所需实物消耗量,此类费用应按照定额规定的实物消耗量和项目所在地的人工、燃油等预算单价计算。

(1) 人工费。

人工费指随机操作人员的工作日工资(包括工资、各类津贴、补贴、辅助工资、劳动保护费等)。

(2) 动力燃料费。

动力燃料费指机械在运转施工作业中所耗用的电力、固体燃料(煤、木柴)、液体燃料(汽油、柴油、重油)和水等费用。

(3) 车船税。

机械按国家、省(自治区、直辖市)规定应缴纳的车船税。

例如,90kW 履带式推土机的台班单价的可变费用查《公路工程机械台班费用定额》可知:每个台班需要司机 2 名,柴油 65.37kg,暂不计其他消耗,则可变费用为 2 名×人工预算单价+65.37kg×柴油预算单价。

【例 4-4】 确定 90kW 以内推土机的台班单价,并填写表 4-6。已知该工程柴油预算价格为 7.44 元/kg,人工单价 106.28 元/工日。

解: 查《公路工程机械台班费用定额》(代号 8001003)。

不变费用:347.89 元;可变费用:人工为 2 工日;柴油为 65.37kg。

机械台班单价=(347.89+2×106.28+65.37×7.44)元/台班=1046.80 元/台班

计算结果填在表 4-6 中。

表 4-6 机械台班单价计算表

序号	定额号	机械规格名称	台班单价/元	不变费用/元		可变费用/元								
					调整系数 1.0	人工 106.28 元/工日		重油 元/kg		汽油 元/kg		柴油 7.44 元/kg		车船税	合计
						定额	调整值	定额	费用	定额	费用	定额	费用	定额	费用		
1	8001003	90kW 推土机	1046.80	347.89	347.89	2.0	212.56					65.37	486.35		698.91

1. 判断题

(1) 机械台班单价的不变费用在施工图预算时不允许调整。(　　)

(2) 材料预算单价是指材料从来源地到工地仓库的出库价,包括原价、运杂费、场外运输损耗、采购及仓库保管费等。(　　)

(3) 人工预算单价是编制概(预)算的依据,也是施工企业实发工资的依据。(　　)

(4) 所有施工单位自采材料的料场价和自办运输的装卸费、运费计算均应按定额中的开采单价计算,并加计辅助生产间接费。(　　)

2. 计算题

(1) 某地区已知生产工人的基本工资为 680 元/月,物价地区补贴 150 元/月,交通补贴 50 元/月,试确定其工资单价。

(2) 已知中粗砂的原价为 80 元/m³,运距 15km,运价率为 0.8 元/(t·km),装卸费为 4 元/(t·次),求中粗砂的材料预算单价。

(3) 某钢材供应价为 3500 元/t,运价率为 0.8 元/(t·km),运距 50km,装卸费为 5 元/(t·次),求钢材的预算单价,并将计算结果填写表 4-7 中。

表 4-7　材料预算单价计算表

建设项目名称:
编制范围:　　　　　　　　　　　　　　　　　　　　　第　页　共　页

序号	规格名称	单位	原价/元	运杂费				原价运费合计/元	场外运输损耗		采购及保管费		预算单价/元
				供应地点	运输方式、比重及运距	毛重系数或单位毛重	运杂费构成说明或计算式	单位运费/元		费率/%	金额/元	费率/%	金额/元	

(4) 某工地距料场 300m,采用人工开采,手扶拖拉机运输(配合人工装卸)片石。已知拖拉机 130.23 元/台班,人工单价 48 元/工日,钢钎 5.5 元/kg,硝铵炸药 5.8 元/kg,导火线 0.7 元/m,普通雷管 0.6 元/个,煤 255 元/t,求片石的预算单价,并将计算结果填于表 4-7 (23-1 表)中。

(5) 已知人工 50 元/工日,柴油 6.50 元/kg,求 9~16t 轮胎式压路机的台班单价,并将计算结果填写于表 4-8 中。

表 4-8 机械台班单价计算表

序号	代号	规格名称	台班单价/元	不变费用/元		可变费/元							车船税	合计
				调整系数 1.0		人工 元/工日		重油 元/kg		汽油 元/kg		柴油 元/kg		
				定额	调整值	定额	费用	定额	费用	定额	费用	定额	费用		

第 5 章

预算费用文件的编制

任务目标

1. 了解施工图预算的各部分费用组成；
2. 理解工程类别的划分意义；
3. 掌握直接费、设备购置费、措施费、企业管理费、规费、利润与税金及专项费用的计算方法；
4. 掌握工程建设其他费的计算方法；
5. 掌握预备费及建设期贷款利息的计算方法；
6. 掌握施工图概（预）算编制步骤。

5.1 施工图预算的编制方法

目前，公路工程施工图预算编制常用实物法，土建工程施工图预算编制常用工料单价法，装饰工程施工图预算编制常用综合单价法。

5.1.1 单价法

1. 工料单价法

分部、分项工程量的单价为直接费。直接费由人工、材料、机械的消耗量及其相应价格确定。设备购置费、措施费、企业管理费、规费、利润、税金、专项费用按照有关规定另行计算。

单位工程施工图预算造价 = $\left(\sum 分部分项工程量 \times 分项工程工料单价\right) \times (1+措施费综合费率) + 设备购置费 + 企业管理费 + 规费 + 专项费用 + 利润 + 税金$

2. 综合单价法

分部分项工程量的单价为全费用单价。全费用单价综合计算完成分部分项工程所发生的直接费、设备购置费、规费、措施费、专项费用、利润、税金。

单位工程施工图预算造价 = $\left(\sum 分部分项工程量 \times 分项工程综合单价\right)$ + 设备购置费 + 企业管理费 + 规费 + 专项费用 + 利润 + 税金

5.1.2 实物法

为方便调整人工、材料、机械台班单价，适应建筑市场价格波动的情况，引入实物法编制施工图预算。

人工费 = $\sum$ 工程量 × 人工定额用量 × 当时当地人工工资单价

材料费 = $\sum$ 工程量 × 材料定额用量 × 当时当地材料预算价格

机械费 = $\sum$ 工程量 × 机械台班定额用量 × 当时当地机械台班单价

与单价法相比，实物法忽略了工程造价按施工工种、施工工序逐步实现的特征，造价实务中极少采用。基础工程施工分为平整场地、挖土、铺设垫层、浇筑混凝土基础等工序，工程结算也按这些工序的逐步完工而逐次进行。当挖土工序完成后支付挖土工程价款时，需要从上面的预算书中将挖土所涉及的人工、材料、机械台班等分离出来，计算挖土的工程款。可见实物法不利于工程价款的结算。

5.2 施工图预算费用组成

公路工程施工图预算是指建设一条公路或一座独立大桥或隧道，使其达到设计要求所花费的全部费用。公路工程属建设工程，建设内容包括土建工程、沿线设施安装工程、设备购置工作、相关的征地拆迁工作等，其预算造价相应由建筑安装工程费、土地使用及拆迁补偿费、工程建设其他费、预备费和建设期贷款利息五大部分组成。概(预)算具体费用构成如图5-1所示。

1. 建筑安装工程费

建筑安装工程费包括建筑物的建造费用和设备安装费两部分。

公路工程项目的建设内容包括路基土石方施工、路面铺筑施工、桥涵建造、隧道建设、临时及防护工程建设等工作。

建筑安装工程费包括直接费、设备购置费、措施费、企业管理费、规费、利润、税金和专项费用。建筑安装工程费除专项费用外，其他均按"价税分离"的计价规则计算，即各项费用均以不含增值税可抵扣进项税额的价格（费率）进行计算。具体要素价格适用增值税税率执行财务部门的相关规定。

定额建筑安装工程费包括定额直接费、定额设备购置费的40%、措施费、企业管理费、规费、利润、税金和专项费用，定额直接费包括定额人工费、定额材料费、定额施工机械使用费。

定额人工费、定额材料费、定额施工机械使用费以及定额设备购置费均按《公路工程预

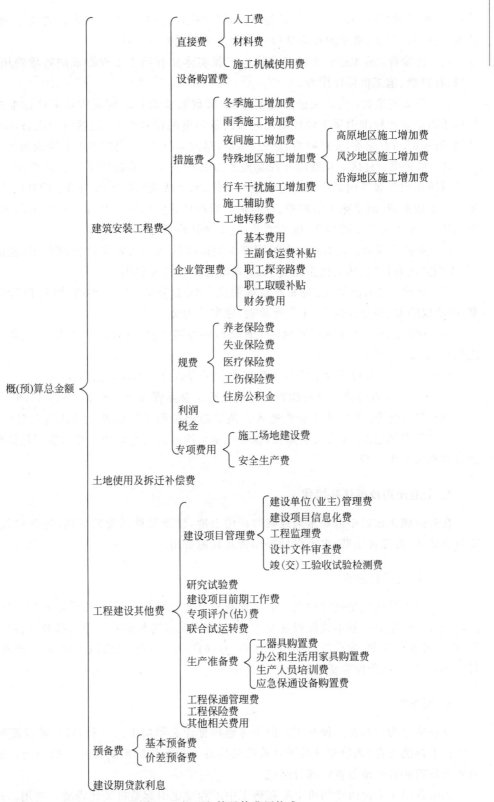

图 5-1 概(预)算具体费用构成

算定额》附录四"定额人工、材料、设备单价表"及现行《公路工程机械台班费用定额》中规定的人工、材料、设备、机械的相应基价计算的定额费用进行计算。

(1) 直接费：施工过程中耗费的构成工程实体和有助于工程形成的各项费用，包括人工费、材料费、施工机械使用费。

(2) 设备购置费：为满足公路初期运营、管理需要购置的构成固定资产标准的设备和虽低于固定资产标准但属于设计明确列入设备清单的设备费用，包括渡口设备、隧道照明、消防、通风的动力设备，公路收费、监控、通信、路网运行监测、供配电及照明设备等。

(3) 措施费：直接工程费以外现场施工过程中发生的直接用于工程的费用。例如，由于项目所在地气温等因素不同于定额施工条件，而造成现场施工费用增加的补偿费用，包括冬季施工增加费、雨季施工增加费、夜间施工增加费、特殊地区（高原、风沙、沿海地区）施工增加费、行车干扰施工增加费、施工辅助费、工地转移费七项内容。

(4) 企业管理费：施工企业为组织施工生产经营活动所发生的管理费用，包括基本费用、主副食运费补贴、职工探亲路费、职工取暖补贴和财务费用。

(5) 规费：依据法律、法规和规章等制定的施工企业必须缴纳的费用，包括养老保险费、失业保险费、医疗保险费、工伤保险费、住房公积金。

(6) 利润：施工企业完成所承包工程获得的盈利，按定额直接费及措施费、企业管理费之和的7.42%计算。

(7) 税金：国家税法规定应计入建筑安装工程造价的增值税销项税额。

$$税金=(直接费+设备购置费+措施费+企业管理费+规费+利润)\times 9\%$$

(8) 专项费用：为使施工企业进入工地后能够按照工地标准化要求进行驻地、工地实验室等相关设施建设，开展文明施工，保证安全生产所需要的费用。专项费用包括施工场地建设费和安全生产费。

2. 土地使用及拆迁补偿费

在公路施工建设中需要永久或临时征用土地，以及复耕需要的费用，包含永久占地费、临时占地费、拆迁补偿费、水土保持补偿费及其他费用。

3. 工程建设其他费

工程建设其他费是指除建筑安装工程费和土地使用及拆迁、补偿费以外的一些费用，根据国家有关规定应在基本建设投资中支付，并构成工程造价的一个组成部分，包括建设项目管理费、研究试验费、建设项目前期工作费、专项评价（估）费、联合试运转费、生产准备费、工程保通管理费、工程保险费及其他相关费用等。

4. 预备费

预备费是为一些在工程开工之前不可预见而必须增加的工程，以及建设期间可能发生的由于自然灾害、物价变动及国家政策调整对工程造价的影响作准备的费用。预备费由基本预备费和价差预备费两部分组成。

预备费用于支付由于物价上涨和施工中工程变更引起造价变化需要的费用。在公路工程建设期内，凡需动用预备费时，属于公路交通部门投资的项目，需经建设单位提出，按建设项目隶属关系,报交通部或交通厅(局)基建主管部门核定批准。属于其他部门投资的建设项目,按其隶属关系报有关部门核定批准。

5. 建设期贷款利息

建设期贷款利息指工程项目使用的贷款部分在建设期内应计取的贷款利息,包括各种金融机构贷款、建设债券和对外汇款等的利息。

5.3 工程类别划分

建筑安装工程费中,措施费和企业管理费的取费标准与公路工程的工程类别划分有密切关系,为能正确测算措施费和企业管理费,要求必须能准确划分各分项工程所属的工程类别。

公路工程是一项庞大、复杂、周期长、投资巨大的项目工程,包含很多分项工程,公路工程分项工程可划分为 10 个工程类别。

(1) 土方:人工及机械施工的土方工程、路基掺灰、路基换填及台背回填。

(2) 石方:人工及机械施工的石方工程。

(3) 运输:用汽车、拖拉机、机动翻斗车、船舶等运送土石方、路面基层和面层混合料、水泥混凝土及预制构件、绿化苗木等工程。

(4) 路面:路面所有结构层工程、路面附属工程、便道以及特殊路基处理工程(不含特殊路基处理中的圬工构造物)。

(5) 隧道:隧道土建工程(不含隧道的钢材及钢结构)。

(6) 构造物Ⅰ:砍树挖根、拆除工程、排水、防护、特殊路基处理中的圬工构造物、涵洞、交通安全设施、拌和站(楼)安拆工程、便桥、便涵、临时电力和电信设施、临时轨道、临时码头、绿化工程等。

(7) 构造物Ⅱ:小桥、中桥、大桥、特大桥工程。

(8) 构造物Ⅲ:商品混凝土的浇筑、商品沥青混合料和各类商品稳定土混合料的铺筑、外购混凝土构件、设备安装工程等。

(9) 技术复杂大桥:钢管拱桥、斜拉桥、悬索桥、单孔跨径在 120m 以上(含 120m)和基础水深在 10m 以上(含 10m)的大桥主桥部分的基础、下部和上部工程(不含桥梁的钢材及钢结构)。

(10) 钢材及钢结构:所有工程的钢材及钢结构等工程。

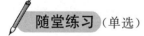
随堂练习(单选)

(1) 挡土墙施工所属的工程类别是( )。
    A. 土方   B. 构造物Ⅰ   C. 路面   D. 石方

(2) 灌注桩施工中钢筋笼制作所属的工程类别是( )。
    A. 构造物Ⅲ   B. 构造物Ⅰ   C. 路面   D. 钢材与钢结构

(3) 粉喷桩加固地基所属的工程类别是( )。
    A. 土方   B. 构造物Ⅰ   C. 路面   D. 石方

(4) 推土机、压路机铺筑汽车便道所属的工程类别是（　　）。
　　　A. 构造物Ⅰ　　　　B. 土方　　　　C. 路面　　　　D. 石方
(5) 高速公路上波形护栏的安设所属的工程类别是（　　）。
　　　A. 路面　　　　B. 构造物Ⅰ　　　　C. 构造物Ⅲ　　　　D. 钢材与钢结构
(6) 水泥混凝土路面（商品混凝土）施工所属的工程类别是（　　）。
　　　A. 路面　　　　B. 构造物Ⅰ　　　　C. 构造物Ⅲ　　　　D. 构造物Ⅱ

5.4　建筑安装工程费计算

5.4.1　基本知识

建筑安装工程费是公路工程施工图预算的第一部分费用，是公路基本建设工作完成符合设计要求的建筑安装工程部分所需的费用，是工程造价的一个主要组成部分，占施工图预算总金额的 40%～60%。公路工程建筑安装工程费计算应首先按照本书第 2 章的原则进行项目划分，再逐项计算各分项工程的建筑安装工程费，计算过程填写在 21-2 表中，汇总所有分项工程的建筑安装工程费得到项目的建筑安装工程费，填写在 03 表。建筑安装工程费计算是比较复杂的一项工作，不仅计算工作量大，而且应严格执行国家有关的方针、政策和制度，同时应结合施工所在地的施工信息，按照有关依据和资料进行计算。

编制建筑安装工程费的依据比较多，主要有以下各项内容。

(1) 设计图纸和说明书。它规定了建设工程的规模、标准、内容，以及各项工程量统计和施工工艺要求等，是编制建筑安装工程费的主要工作对象和依据。

(2) 计价依据，主要包括工程定额（即人工、材料、施工机械消耗定额、费用定额以及人工、材料、施工机械台班预算价格）、工程量计算规则和计价办法等。

所谓工程定额泛指《公路工程估算指标》《公路工程概算定额》《公路工程预算定额》；费用定额指《公路工程机械台班费用定额》，以及《公路工程建设项目投资估算编制办法》《公路工程建设项目概算预算编制办法》中所规定的直接费、措施费、企业管理费、专项费、利润和税金等的各项费率定额。

(3) 施工组织设计或施工方案以及技术组织措施等，例如，施工工期的安排，施工方法的选择，施工机具的选型配套，大型预制拌和场地的确定，废方处理等。这些都是编制建筑安装工程费必不可少的依据，并应在编制之前提出，以便于编制工作的顺利进行。

(4) 主管部门的勘测设计任务通知，或合同、协议中对工程造价编制的有关规定，上级主管部门对上阶段造价文件的审查意见。

5.4.2　建筑安装工程费的计算办法

1. 直接费

公路基本建设中的直接费是指施工现场直接用于形成工程实体消耗的费用，包括人工费、材料费、施工机械使用费，即直接费＝人工费＋材料费＋施工机械使用费。

(1) 人工费。

人工费指列入概（预）算定额的、直接从事建筑安装工程施工的生产工人开支的各项费用。

① 计时工资或计件工资：按计时工资标准和工作时间或对已做工作按计价单价支付给个人的劳动报酬。

② 津贴、补贴：为补偿职工特殊或额外的劳动消耗和因其他特殊原因支付给个人的津贴，以及为保证职工工资水平不受物价影响支付给个人的物价补贴。例如，流动施工津贴、特殊地区施工津贴、高温（寒）作业临时津贴、高空津贴等。

③ 特殊情况下支付的工资：根据国家法律、法规和政策规定，因病、工伤、产假、计划生育假、婚丧假、事假、探亲假、定期休假、停工学习、执行国家或社会义务等原因按计时工资标准或计价工资标准的一定比例支付的工资。

人工费以概（预）算定额人工工日乘以综合工日单价计算。

人工费标准按照本地区公路建设项目的人工工资统计情况，以及公路建设劳务市场情况进行综合分析，确定人工工日单价。人工工日单价由省级交通运输主管部门制定发布，并适时进行动态调整。人工工日单价仅作为编制概（预）算的依据，不作为施工企业发工资的依据。

【例 5-1】 某二级公路长 8.6km，路基宽 10m，拟用路拌法（稳定土拌和机）施工 12% 的水泥稳定土基层，厚度 25cm，若人工预算单价为 49.20 元/工日，试计算预算人工费。

解：(1) 定额：由分项工程内容，查《公路工程预算定额》[2-1-2-17+18×5]，每 1000m² 需要消耗人工：(12.5+0.5×5+1.5)工日＝16.5 工日。

(2) 工程数量为 8600m×10m/(1000m²)＝86。

(3) 人工预算单价为 49.20 元/工日。

(4) 人工费为(16.5×86×49.20)元＝69814.8 元。

注 基层厚度超过规定厚度，每 1000m² 基层人工加 1.5 个工日。

(2) 材料费。

材料费指施工过程中耗用的构成工程实体的原材料、辅助材料、周转性材料等，按工程所在地的材料预算价格计算得到的费用。

材料按照消耗量多少分为主要材料和次要材料。定额中主要材料是分别给出其消耗数量的；次要材料则不分类型，直接给出消耗金额，称为其他材料费(元)。

材料费计算公式如下：

$$材料费 = (\sum 定额消耗 \times 材料预算单价 + 其他材料费) \times 工程数量$$

式中：定额消耗——单位合格产品需要的材料消耗量，由《公路工程概算定额》或《公路工程预算定额》查得；

工程数量——分项工程的实际工程量/定额单位；

材料预算单价——单位材料的预算价格，预算中材料一般以 kg 或 m³ 为单位，计算办法见本书第 4 章。

【例 5-2】 接例 5-1，若已知项目所在地的 32.5 级水泥预算单价为 320 元/t，土的预算单价为 8 元/m³，试计算该分项工程的材料费。

解：(1) 定额：由分项工程内容，查《公路工程预算定额》[2-1-2-17+18×5]，每 1000m² 需要消耗材料如下。

32.5 级水泥：$\{[32.788+1.693\times(25-20)]\times12/10\}$t＝49.946t

土：$\{[269.61+13.48\times(25-20)]\times88/90\}$m³＝335.512m³

(2) 工程数量为 $8600m \times 10m/(1000m^2) = 86$。

(3) 32.5级水泥预算单价为320元/t,土的预算单价为8元/m^3。

(4) 材料费为$[(49.946 \times 320 + 335.521 \times 8) \times 86]$元$=1605346.176$元。

注 设计水泥剂量与定额使用的剂量不一致,需要抽换。

(3) 施工机械使用费。

施工机械使用费指列入概(预)算定额的施工机械台班数量,按相应机械台班费用定额计算的施工机械使用费和小型机具使用费,即:

$$施工机械使用费 = (\sum 定额消耗 \times 机械台班预算单价 + 小型机具使用费) \times 工程数量$$

式中:定额消耗——单位合格产品的机械台班消耗量,由《公路工程概算定额》或《公路工程预算定额》查得;

工程数量——分项工程的实际工程量/定额单位;

机械台班预算单价——以台班为单位时间的机械价格,计算办法见第4章。

【例5-3】 某路基工程土方约为50000m^3(普通土天然密实方)。采用90kW以内推土机施工,推土机运距60m。试按预算定额计算该土方工程的机械使用费。已知该工程柴油预算价格为7元/kg,人工单价为45元/工日。

解:(1) 确定推土机机械台班消耗。

查《公路工程预算定额》第一章$[1-1-12-6+8 \times 4]$,每1000m^3天然密实方定额值为:推土机$(2.15+0.72 \times 4)$台班$=5.03$台班

(2) 确定推土机台班单价。

查《公路工程机械台班费用定额》,代号8001003

不变费用:347.89元;可变费用:人工2工日,柴油65.37kg

台班单价为$(347.89+2 \times 45+65.37 \times 7)$元/台班$=895.48$元/台班

(3) 计算该土方工程的机械使用费。

机械使用费为$(5.03 \times 895.48 \times 50000/1000)$元$=225213.22$元

【例5-4】 某跨径20m以内石拱桥,其浆砌块石拱圈工程量为300m^3,人工预算单价为40元/工日、材料的预算价格如下:原木1020元/m^3,铁钉7元/kg,32.5级水泥350元/t,砂60元/m^3,锯材1240元/m^3,铁丝6.8元/kg,水1.2元/m^3,块石85元/m^3。

机械价格参考《公路工程施工机械台班费用定额》中的定额基价。试求浆砌块石拱圈施工的直接费。

解:(1) 查《公路工程预算定额》第四章[4-5-3-6]可知:每10m^3实体人工、材料、机械消耗量,则工程数量$=300/10=30$,300m^3浆砌块石拱圈消耗量如下。

人工:(10×30)工日$=300$工日

材料:8~12号铁丝(1.5×30)kg$=45$kg, 铁钉(0.1×30)kg$=3$kg

水$(15 \times 30)m^3=450m^3$, 原木$(0.01 \times 30)m^3=0.3m^3$

锯材$(0.02 \times 30)m^3=0.6m^3$, 32.5级水泥$(0.752 \times 30)t=22.56$t

中(粗)砂$(3.06 \times 30)m^3=91.8m^3$, 块石$(10.5 \times 30)m^3=315m^3$

其他材料费(4.4×30)元$=132$元

机械：1.0m³ 以内轮胎式装载机(0.1×30)台班＝3 台班

400L 以内灰浆搅拌机(0.12×30)台班＝3.6 台班

(2) 人工费为(300×40)元＝12000 元

材料费为(45×6.8＋3×7＋450×1.2＋0.3×1020＋0.6×1240＋22.56×350＋91.8×60＋315×85＋132)元＝42228 元

机械费为(3×585.22＋3.6×137.79)元＝2251.7 元

直接费为人工费＋材料费＋机械费＝(12000＋42228＋2251.7)元＝56479.7 元

2. 设备购置费

设备购置费指为满足公路初期运营、管理需要购置的构成固定资产标准的设备和虽低于固定资产标准但属于设计明确列入设备清单的设备费用,包括渡口设备、隧道照明、消防、通风的动力设备,公路收费、监控、通信、路网运行监测、供配电及照明设备等。

(1) 设备购置费应列出计划购置的清单(包括设备的规格、型号、数量),以设备预算价计入。

(2) 设备购置费包括设备原价、运杂费、运输保险费、采购及保管费,各种税费按编制期有关部门规定计算。

(3) 需要安装的设备,按建筑安装工程费的有关规定计算设备的安装工程费。设备与材料划分标准办法见《公路工程建设项目概算预算编制方法》附录 C。

3. 措施费

措施费是指直接费以外直接用于工程实体形成消耗的其他费用,包括冬季施工增加费、雨季施工增加费、夜间施工增加费、特殊地区施工增加费、行车干扰施工增加费、施工辅助费、工地转移费。措施费综合费率的计算在 04-1 表完成。

(1) 冬季施工增加费。

冬季施工增加费指按照公路工程施工及验收规范所规定的冬季施工要求,为保证工程质量和安全生产所需采取的防寒保暖措施、工效降低和机械作业效率降低以及技术操纵过程的改变等所需的有关费用。

① 冬季施工增加费的内容包括以下几点。

a. 因冬季施工所需增加的一切人工、材料与机械的支出。

b. 施工机械所需修建的暖棚(包括拆、移),增加其他保暖设备购置费用。

c. 因施工组织设计确定,需增加的一切保暖、加温等相关支出。

d. 清除工作地点的冰雪等,与冬季施工有关的其他各项费用。

② 全国冬季施工气温区划分表见《公路工程建设项目概算预算编制方法》附录 D。

a. 冬季施工增加费的计算方法是根据各类工程的特点,规定各气温区的取费标准。为了简化计算手续,采用全年平均摊销的方法,即不论是否在冬季施工,均按照规定的取费标准计取冬季施工增加费。

b. 一条路线穿过两个以上气温区时,可分段计算或按各区的工程量比例求得全线的平均增加率,计算冬季施工增加费。

c. 冬季施工增加费以各类工程的定额人工费和定额施工机械使用费之和为基数,按工程所在地的气温区选用表 5-1 费率计算。

表 5-1　冬季施工增加费费率　　　　　　　　　　　　　　　　　%

工程类别	冬季平均温度/℃								准一区	准二区
	-1以上		-1~-4		-4~-7	-7~-10	-10~-14	-14以下		
	冬一区		冬二区		冬三区	冬四区	冬五区	冬六区		
	Ⅰ	Ⅱ	Ⅰ	Ⅱ						
土方	0.835	1.301	1.800	2.270	4.288	6.094	9.140	13.720	—	—
石方	0.164	0.266	0.368	0.429	0.859	1.248	1.861	2.801	—	—
运输	0.166	0.25	0.354	0.437	0.832	1.165	1.748	2.643	—	—
路面	0.566	0.842	1.181	1.371	2.449	3.273	4.909	7.364	0.073	0.198
隧道	0.203	0.385	0.548	0.710	1.175	1.52	2.269	3.425		
构造物Ⅰ	0.652	0.940	1.265	1.438	2.607	3.527	5.291	7.936	0.115	0.288
构造物Ⅱ	0.868	1.240	1.675	1.902	3.452	4.693	7.028	10.542	0.165	0.393
构造物Ⅲ	1.616	2.296	3.114	3.523	6.403	8.680	13.020	19.520	0.292	0.721
技术复杂大桥	1.019	1.444	1.975	2.230	4.057	5.479	8.219	12.338	0.170	0.446
钢材及钢结构	0.04	0.101	0.141	0.181	0.301	0.381	0.581	0.861		

注：绿化工程不计冬季施工增加费。

(2) 雨季施工增加费。

雨季施工增加费指雨季期间施工时，为保证工程质量和安全生产所需采取的防雨、排水、防潮和防护措施、工效降低和机械作业率降低以及技术操作过程的改变等所需增加的有关费用。

① 雨季施工增加费的内容包括以下几点。

a. 因雨季施工所需的人工、材料、机械费用的支出，包括工作效率的降低及易被雨水冲毁的工程所增加的清理坍塌基坑和堵塞排水沟、填补路基边坡冲沟等工作内容。

b. 路基土方工程的开挖和运输，因雨季施工（非土壤中水影响）而引起的黏附工具、降低工效所增加的费用。

c. 因防止雨水必须采取的挖临时排水沟、防止基坑坍塌所需的支撑、挡板等防护措施的费用。

d. 材料因受潮、受湿的耗损费用。

e. 增加防雨、防潮设备的费用。

f. 因河水高涨致使工作困难等其他有关雨季施工所需增加的费用。

② 全国雨季施工雨量区及雨季期划分表见《公路工程建设项目概算预算编制方法》附录 E。

③ 雨季施工增加费的计算方法是将全国划分为若干雨量区和雨季期，并根据各类工程的特点规定各雨量区和雨季区的取费标准。为简化计算手续，采用全年平均摊销的方法，即不论是否在雨季施工，均按规定的取费标准计取雨季施工增加费。

④ 一条路线通过不同的雨量区时，应分别计算雨季施工增加费或按工程量比例求得平均的增加率，计算全线雨季施工增加费。

⑤ 雨季施工增加费以各类工程的定额人工费和定额施工机械使用费之和为基数，按工程所在地的雨量区、雨季期选用表 5-2 费率计算。

表 5-2 雨季施工增加费费率

%

工程类别	雨季期/月															
	1	1.5	2		2.5		3		3.5		4		4.5		5	
			I	II	I	II	I	II	I	II	I	II	I	II	I	II
土方	0.140	0.175	0.245	0.385	0.315	0.455	0.385	0.525	0.455	0.595	0.525	0.700	0.595	0.805	0.665	0.939
石方	0.105	0.140	0.212	0.349	0.280	0.420	0.349	0.491	0.418	0.563	0.487	0.667	0.555	0.772	0.626	0.876
运输	0.142	0.178	0.249	0.391	0.320	0.462	0.391	0.568	0.462	0.675	0.533	0.781	0.604	0.888	0.675	0.959
路面	0.115	0.153	0.230	0.366	0.306	0.480	0.366	0.557	0.425	0.634	0.501	0.710	0.578	0.825	0.654	0.940
隧道	—	—	—	—	—	—	—	—	—	—	—	—	—	—	—	—
构造物 I	0.098	0.131	0.164	0.262	0.196	0.295	0.229	0.360	0.262	0.426	0.327	0.491	0.393	0.557	0.458	0.622
构造物 II	0.106	0.141	0.177	0.282	0.247	0.353	0.282	0.424	0.318	0.494	0.388	0.565	0.459	0.636	0.530	0.742
构造物 III	0.200	0.266	0.366	0.565	0.466	0.699	0.565	0.832	0.665	0.998	0.765	1.164	0.898	1.331	1.031	1.497
技术复杂大桥	0.109	0.181	0.254	0.363	0.290	0.435	0.363	0.508	0.435	0.580	0.508	0.689	0.580	0.798	0.653	0.907
钢材及钢结构	—	—	—	—	—	—	—	—	—	—	—	—	—	—	—	—

工程类别	6		7	8
	I	II	II	II
土方	0.764	1.114	1.289	1.499
石方	0.701	1.018	1.194	1.373
运输	0.781	1.136	1.314	1.527
路面	0.749	1.093	1.267	1.459
隧道	—	—	—	—
构造物 I	0.524	0.753	0.884	1.015
构造物 II	0.600	0.883	1.059	1.201
构造物 III	1.164	1.730	1.996	2.295
技术复杂大桥	0.725	1.052	1.233	1.414
钢材及钢结构	—	—	—	—

注：室内和隧道内工程及设备安装工程不计雨季施工增加费。

（3）夜间施工增加费。

夜间施工增加费指根据设计、施工技术规范和合理的施工组织要求，必须在夜间施工或必须昼夜连续施工而发生的夜班补助费、夜间施工降效、施工照明设备摊销及照明用电等费用。夜间施工增加费以夜间施工工程项目的定额人工费与定额机械使用费之和为基数，按表 5-3 费率计算。

表 5-3 夜间施工增加费费率　　　　　　　　　　　　　　　　　　　　　　　　　　%

工程类别	费率	工程类别	费率
构造物Ⅱ	0.903	技术复杂大桥	0.928
构造物Ⅲ	1.702	钢材及钢结构	0.847

注：设备安装工程及金属标志牌、防撞钢护栏、防眩板（网）、隔离栅、防护网等不计入夜间施工。

（4）特殊地区施工增加费。

特殊地区施工增加费包括高原地区施工增加费、风沙地区施工增加费和沿海地区施工增加费三项。

① 高原地区施工增加费指在海拔 2000m 以上地区施工，由于气候、气压影响，致使人工、机械效率降低而增加的费用。

a. 一条路通过两个以上（含两个）不同的海拔分区时，应分别计算高原地区施工增加费或按工程量比例求得平均增加率，计算全线高原地区施工增加费。

b. 高原地区施工增加费以各类工程的定额人工费与定额施工机械使用费之和为基数，按表 5-4 费率计算。

表 5-4 高原地区施工增加费费率　　　　　　　　　　　　　　　　　　　　　　　　　　%

工程类别	海拔/m						
	2001～2500	2501～3000	3001～3500	3501～4000	4001～4500	4501～5000	5000 以上
土方	13.295	19.709	27.455	38.875	53.102	70.162	91.853
石方	13.711	20.358	29.025	41.435	56.875	75.358	100.223
运输	13.288	19.666	26.575	37.205	50.493	66.438	85.040
路面	14.572	21.618	30.689	45.032	59.615	79.500	102.640
隧道	13.364	19.850	28.490	40.767	56.037	74.302	99.259
构造物Ⅰ	12.799	19.051	27.989	40.356	55.723	74.098	95.521
构造物Ⅱ	13.622	20.244	29.082	41.617	57.214	75.874	101.408
构造物Ⅲ	12.786	18.985	27.054	38.616	53.004	70.217	93.371
技术复杂大桥	13.912	20.645	29.257	41.670	57.134	75.640	100.205
钢材及钢结构	13.204	19.622	28.269	40.492	55.699	73.891	98.930

② 风沙地区施工增加费指在沙漠地区施工时，由于受风沙影响，按照施工及验收规范要求，为保证工程质量和安全生产而增加的有关费用，内容包括防风、防沙及气候影响的措施费，人工、机械效率降低增加的费用，以及积沙、风蚀的清理修复等费用。

a. 全国风沙地区公路施工区划分表见《公路工程建设项目概算预算编制方法》附录 F。当地气象资料及自然特征与附录 F 中的风沙地区划分有较大出入时，由项目所在地省级交通运输主管部门按当地气象资料和自然特征及上述划分标准确定工程所在地的风沙地区划分。

b. 一条路线穿过两个以上不同风沙区时,按路线长度经过不同的风沙区加权计算项目全线风沙地区施工增加费。

c. 风沙地区施工增加费以各类工程的定额人工费和定额机械使用费之和为基数,根据工程所在地的风沙区划及类别,按表 5-5 费率计算。

表 5-5　风沙地区施工增加费费率　　　　　　　　　　　　　　　　　　　　　%

工程类别	风沙一区			风沙二区			风沙三区		
	沙漠类别								
	固定	半固定	流动	固定	半固定	流动	固定	半固定	流动
土方	4.558	8.056	13.674	5.618	12.614	23.426	8.056	17.331	27.507
石方	0.745	1.490	2.981	1.014	2.236	3.959	1.490	3.726	5.216
运输	4.304	8.608	13.988	5.38	12.912	19.368	8.608	18.292	27.976
路面	1.364	2.727	4.932	2.205	4.932	7.567	3.365	7.137	11.025
隧道	0.261	0.522	1.043	0.355	0.783	1.386	0.522	1.304	1.826
构造物Ⅰ	3.968	6.944	11.904	4.96	10.912	16.864	6.944	15.872	23.808
构造物Ⅱ	3.254	5.694	9.761	4.067	8.948	13.828	5.694	13.015	19.523
构造物Ⅲ	2.976	5.208	8.928	3.720	8.184	12.648	5.208	11.904	17.226
技术复杂大桥	2.778	4.861	8.333	3.472	7.638	11.805	8.861	11.110	16.077
钢材及钢结构	1.035	2.07	4.14	1.409	3.105	5.498	2.07	5.175	7.245

③ 沿海地区施工增加费指工程项目在沿海地区施工受海风、海浪和潮汐的影响,致使人工、机械效率降低等所需增加的费用。本项费用由沿海各省省级交通运输主管部门制定具体的适用范围(地区)。沿海地区施工增加费以各类工程的定额人工费和定额施工机械使用费之和为基数,按表 5-6 费率计算。

表 5-6　沿海地区施工增加费费率　　　　　　　　　　　　　　　　　　　　　%

工程类别	费率	工程类别	费率
构造物Ⅱ	0.207	技术复杂大桥	0.212
构造物Ⅲ	0.195	钢材及钢结构	0.200

(5) 行车干扰施工增加费。

行车干扰施工增加费指由于边施工边维持通车,受行车干扰的影响,致使人工、机械效率降低而增加的费用。该费用以受行车影响部分的工程项目的定额人工费和定额施工机械使用费之和为基数,按表 5-7 费率计算。

表 5-7　行车干扰施工增加费费率　　　　　　　　　　　　　　　　　　　　　%

工程类别	施工期间平均每昼夜双向行车次数(机动车、非机动车合计)							
	51~100	101~500	501~1000	1001~2000	2001~3000	3001~4000	4001~5000	5000 以上
土方	1.499	2.343	3.194	4.118	4.775	5.314	5.885	6.468
石方	1.279	1.881	2.618	3.479	4.035	4.492	4.973	5.462
运输	1.451	2.230	3.041	4.001	4.641	5.164	5.719	6.285
路面	1.390	2.098	2.802	3.487	4.046	4.496	4.987	5.475

续表

工程类别	施工期间平均每昼夜双向行车次数(机动车、非机动车合计)							
	51～100	101～500	501～1000	1001～2000	2001～3000	3001～4000	4001～5000	5000 以上
隧道	—	—	—	—	—	—	—	—
构造物Ⅰ	0.924	1.386	1.858	2.320	2.693	2.988	3.313	3.647
构造物Ⅱ	1.007	1.516	2.014	2.512	2.915	3.244	3.593	3.943
构造物Ⅲ	0.948	1.417	1.896	2.365	2.745	3.044	3.373	3.713
技术复杂大桥	—	—	—	—	—	—	—	—
钢材及钢结构	—	—	—	—	—	—	—	—

注：新建工程、中断交通进行封闭施工或为保证施工正常通行而修建保通便道的改(扩)建工程，不计行车干扰施工增加费。

(6) 施工辅助费。

施工辅助费包括生产工具用具使用费、检验试验费和工程定位复测、工程点交、场地清理等费用。施工辅助费以各类工程的定额直接费为基数，按表 5-8 费率计算。

表 5-8 施工辅助费费率 %

工程类别	费率	工程类别	费率
土方	0.521	构造物Ⅰ	1.201
石方	0.470	构造物Ⅱ	1.537
运输	0.154	构造物Ⅲ	2.729
路面	0.818	技术复杂大桥	1.677
交通	1.195	钢材及钢结构	0.564

① 生产工具用具使用费指施工所需不属于固定资产的生产工具、检验、试验用具及仪器、仪表等的购置、摊销和维修费，以及支付给生产工人自备工具的补贴费。

② 检验试验费指施工企业对建筑材料、构件和建筑安装工程进行一般鉴定、检查所发生的费用，包括自设实验室进行试验所耗用的材料和化学药品的费用，以及技术革新和研究试验费，不包括新结构、新材料的试验费和建设单位要求对具有出厂合格证明的材料进行检验、对构件破坏性试验及其他特殊要求检验的费用。

③ 高填方和软基沉降监测、高边坡稳定监测、桥梁施工监测、隧道施工监控量测、超前地质预报等施工监控费含在施工辅助费中，不得另行计算。

(7) 工地转移费。

工地转移费指施工企业迁至新工地的搬迁费用。

① 工地转移费内容包括以下几点。

a. 施工单位职工及随职工迁移的家属向新工地转移的车费、家具行李运费、途中住宿费、行程补助费、杂费等。

b. 公物、工具、施工设备器材、施工机械的运杂费，以及外租机械的往返费及施工机械、设备、公物、工具的转移费等。

c. 非固定工人进退场的费用。

② 工地转移费以各类工程的定额人工费和定额施工机械使用费之和为基数，按表 5-9 费率计算。

表 5-9　工地转移费费率　　　　　　　　　　　　　　　　　%

工程类别	工地转移距离/km					
	50	100	300	500	1000	每增加 100
土方	0.224	0.301	0.470	0.614	0.815	0.036
石方	0.176	0.212	0.363	0.476	0.628	0.030
运输	0.157	0.203	0.315	0.416	0.543	0.025
路面	0.321	0.435	0.682	0.891	1.191	0.062
隧道	0.257	0.351	0.549	0.717	0.959	0.049
构造物Ⅰ	0.262	0.351	0.552	0.720	0.963	0.051
构造物Ⅱ	0.333	0.449	0.706	0.923	1.236	0.066
构造物Ⅲ	0.622	0.841	1.316	1.720	2.304	0.119
技术复杂大桥	0.389	0.523	0.818	1.067	1.430	0.073
钢材及钢结构	0.351	0.473	0.737	0.961	1.288	0.063

③ 高速公路、一级公路及独立大桥、独立隧道项目转移距离按省级人民政府所在城市至工地的里程计算；二级及二级以下公路项目转移距离按地级城市所在地至工地的里程计算。

④ 工地转移里程数在表列里程之间时，费率可内插计算。工地转移距离在 50km 以内的工程按 50km 计算。

4. 企业管理费

企业管理费由基本费用、主副食运费补贴、职工探亲路费、职工取暖补贴和财务费用五项组成。

(1) 基本费用。

基本费用指建筑安装企业组织施工生产和经营管理所需的费用，主要包括以下费用。

① 管理人员工资：管理人员的基本工资、绩效工资、津贴补助及特殊情况下支付的工资以及缴纳的养老、医疗、失业、工伤保险费和住房公积金等。

② 办公费：企业管理办公用的文具、纸张、账表、印刷、通信、网络、书报、办公软件、会议、水电、烧水和集体取暖或降温（包括现场临时宿舍取暖或降温）用煤、电、气等费用。

③ 差旅交通费：职工因公出差、调动工作的差旅费、住勤补助费，市内交通费和误餐补助费，劳动力招募费，职工退休、退职一次性路费，工伤人员就医路费以及管理部门使用的交通工具的油料、燃料等费用。

④ 固定资产使用费：管理部门及附属生产单位使用的属于固定资产的房屋、设备等的折旧、大修、维修或租赁费。

⑤ 工具用具使用费：企业管理使用的不属于固定资产的工具、器具、家具、交通用具和检验、试验、测绘、消防用具等的购置、维修和摊销费。

⑥ 劳动保险费：企业支付的离退休职工的易地安家补助费、职工退职金、6个月以上的病假人员工资、职工死亡丧葬补助费、抚恤费、按规定支付给离休干部的各项经费。

⑦ 职工福利费：按国家规定标准计提的职工福利费。

⑧ 劳动保护费：企业按国家有关部门规定标准发放劳动保护用品的购置费及修理费、防暑降温费、在有碍身体健康环境中施工的保健费用等。

⑨ 工会经费：企业根据《中华人民共和国工会法》的规定，按全部职工工资总额比例计

提的工会经费。

⑩ 职工教育经费：按职工工资总额的规定比例计提，企业为职工进行专业技术和职业技能培训，专业技术人员继续教育、职工职业技能鉴定、职业资格认定以及根据需要对职工进行各类文化教育所发生的费用，不含职工安全教育、培训费用。

⑪ 保险费：企业财产保险、管理用及生产用车辆等保险费用及人身意外伤害险的费用。

⑫ 工程排污费：施工现场按规定缴纳的排污费用。

⑬ 税金：企业按规定缴纳的城市维护建设税、教育费附加、地方教育附加、房产税、车船使用税、土地使用税、印花税等。

⑭ 其他：上述项目以外的其他必要费用支出，包括技术转让费、技术开发费、竣（交）工文件编制费、招投标费、业务招待费、绿化费、广告费、公证费、定额测定费、法律顾问费、审计费、咨询费以及施工标准化、规范化、精细化管理等费用。

基本费用以各类工程的定额直接费为基数，按表 5-10 费率计算。

表 5-10　基本费用费率　　　　　　　　　　　　　　　　　　　　　　%

工程类别	费率	工程类别	费率
土方	2.747	构造物Ⅰ	3.587
石方	2.792	构造物Ⅱ	4.726
运输	1.374	构造物Ⅲ	5.976
路面	2.427	技术复杂大桥	4.143
隧道	3.569	钢材及钢结构	2.242

（2）主副食运费补贴。

主副食运费补贴指施工企业在远离城镇及乡村的野外施工购买生活必需品所需增加的费用，该费用以各类工程的定额直接费为基数，按表 5-11 费率计算。

表 5-11　主副食运费补贴费率　　　　　　　　　　　　　　　　　　　%

工程类别	综合里程/km										
	3	5	8	10	15	20	25	30	40	50	每增加10
土方	0.122	0.131	0.164	0.191	0.235	0.284	0.322	0.377	0.444	0.519	0.07
石方	0.108	0.117	0.149	0.175	0.218	0.261	0.293	0.346	0.405	0.473	0.063
运输	0.118	0.13	0.166	0.192	0.233	0.285	0.322	0.379	0.447	0.519	0.073
路面	0.066	0.088	0.119	0.13	0.165	0.194	0.224	0.259	0.308	0.356	0.051
隧道	0.096	0.104	0.13	0.152	0.185	0.229	0.26	0.304	0.359	0.418	0.054
构造物Ⅰ	0.114	0.12	0.145	0.167	0.207	0.254	0.285	0.335	0.394	0.463	0.062
构造物Ⅱ	0.126	0.14	0.168	0.196	0.242	0.292	0.338	0.394	0.467	0.54	0.073
构造物Ⅲ	0.225	0.248	0.30	0.352	0.435	0.528	0.599	0.705	0.831	0.969	0.132
技术复杂大桥	0.101	0.115	0.143	0.165	0.205	0.245	0.28	0.325	0.389	0.452	0.063
钢材及钢结构	0.104	0.113	0.146	0.168	0.207	0.247	0.281	0.331	0.387	0.449	0.062

注：综合里程＝粮食运距×0.06＋燃料运距×0.09＋蔬菜运距×0.15＋水运距×0.70，粮食、燃料、蔬菜、水的运距均为全线平均运距；当综合里程数在表列里程之间时，费率可内插；综合里程在3km以内的工程，按3km计取本项费用。

(3) 职工探亲路费。

职工探亲路费指按照有关规定发放给施工企业职工在探亲期间发生的往返交通费和途中住宿费等费用。该费用以各类工程定额直接费为基数,按表 5-12 费率计算。

表 5-12 职工探亲路费费率　　　　　　　　　　　　　　　　　　　%

工程类别	费率	工程类别	费率
土方	0.192	构造物Ⅰ	0.274
石方	0.204	构造物Ⅱ	0.348
运输	0.132	构造物Ⅲ	0.551
路面	0.159	技术复杂大桥	0.208
隧道	0.266	钢材及钢结构	0.164

(4) 职工取暖补贴。

职工取暖补贴指按规定发放给企业职工的冬季取暖费和为职工在施工场地设置的临时取暖设施发生的费用。该费用以各类工程的定额直接费为基数,按工程所在地的气温区(见《公路工程建设项目概算预算编制办法》附录 D)选用表 5-13 费率计算。

表 5-13 职工取暖补贴费率　　　　　　　　　　　　　　　　　　　%

工程类别	气温区						
	准二区	冬一区	冬二区	冬三区	冬四区	冬五区	冬六区
土方	0.060	0.130	0.221	0.331	0.436	0.554	0.663
石方	0.054	0.118	0.183	0.279	0.373	0.472	0.569
运输	0.065	0.130	0.228	0.336	0.444	0.552	0.671
路面	0.049	0.086	0.155	0.229	0.302	0.376	0.456
隧道	0.045	0.091	0.158	0.249	0.318	0.409	0.488
构造物Ⅰ	0.065	0.130	0.206	0.304	0.390	0.499	0.607
构造物Ⅱ	0.070	0.153	0.234	0.352	0.481	0.598	0.727
构造物Ⅲ	0.126	0.264	0.425	0.643	0.849	1.067	1.297
技术复杂大桥	0.059	0.120	0.203	0.310	0.406	0.501	0.609
钢材及钢结构	0.047	0.082	0.141	0.222	0.293	0.363	0.433

(5) 财务费用。

财务费用指施工企业为筹集资金提供投标担保、预付款担保、履约担保、职工工资支付担保等所发生的各种费用,包括企业经营期间发生的短期贷款利息净支出、汇兑净损失、调剂外汇手续费、金融机构手续费,以及企业筹集资金发生的其他财务费用。财务费用以各类工程的定额直接费为基数,按表 5-14 费率计算。

表 5-14 财务费用费率　　　　　　　　　　　　　　　　　　　%

工程类别	费率	工程类别	费率
土方	0.271	构造物Ⅰ	0.466
石方	0.259	构造物Ⅱ	0.545
运输	0.264	构造物Ⅲ	1.094
路面	0.404	技术复杂大桥	0.637
隧道	0.513	钢材及钢结构	0.653

5. 规费

规费指按法律、法规、规章、规程规定施工企业必须缴纳的费用，主要包含以下几方面。
(1) 养老保险费：施工企业按规定标准为职工缴纳的基本养老保险费。
(2) 失业保险费：施工企业按规定标准为职工缴纳的失业保险费。
(3) 医疗保险费：施工企业按规定标准为职工缴纳的医疗保险费(含生育保险费)。
(4) 工伤保险费：施工企业按规定标准为职工缴纳的工伤保险费。
(5) 住房公积金：施工企业按规定标准为职工缴纳的住房公积金。
各项规费以各类工程的人工费之和为基数，按国家或工程所在地法律、法规、规章、规程规定的标准计算。

6. 利润

利润指施工企业完成所承包工程获得的盈利，按定额直接费及措施费、企业管理费之和的 7.42% 计算。

7. 税金

税金指国家税法规定应计入建筑安装工程造价的增值税销项税额。
税金＝(直接费＋设备购置费＋措施费＋企业管理费＋规费＋利润)×9%

8. 专项费用

专项费用包括施工场地建设费和安全生产费。
(1) 施工场地建设费。
① 施工场地建设费包括按照工地建设标准化要求进行承包人驻地、工地实验室建设，钢筋集中加工、混合料集中拌制、构件集中预制等所需的办公、生活居住房屋(包括职工家属房屋及探亲房屋)，公用房屋(如广播室、文体活动室、医疗室等)和生产用房屋(如仓库、加工厂、加工棚、发电站、变电站、空压机站、停机棚、值班室)等的费用。
② 施工场地建设费包括场区平整(山岭重丘区的土石方工程除外)、场地硬化、排水、绿化、标志、污水处理设施、围墙隔离设施等的费用，不包括钢筋加工的机械设备、混合料拌和设备及安拆、预制构件台座、预应力张拉设备、起重及养护设备，以及概(预)算定额中临时工程的费用。
③ 施工场地建设费包括以上范围内的各种临时工作便道(包括汽车、人力车道)、人行便道，工地临时用水、用电的水管支线和电线支线，临时构筑物(如水井、水塔等)、其他小型临时设施等的搭设或租赁、维修、拆除、清理的费用；但不包括红线范围内贯通便道、进出场的临时路、保通便道。
④ 工地实验室所发生的属于固定资产的试验设备和仪器等折旧、维修或租赁费用。
⑤ 施工扬尘污染防治措施费：裸露的施工场地覆盖防尘网、施工便道和施工场地洒水或喷洒抑尘剂，运输车辆的苫盖和冲洗、环境敏感区设置围挡，防尘标识的设置，环境监控与检测等所需要的费用。
⑥ 文明施工、职工健康生活的费用。施工场地建设费是以施工场地计费基数，按

表 5-15 费率,以累进方法计算。施工场地计费基数为定额建筑安装工程费减去专项费用。

表 5-15 施工场地建设费费率

施工场地计费基数/万元	费率/%	算例/万元	
		施工场地计费基数	施工场地建设费
500 及以下	5.338	500	$500 \times 5.338\% = 26.69$
500~1000	4.228	1000	$26.69 + (1000-500) \times 4.228\% = 47.83$
1000~5000	2.665	5000	$47.83 + (5000-1000) \times 2.665\% = 154.43$
5000~10000	2.222	10000	$154.43 + (10000-5000) \times 2.222\% = 265.53$
10000~30000	1.785	30000	$265.53 + (30000-10000) \times 1.785\% = 622.53$
30000~50000	1.694	50000	$622.53 + (50000-30000) \times 1.694\% = 961.33$
50000~100000	1.579	100000	$961.33 + (100000-50000) \times 1.579\% = 1750.83$
100000~150000	1.498	150000	$1750.83 + (150000-100000) \times 1.498\% = 2499.83$
150000~200000	1.415	200000	$2499.83 + (200000-150000) \times 1.415\% = 3207.33$
200000~300000	1.348	300000	$3207.33 + (300000-200000) \times 1.348\% = 4555.33$
300000~400000	1.289	400000	$4555.33 + (400000-300000) \times 1.289\% = 5844.33$
400000~600000	1.235	600000	$5844.33 + (600000-400000) \times 1.235\% = 8314.33$
600000~800000	1.188	800000	$8314.33 + (800000-600000) \times 1.188\% = 10690.33$
800000~1000000	1.149	1000000	$10690.33 + (1000000-800000) \times 1.149\% = 12988.33$
1000000 以上	1.118	1200000	$12988.33 + (1200000-1000000) \times 1.118\% = 15224.33$

(2) 安全生产费。

安全生产费包括完善、改造和维护安全设施设备费用,配备、维护、保养应急救援器材、设备费用,开展重大危险源和事故隐患评估和整改费用,安全生产检查、评价、咨询费用,配备和更新现场作业人员安全防护用品支出,安全生产宣传、教育、培训费用,安全设施及特种设备检测检验费用,施工安全风险评估、应急演练等有关工作及其他与安全生产直接相关的费用。

安全生产费按建筑安装工程费乘以安全生产费费率计算,费率按不少于 1.5% 计取。

5.5 土地使用及拆迁补偿费计算

5.5.1 土地使用及拆迁补偿费组成

土地使用及拆迁补偿费包含永久占地费、临时占地费、拆迁补偿费、水土保持补偿费、其他费用。

1. 永久占地费

永久占地费包括土地补偿费、征用耕地安置补助费、耕地开垦费、森林植被恢复费、失地农民养老保险费。

(1) 土地补偿费包括征地补偿费、被征用土地上的青苗补偿费,征用城市郊区的菜地等缴纳的菜地开发建设基金,耕地占用税,用地图编制费及堪界费等。

(2) 征用耕地安置补助费指征用耕地需要安置农业人口的补助费。

(3) 耕地开垦费指公路建设项目占用耕地的,应由建设项目法人(业主)负责补充耕地所发生的费用;没有条件开垦的耕地不符合要求的,按规定缴纳耕地开垦费。

公路建设项目发生跨省域补充耕地国家统筹的,应执行《国务院办公厅关于印发跨省域补充耕地国家统筹管理办法和城乡建设用地增减挂钩节余指标跨省域调剂管理办法的通知》(国办发〔2018〕16号)的规定;发生省内跨区域补充耕地的,执行本省相关规定。

(4) 森林植被恢复费指公路建设项目需要占用、征用林地的,经县城以上林业主管部门审核同意或批准,建设项目法人(业主)单位按照省级人民政府有关规定向县级以上林业主管部门预缴的森林植被恢复费。

(5) 失地农民养老保险费指根据国家规定为保障依法被征地农民养老而缴纳的保险费用。失地农民养老保险费按项目所在地省级人民政府的相关规定进行计算。

2. 临时占地费

临时占地费包括临时征地使用费和复耕费。

(1) 临时征地使用费指为满足施工所需的承包人驻地、预制场、拌和场、仓库、加工厂(棚)、堆料场、取弃土场、进出场便道、便桥等所有临时用地及其附着物的补偿费用。

(2) 复耕费指临时占用的耕地、鱼塘等,在工程交工后将其恢复到原有标准所发生的费用。

3. 拆迁补偿费

拆迁补偿费指被征用或占用土地地上的房屋及附属构筑物、公用设施、文物等的拆除、发掘及迁建补偿费,拆迁管理费等。

4. 水土保持补偿费

水土保持补偿费根据国家相关法律、法规和规定缴纳。

5. 其他费用

其他费用指国务院行政主管部门及省级人民政府规定的与征地拆迁相关的费用。

5.5.2 土地使用及拆迁补偿费计算方法

(1) 土地使用及拆迁补偿费应根据设计文件确定的建设工程用地和临时用地面积及其附着物的情况,以及实际发生的费用项目,按国家有关规定及工程所在地的省(自治区、直辖市)颁布的有关规定和标准计算。

(2) 森林植被恢复费应根据审批单位批准的建设工程占用林地的类型及面积,按国家有关规定及工程所在地的省(自治区、直辖市)颁布的有关规定和标准计算。

(3) 当与原有的电力电信设施、管线、水利工程、铁路及铁路设施互相干扰时,应与有关部门联系,商定合理的解决方案和补偿金额,也可由这些部门按规定编制费用以确定补偿金额。

(4) 水土保持补偿费按各省(自治区、直辖市)制定的水土保持补偿费收费标准进行计算。

5.6 工程建设其他费计算

工程建设其他费是概(预)算费用的第三部分费用,工程建设其他费包括建设项目管理费、研究试验费、建设项目前期工作费、专项评价(估)费、联合试运转费、生产准备费、工程保通管理费、工程保险费、其他相关费用。费用计算可添加在09表完成。

5.6.1 建设项目管理费

建设项目管理费指建设单位(业主)为进行建设项目的立项、筹建、建设、竣(交)工验收、总结等工作所发生的费用。

(1) 建设项目管理费包括工作人员的工资、工资性津贴、施工现场津贴、社会保险费用(基本养老、基本医疗、失业、工伤保险)、住房公积金、职工福利费、工会经费、劳动保护费,办公费、会议费、差旅交通费、固定资产使用费(包括办公及生活房屋折旧、维修或租赁费,车辆折旧、维修、使用或租赁费,通信设备购置、使用费,测量、试验设备仪器折旧、维修或租赁费,其他设备折旧、维修或租赁费等)、零星固定资产购置费、招募生产工人费、技术图书资料费、职工教育培训经费、招标管理费、合同契约公证费、法律顾问费、咨询费、建设单位的临时设施费、完工清理费、竣(交)工验收费[含其他行业或部门要求的竣工验收费、建设单位负责的竣(交)工文件编制费]、各种税费(包括房产税、车船使用税、印花税等),对建设项目前期工作、项目实施及竣工决算等全过程进行审计所发生的审计费用、境内外融资费用(不含建设期贷款利息)、业务招待费及工程质量、安全生产管理费和其他管理性开支。

(2) 建设项目管理费以定额建筑安装工程费为基数,按表5-16的费率,以累进方法计算。

双洞长度超过5000m的独立隧道,水深大于15m、跨径大于或等于400m的斜拉桥和跨径大于或等于800m的悬索桥等独立特大型桥梁工程的建设项目管理费,按表5-16中的费率乘以系数1.3计算;海上工程[指由于风浪影响,工程施工期(不包括封冻期)全年平均工作日少于15d的工程]的建设项目管理费,按表5-16中的费率乘以系数1.2计算。

表5-16 建设项目管理费费率

定额建筑安装工程费 /万元	费率/%	算例/万元	
		定额建筑安装工程费	建设项目管理费
500及以下	4.858	500	500×4.858%=24.29
500~1000	3.813	1000	24.29+(1000-500)×3.813%=43.355
1000~5000	3.049	5000	43.355+(5000-1000)×3.049%=165.315
5000~10000	2.562	10000	165.315+(10000-5000)×2.562%=293.415
10000~30000	2.125	30000	293.415+(30000-10000)×2.125%=718.415
30000~50000	1.773	50000	718.415+(50000-30000)×1.773%=1073.015
50000~100000	1.312	100000	1073.015+(100000-50000)×1.312%=1729.015

续表

定额建筑安装工程费/万元	费率/%	算例/万元	
		定额建筑安装工程费	建设项目管理费
100000~150000	1.057	150000	1729.015+(150000−100000)×1.057%=2257.515
150000~200000	0.826	200000	2257.515+(200000−150000)×0.826%=2670.515
200000~300000	0.595	300000	2670.515+(300000−200000)×0.595%=3265.515
300000~400000	0.498	400000	3265.515+(400000−300000)×0.498%=3763.515
400000~600000	0.450	600000	3763.515+(600000−400000)×0.45%=4663.515
600000~800000	0.400	800000	4663.515+(800000−600000)×0.4%=5463.515
800000~1000000	0.375	1000000	5463.515+(1000000−800000)×0.375%=6213.515
1000000 以上	0.350	1200000	6213.515+(1200000−1000000)×0.35%=6913.515

（3）建设项目信息化费指建设单位（业主）和参建单位用于建设项目的质量、安全、进度、费用方面的信息化建设、运维及各种税费等费用，包括建设项目全寿命周期的建筑信息模型（building information modeling，BIM）等相关费用。建设项目信息化费以定额建筑安装工程费为基数，按表 5-17 费率，以累进方法计算。

表 5-17 建设项目信息化费费率

定额建筑安装工程费/万元	费率/%	算例/万元	
		定额建筑安装工程费	建设项目信息化费
500 及以下	0.600	500	500×0.6%=3
500~1000	0.452	1000	3+(1000−500)×0.452%=5.26
1000~5000	0.356	5000	5.26+(5000−1000)×0.356%=19.5
5000~10000	0.285	10000	19.5+(10000−5000)×0.285%=33.75
10000~30000	0.252	30000	33.75+(30000−10000)×0.252%=84.15
30000~50000	0.224	50000	84.15+(50000−30000)×0.224%=128.95
50000~100000	0.202	100000	128.95+(100000−50000)×0.202%=229.95
100000~150000	0.171	150000	229.95+(150000−100000)×0.171%=315.45
150000~200000	0.160	200000	315.45+(200000−150000)×0.160%=395.45
200000~300000	0.142	300000	395.45+(300000−200000)×0.142%=537.45
300000~400000	0.135	400000	537.45+(400000−300000)×0.135%=672.45
400000~600000	0.131	600000	672.45+(600000−400000)×0.131%=934.45
600000~800000	0.127	800000	934.45+(800000−600000)×0.127%=1188.45
800000~1000000	0.125	1000000	1188.45+(1000000−800000)×0.125%=1438.45
100000 以上	0.122	1200000	1438.45+(1200000−1000000)×0.122%=1682.45

（4）工程监理费指建设单位（业主）委托具有监理资格的单位，按施工监理规范进行全面的监督和管理所发生的费用。

① 工程监理费内容包括工作人员的工资、工资性津贴、施工现场津贴、社会保险费用（基本养老、基本医疗、失业、工伤保险）、住房公积金、职工福利费、工会经费、劳动保护费，办

公费、会议费、差旅交通费,办公、试验固定资产使用费(包括办公及生活房屋折旧、维修或租赁费,其他设备折旧、维修或租赁费等)、零星固定资产购置费、招募生产工人费、技术图书材料费、职工教育经费、投标费用、合同契约公证费、法律顾问费、咨询费、业务招待费、财务费用、监理单位的临时设施费、完工清理费、竣(交)工验收费、各种税费、安全生产管理费和其他管理性开支。

② 工程监理费以定额建筑安装工程费为基数,按表5-18费率,以累进方法计算。

表 5-18 工程监理费费率

定额建筑安装工程费/万元	费率/%	算例/万元	
		定额建筑安装工程费	工程监理费
500 及以下	3.00	500	500×3‰=15
500～1000	2.40	1000	15+(1000-500)×2.4‰=27
1000～5000	2.10	5000	27+(5000-1000)×2.1‰=111
5000～10000	1.94	10000	111+(10000-5000)×1.94‰=208
10000～30000	1.87	30000	208+(30000-10000)×1.87‰=582
30000～50000	1.83	50000	582+(50000-30000)×1.83‰=948
50000～100000	1.78	100000	948+(100000-50000)×1.78‰=1838
100000～150000	1.72	150000	1838+(150000-100000)×1.72‰=2698
150000～200000	1.64	200000	2698+(200000-150000)×1.64‰=3518
200000～300000	1.55	300000	3518+(300000-200000)×1.55‰=5068
300000～400000	1.49	400000	5068+(400000-300000)×1.49‰=6558
400000～600000	1.45	600000	6558+(600000-400000)×1.45‰=9458
600000～800000	1.42	800000	9458+(800000-600000)×1.42‰=12298
800000～1000000	1.37	1000000	12298+(1000000-800000)×1.37‰=15038
1000000 以上	1.33	1200000	15038+(1200000-1000000)×1.33‰=17698

(5) 设计文件审查费指在项目审批前,建设单位(业主)为保证勘察设计工作的质量,组织有关专家或委托有资质的单位,对提交的建设项目可行性研究报告和勘察设计文件进行审查所需要的相关费用。设计文件审查费以定额建筑安装工程费为基数,按表5-19的费率,以累进方法计算。

① 建设项目若有地质勘察监理,费用在此项目支出。
② 建设项目若有设计咨询(或称设计监理、设计双院制),其费用在此项目内支出。

表 5-19 设计文件审查费

定额建筑安装工程费/万元	费率/%	算例/万元	
		定额建筑安装工程费	设计文件审查费
5000 以下	0.077	5000	5000×0.077‰=3.85
5000～10000	0.072	10000	3.85+(10000-5000)×0.072‰=7.45
10000～30000	0.069	30000	7.45+(30000-10000)×0.069‰=21.25

续表

定额建筑安装工程费/万元	费率/%	算例/万元	
		定额建筑安装工程费	设计文件审查费
30000~50000	0.066	50000	21.25+(50000-30000)×0.066%=34.45
50000~100000	0.065	100000	34.45+(100000-50000)×0.065%=66.95
100000~150000	0.061	150000	66.95+(150000-100000)×0.061%=97.45
150000~200000	0.059	200000	97.45+(200000-150000)×0.059%=126.95
200000~300000	0.057	300000	126.95+(300000-200000)×0.057%=183.95
300000~400000	0.055	400000	183.95+(400000-300000)×0.055%=238.95
400000~600000	0.053	600000	238.95+(600000-400000)×0.053%=344.95
600000~800000	0.052	800000	344.95+(800000-600000)×0.052%=448.95
800000~1000000	0.051	1000000	448.95+(1000000-800000)×0.051%=550.95
1000000以上	0.050	1200000	550.95+(1200000-1000000)×0.050%=650.95

（6）竣（交）工验收试验检测费指在公路建设项目竣（交）工验收前,由建设单位（业主）或工程质量监督机构委托有资质的公路工程质量检测单位按照有关规定,对建设项目的工程质量进行检测,并出具检测试验意见,以及进行桥梁动（静）载试验或其他特殊检测等所需的费用。

① 竣（交）工验收试验检测费按表 5-20 规定的费率计算。道路工程按主线路基长度计算,桥梁工程以主线桥梁、分离式立交、匝道桥的长度之和进行计算,隧道按单洞长度计算。

② 道路工程,高速公路、一级公路按四车道计算,二级及二级以下公路按两车道计算,每增加 1 个车道,按表 5-20 的费用增加 10%。桥梁和隧道按双向四车道计算,每增加 1 个车道费用增加 15%。二级及二级以下公路的桥隧工程,按表 5-20 费用的 40% 计算。

表 5-20 竣（交）工验收试验检测费

检测项目			竣（交）工验收试验检测费	备 注
道路工程/(元/km)		高速公路	23500	包括路基、路面、涵洞、通道、路段安全设施和机电、房建、绿化、环境保护及其他工程
		一级公路	17000	
		二级公路	11500	
		三级及三级以下公路	5750	
桥梁工程	一般桥梁/(元/m)	—	40	包括桥梁范围内的所有土建、安全设施和机电、声屏障等环境保护工程及必要的动（静）载试验
	技术复杂大桥/(元/m)	钢管拱	750	
		连续刚构	500	
		斜拉桥	600	
		悬索桥	500	
隧道工程/(元/m)		单洞	80	包括隧道范围内的所有土建、安全设施、机电、消防设施等

5.6.2 研究试验费

研究试验费指按项目特点和有关规定，在建设过程中必须进行的研究和试验所需的费用，以及支付科技成果、专利、先进技术的一次性技术转让费。

(1) 研究试验费内容：研究试验费不包括以下几项内容。

① 应由前期工作费(为建设项目提供或验证设计数据、资料等专题研究)开支的项目。

② 应由科技三项费用(即新产品试制费、中间试验费和重要科学研究补助费)开支的项目。

③ 应由施工辅助费开支的施工企业对建筑材料、构件和建筑物进行一般鉴定、检查所发生的费用及技术革新研究试验费。

(2) 计算方法

按设计提出的研究试验内容和要求进行编制。

5.6.3 建设项目前期工作费

建设项目前期工作费指委托勘察设计单位、咨询单位对建设项目进行可行性研究、工程勘察设计，以及设计、监理、施工招标文件及招标标底或造价价值控制文件编制时，按规定应支付的费用。

1. 建设项目前期工作费

(1) 编制项目建议书、可行性研究报告、投资估算，以及相应的勘察、设计所需的费用。

(2) 通过风洞试验、地震动参数、索塔足尺模型试验、桥墩局部冲刷试验、桩基承载力试验等为建设项目提供或验证设计数据所需的专题研究费用。

(3) 初步设计和施工图设计的勘察费、设计费、概(预)算编制及调整编制费等。

(4) 设计、监理、施工招标及招标标底(或造价控制值或清单预算)文件编制费等。

2. 计算方法

建设项目前期工作费以定额建筑安装工程费为基数，按表 5-21 费率，以累进方法计算。

表 5-21 建设项目前期工作费费率

定额建筑安装工程费 /万元	费率/%	算例/万元	
		定额建筑安装工程费	建设项目前期工作费
500 及以下	3.00	500	500×3.00%=15
500~1000	2.70	1000	15+(1000−500)×2.70%=28.5
1000~5000	2.55	5000	28.5+(5000−1000)×2.55%=130.5
5000~10000	2.46	10000	130.5+(10000−5000)×2.46%=253.5
10000~30000	2.39	30000	253.5+(30000−10000)×2.39%=731.5
30000~50000	2.34	50000	731.5+(50000−30000)×2.34%=1199.5
50000~100000	2.27	100000	1199.5+(100000−50000)×2.27%=2334.5

续表

定额建筑安装工程费/万元	费率/%	算例/万元	
		定额建筑安装工程费	建设项目前期工作费
100000～150000	2.19	150000	2334.5＋(150000－100000)×2.19％＝3429.5
150000～200000	2.08	200000	3429.5＋(200000－150000)×2.08％＝4469.5
200000～300000	1.99	300000	4469.5＋(300000－200000)×1.99％＝6459.5
300000～400000	1.94	400000	6459.5＋(400000－300000)×1.94％＝8399.5
400000～600000	1.86	600000	8399.5＋(600000－400000)×1.86％＝12119.5
600000～800000	1.80	800000	12119.5＋(800000－600000)×1.80％＝15719.5
800000～1000000	1.76	1000000	15719.5＋(1000000－800000)×1.76％＝19239.5
1000000 以上	1.72	1200000	19239.5＋(1200000－1000000)×1.72％＝22679.5

5.6.4 专项评价(估)费

专项评价(估)费指依据国家法律、法规规定进行评价(估)、咨询应支付的费用。

(1) 专项评价(估)费包括环境影响评价费、水土保持评估费、地震安全性评价费、地质灾害危险性评价费、压覆重要矿床评估费、文物勘察费、通航论证费、行洪论证(评估)费、使用林地可行性研究报告编制费、用地预审报告编制费、项目风险评估费、节能评估费和社会风险评估费、放射性影响评估费、规划选址意见书编制费等费用。

(2) 计算方法：依据委托合同，或参照类似工程已发生的费用进行计列。

5.6.5 联合试运转费

联合试运转费指建设项目的机电工程，按照有关规定标准，需要进行整套设备带负荷联合运转所需的全部费用，不包括应由设备安装工程费中开支的调试费用。

(1) 联合试运转费包括联合试运转期间所需的材料、燃料和动力的消耗，机械和检测设备使用费，工具用具和低值易耗品费，参加联合试运转的人员工资及其他费用等。

(2) 计算方法：联合试运转费以定额建筑安装工程费为基数，按 0.04％费率计算。

5.6.6 生产准备费

生产准备费指为保证新建、改(扩)建项目交付使用后满足正常的运行、管理发生的工器具购置费、办公和生活用家具购置费、生产人员培训费、应急保通设备购置费等。

(1) 工器具购置费指建设项目交付使用后，为满足初期正常运营必须购置的第一套不构成固定资产的设备、仪器、仪表、工卡模具、器具、工作台(框、架、柜)等的费用，不包括构成固定资产的设备、工器具和备品、备件，及已列入设备费中的专用工具和备品、备件。工器具购置费由设计单位列出清单(包括规格、型号、数量)，计算方法同设备购置费。

(2) 办公和生活用家具购置费指新建、改(扩)建工程项目，为保证初期正常生产、使用和管理所购置的办公和生活用家具、用具的费用,包括行政、生产部门的办公室、会议室、资料档案室、阅览室、宿舍及生活福利设施等的家具、用具。办公和生活用家具购置费按表 5-22 计算。

表 5-22　办公和生活用家具购置费标准

工程所在地	路线/(元/km)				单独管理或单独收费的桥梁、隧道/(元/座)		
					特大大桥		特长隧道
	高速公路	一级公路	二级公路	三、四级公路	一般桥梁	技术复杂大桥	
内蒙古、黑龙江、青海、新疆、西藏	21500	15600	7800	4000	24000	60000	78000
其他省、自治区、直辖市	17500	14600	5800	2900	19800	49000	63700

注:改(扩)建工程按表列费用的 70% 计。

(3) 生产人员培训费指为保证生产的正常运行,在工程交工验收交付使用前对运营部门生产人员和管理人员进行培训所需的费用,包括培训人员的工资、工资性津贴、职工福利费、差旅交通费、劳动保护费、培训及教学实习费等。该费用按设计定员和 3000 元/人的标准收费。

(4) 应急保通设备购置费指新建、改(扩)建工程项目,为满足初期正常营运,购置保障抢修保通、应急处理且构成固定资产的设备所需的费用。该费用由设计单位列出计划购置清单,计算方法同设备购置费。

5.6.7　工程保通管理费

工程保通管理费指新建或改(扩)建工程需边施工边维持通车或通航的建设项目,为保证公(铁)路运营安全、船舶航行安全及施工安全而进行交通(公路、航道、铁路)管制、交通(铁路)与船舶疏导所需的媒体、公告等宣传费用及协管人员经费等。工程保通管理费应按设计需要进行列支。涉水项目施工期通航安全保障费用计算方法见《公路工程建设项目概算预算编制办法》附录 G 执行。

5.6.8　工程保险费

工程保险费指在合同执行期内,施工企业按合同条款要求办理保险的费用,包括建筑工程一切险和第三方责任险。

(1) 建筑工程一切险是为永久工程、临时工程和设备及已运至施工工地用于永久工程的材料和设备所投的保险。

(2) 第三方责任险是对因实施合同工程而造成的财产(本工程除外)损失或损害,或人员(业主和承包人雇员除外)的死亡或伤残所负责进行的保险。

(3) 工程保险费以建筑安装工程费(不含设备费)为基数,按 0.4% 费率计算。

5.6.9 其他相关费用

其他相关费用指国务院行政主管部门及省级人民政府规定的其他与公路建设相关的费用,按其相关规定计算。

5.7 预备费

预备费由基本预备费和价差预备费两部分组成。

1. 基本预备费

基本预备费是指在初步设计和概算、施工图设计和施工图预算中难以预料的工程费用。基本预备费包括以下几点。

(1) 在进行技术设计、施工图设计和施工过程中,在批准的初步设计和概算范围内所增加的费用。

(2) 在设备订货时,由于规格、型号改变的价差,材料货源的变更、运输距离或方式的改变以及因规格不同而代换使用等原因发生的价差。

(3) 在项目主管部门组织竣(交)工验收时,验收委员会(或小组)未鉴定工程质量必须开挖和修复隐蔽工程发生的费用。

基本预备费以建筑安装工程费、土地使用及拆迁补偿费、工程建设其他费之和为基数,按下列费率计算。

(1) 设计概算按 5% 计列。

(2) 修正概算按 4% 计列。

(3) 施工图预算按 3% 计列。

2. 价差预备费

价差预备费指设计文件编制年至工程交工年期间,建筑安装工程费中的人工费、材料费、设备费、施工机械使用费、措施费、企业管理费等,由于政策、价格变化可能发生上浮而预留的费用,以及外资贷款汇率变动部分的费用。

(1) 计算方法:价差预备费以建筑安装工程费总额为基数,按设计文件编制年始至建设项目工程交工年终的年数和年工程造价增长率计算。

计算公式为

$$价差预备费 = P \times [(1+i)^{n-1} - 1]$$

式中:P——建筑安装工程费总额(元);

i——年工程造价增长率(%);

n——设计文件编制年至建设项目开工年+建设项目建设期限(年)。

(2) 年工程造价增长率按有关部门公布的工程投资价格指数计算。

(3) 设计文件编制年至工程交工在 1 年以内的工程,不列此项费用。

5.8 建设期贷款利息

(1) 建设期贷款利息指工程项目使用的贷款部分在建设期内应计取的贷款利息,包括各种金融机构贷款、建设债券和对外汇款等的利息。

(2) 利息计算方法:根据不同的资金来源,分年度投资计算所需支付的利息。

计算公式为

$$S = \sum_{n=1}^{N}(F_{n-1} + b_n \div 2) \times i$$

式中:S——建设期贷款利息;

N——项目建设期(年);

n——施工年度;

F_{n-1}——建设期第 $n-1$ 年年末需付息本息累计;

b_n——建设期第 n 年度付息贷款额;

i——中国人民银行公布的贷款基准年利率。

公路工程建设项目各项费用计算程序及计算方式见表 5-23。

表 5-23 公路工程建设项目各项费用计算程序及计算方式

序号	项 目	说明及计算式
(一)	定额直接费	∑人工消耗量×人工基价+∑(材料消耗量×材料基价+机械台班消耗量×机械台班基价)
(二)	定额设备购置费	∑设备购置数量×设备单价
(三)	直接费	∑人工消耗量×人工单价+∑(材料消耗量×材料预算单价+机械台班消耗量×机械台班预算单价)
(四)	设备购置费	∑设备购置数量×预算单价
(五)	措施费	(一)×施工辅助费费率+定额人工费和定额施工机械使用费之和×其余措施费综合费率
(六)	企业管理费	(一)×企业管理费综合费率
(七)	规费	各类工程人工费(含施工机械人工费)×规费综合费率
(八)	利润	[(一)+(五)+(六)]×利润率
(九)	税金	[(三)+(四)+(五)+(六)+(七)+(八)]×10%
(十)	专项费用	
	施工场地建设费	[(一)+(五)+(六)+(七)+(八)+(九)]×累进费率
	安全生产费	建筑安装工程费(不含安全生产费本身)×(≥1.5%)
(十一)	定额建筑安装工程费	(一)+(二)×40%+(五)+(六)+(七)+(八)+(九)+(十)
(十二)	建筑安装工程费	(三)+(四)+(五)+(六)+(七)+(八)+(九)+(十)
(十三)	土地使用及拆迁补偿费	按规定计算
(十四)	工程建设其他费	

续表

序号	项 目	说明及计算式
	建设项目管理费	
	建设单位(业主)管理费	(十一)×累进费率
	建设项目信息化费	(十一)×累进费率
	工程监理费	(十一)×累进费率
	设计文件审查费	(十一)×累进费率
	竣(交)工验收试验检测费	按规定计算
	研究试验费	
	建设项目前期工作费	(十一)×累进费率
	专项评价(估)费	按规定计算
	联合试运转费	(十一)×累进费率
	生产准备费	
	工器具购置费	按规定计算
	办公和生活用家具购置费	按规定计算
	生产人员培训费	按规定计算
	应急保通设备购置费	
	工程保通管理费	按规定计算
	工程保险费	[(十二)−(四)]×费率
	其他相关费用	
(十五)	预备费	
	基本预备费	[(十二)+(十三)+(十四)]×费率
	价差预备费	(十二)×费率
(十六)	建设期贷款利息	
(十七)	公路基本造价	(十二)+(十三)+(十四)+(十五)+(十六)

5.9 公路工程概(预)算文件编制

概(预)算文件的编制是一项十分严肃的工作,编制质量的高低及各项费用的计算准确与否,直接关系着国家的经济利益。为确保概(预)算文件的编制质量,必须根据工程概(预)算内在的规律和国家的有关规定,按一定的步骤进行。概(预)算表格计算步骤如图 5-2 所示。

1. 熟悉设计图纸和资料

编制概算、修正概算、施工图预算等文件前,应对相应阶段的初步设计、技术设计和施工图设计内容进行检查和整理,认真阅读和核对设计图纸及有关表格,如工程一览表、工程数量表等。

2. 准备概(预)算编制资料

(1) 概(预)算编制依据包括《公路工程预算定额》《公路工程建设项目概算预算编制办法》《公路工程建设项目概预算编制办法补充规定》和各类补充定额等。

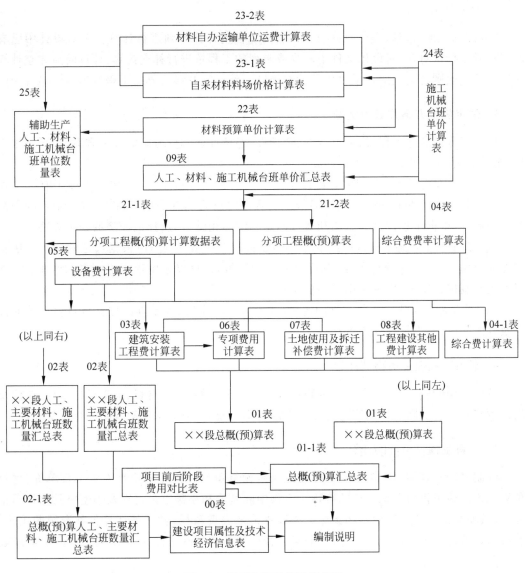

图 5-2 概(预)算表格计算步骤

(2) 概(预)算编制的调查资料包括:筑路材料的来源(沿线料场及有无自采材料),材料运输方式及运距,运费标准,占用土地的补偿费、安置费及拆迁补偿费,沿线可利用房屋及劳动力供应情况等。

3. 项目划分(初填 21-2 表)

公路工程概(预)算是以分项工程概(预)算表为基础计算和汇总而来的,所以工程分项是概(预)算工作中的一项重要基础工作。按照本书第 2 章的项目划分办法完成分项后,将工程细目一一引出并初填 21-2 表。

4. 计算工程量

在编制概(预)算时,应对各分项工程量按工程量计算原则进行计算。①对设计中已有的工程量进行核对,②对设计文件中缺少或未列的工程量进行补充计算,计算时应注意计算单位和计算规则与定额的计量单位及计算规则一致。将算得的分项工程量填入 21-2 表中。

5. 确定施工方案并套用定额

针对划分的分项工程,依据可行性、合理性、经济性认真分析确定施工方案,包括施工方法、施工机械、施工组织方案等方面。

(1) 施工方法:同一工程内容可以采用不同的施工方法来完成,如土方施工有人工挖土方和机械挖土方两种方法;钢筋混凝土工程既可以采用现浇施工,也可以采用预制安装等。因此,应根据工程设计的意图和要求同工程实际相结合,选择最经济的施工方法。

(2) 施工机械:施工机械选择也将直接影响施工费用,因此,应根据选定的施工方法选配相应的施工机械,如挖填土方,既可以采用铲运机,又可以采用挖土机配自卸汽车;又如混凝土预制构件安装,也可采用多种机械施工。

(3) 施工组织方案:运距远近的选择(如土方中取土坑、弃土堆的位置),材料堆放的位置及仓库的设置,人员高峰期等。

6. 套用定额确定实物消耗量

按照选用的施工方案,套用定额确定分项施工消耗的人工、材料、施工机械名称、单位及消耗量定额值。实际工作内容与定额工作内容不一致时,应依据定额说明进行调整和抽换。

7. 工料机预算单价的计算

编制概(预)算的另一项重要工作便是确定预算单价。预算单价是人工工日单价、材料预算单价和施工机械台班单价的统称。定额中除基价和小额零星材料及小型机具用货币指标外,其他均是资源消耗的实物指标。要以货币来表现消耗,就必须计算各种资源的单价。有关单价的计算方法已在前面介绍,公路工程概预算的基础单价通过 22 表、23-1 表和 24 表来计算。

(1) 根据 21-2 表中所出现的材料种类、规格及机械作业所需的燃料和水、电来编制 22 表。

(2) 根据 21-2 表中所发生的自采材料种类、规格,按照外业料场调查资料编制自采材料料场价格计算表(23-1 表),并将计算结果汇入 22 表的材料原价栏中。

(3) 根据 21-2 表、23-1 表中所出现的所有机械种类和 22 表中自办运输的机械种类,计算工程所有机械的台班单价,编制施工机械台班单价计算表(24 表)。

(4) 根据地区类别和地方规定等资料计算人工工日单价。

(5) 将上面(1)~(4)项所算得的各基础单价汇总,编制人工、材料、施工机械台班单价汇总表(09 表)。

8. 计算分项工程的直接费和措施费

各分项工程的资源消耗数量及预算单价确定后,便可计算其直接费、定额直接费、措施费、企业管理费、规费等。

(1) 将 09 表的预算单价填入 21-2 表中的单价栏;由预算单价与数量相乘得出人工费、材料费、机械使用费,并可算得人工、材料、机械合计费用。

(2) 根据工程类别和工程所在地区,取定各项综合费率,即编制 04 表。

(3) 将 04 表中各费率填入 21-2 表中的相应栏目,并计算措施费Ⅰ、措施费Ⅱ、企业管理费、规费。

(4) 在 21-2 表中计算直接费。

9. 计算专项费用(填写 06 表)

根据设计文件和编制办法规定,计算专项费用中的施工场地建设费和安全生产费,填入 06 表。

10. 计算设备费和定额设备购置费(填写 05 表)

根据设计文件和编制办法的规定,计算设备购置费和定额设备购置费,填入 05 表。

11. 计算第一部分建筑安装工程费(填写 03 表)

(1) 将 21-2 表中各分项工程的直接费、定额直接费(基价)、企业管理费、规费按工程(单位工程)汇总填入 03 表中的相应栏目。

(2) 确定利润费率和税金的综合税率,并填入 03 表的有关栏目,并计算得到各单位工程的利润和税金。

(3) 合计各单位工程的直接费、设备购置费、企业管理费、规费、利润、税金和专项费用,得到各单位工程的建筑安装工程费,总计各单位工程的建筑安装工程费,得到工程项目的建筑安装工程费总额。同时在表内计算定额建筑安装工程费,作为计算基数使用。

12. 计算第二部分土地使用及拆迁补偿费(填写 07 表)

按设计要求和国家有关规定及工程所在地的省(自治区、直辖市)颁布的有关规定和标准计算本项,填写 07 表。

13. 计算第三部分工程建设其他费(填写 08 表)

计算工程建设其他费,根据设计文件和编制办法要求计算建设项目管理费等其他相关费用,填写 08 表。

14. 编制总概(预)算表并进行造价分析

(1) 编制总概(预)算表:将 03、05、06、07、08 表中的各项填入 01 表中相应栏目,并计算各项技术经济指标。

(2) 在 01 表中计算建设期贷款利息。

(3) 汇总表格中的第一、二、三、四、五部分费用，得到工程项目工程造价总额。

(4) 造价分析：根据概算总额、各单位工程或分项工程的费用比值和各项技术经济指标进行全面分析，对设计提出修改建议和从经济角度对设计是否合理予以评价，提出改进措施。

15. 人工、主要材料、机械实物消耗指标统计（填写 02 表）

概（预）算必须编制工程项目的实物消耗量指标，这可通过 02 表的计算完成。

(1) 将 22 表和 23-1 表中的人工、材料、机械消耗量汇总编制辅助生产人工、材料、施工机械台班单位数量表（25 表）。

(2) 汇总 21-2 表中人工、主要材料、机械台班数量。

(3) 计算各种增工数量。

(4) 合计上面(1)~(3)项中的各项数据，得出工程概（预）算的实物数量，即得到 02 表。

16. 编制综合概（预）算

根据建设项目要求，当分段或分部编制 01 表和 02 表时，需要汇总编制综合概（预）算。

(1) 汇总各种概（预）算表，编制总概（预）算汇总表（01-1 表）。

(2) 汇总各段的 02 表编制总概（预）算人工、主要材料、施工机械台班数量汇总表（02-1 表）

17. 编制说明

概（预）算表格计算并编制完后，必须编制概（预）算说明，主要说明概（预）算的编制依据，编制中存在的问题，工程总造价的货币和实物量指标，以及其他与概（预）算有关但不能在表格中反映的事项。

本章习题

1. 判断题

(1) 某建设项目的公路工程预算总金额一般略小于或等于公路工程造价。（　　）

(2) 一般松散粒状或流体材料在场外运输过程中，不需计入损耗率及损耗费用。（　　）

(3) 构造物Ⅲ是指商品水泥混凝土的浇筑、商品沥青混合料和各类商品稳定土混合料的铺筑、外购混凝土构件、设备安装工程等内容的工程类别。（　　）

2. 选择题

(1) 某工程所在地为开封，则基层施工对应的雨季施工增加费费率为（　　）。

　　A. 0.06%　　　　B. 0.09%　　　　C. 0.18%　　　　D. 0.45%

(2) 若工地转移距离为 180km，则临时便桥的工地转移费费率为（　　）。

　　A. 0.75%　　　　B. 0.4314%　　　C. 1.01%　　　　D. 1.18%

(3) 某工程建筑安装工程费为 100528 万元，则建设单位管理费应为（　　）万元。

　　A. 764.01　　　　B. 944.96　　　　C. 1734.596　　　D. 3498.37

(4) 某工程 2000 年初编完预算,2001 年 2 月动工,计划 2003 年 5 月完工,试确定其工程造价预留费 $=P\times[(1+i)^{n-1}-1]$ 中,计费年限 n 为( )年。
  A. 2   B. 3   C. 4   D. 5

(5) 某项目直接费 150 万元,冬、雨季施工增加费 5.5 万元,生产工具用具使用费 3 万元,基本预备费为 20 万元,临时设施费 2 万元,设备购置费 100 万元,则上述投资中属于建筑安装费的为( )万元。
  A. 150   B. 158.5   C. 160.5   D. 258.5

(6) 某工程贷款 4000 万元,建设期为 3 年,第一、三年年均贷款 1500 万元,第二年贷款 1000 万元,贷款年利率为 8%,则建设期贷款利息为( )万元。
  A. 320   B. 480   C. 503   D. 640

3. 填空题

(1) 填写下列分项工程所对应的工程类别。

临时便桥工程:_____。
无路面的汽车便道工程:_____。
自卸汽车运输沥青混合料:_____。
车辆检测设备的安装:_____。
水泥稳定土基层的施工_____。
公路沿线隔离墩项目_____。

(2) 填写下列费用的计算基数。

利润:_____。
税金:_____。
基本预备费:_____。
工程监理费:_____。
规费:_____。

(3) 填写下列费用的来源。

施工单位办理各种银行保函的手续费用属于_____。
对采购来的高强度等级水泥进行强度试验,以鉴定其质量,检验过程支出的各种费用应计入_____。
职工学习期间的工资应计入_____。
施工企业管理人员基本工资应属于_____。
施工单位代业主办理占地拆迁赔偿工作的费用属于_____。
工地采石厂的管理费属于_____。
施工单位的投标费属于_____。
施工单位代办的土地补偿费人员费用属于_____。

4. 简答题

(1) 施工图预算的编制步骤和填表顺序是什么?
(2) 完成案例项目的路面工程底基层施工分项的施工图预算费用计算,并填写 21-2 表。

5. 案例分析题

已知某水泥稳定土底基层工程(稳定土拌和机拌和)40000m²,水泥剂量为8%,厚度24cm。经调查:人工预算单价为60元/工日,柴油单价为7.5元/kg;水泥原价为300元/t,土原价为3元/m²,当地运价率为0.8元/(t·km),运距20km,装卸费为4元/(t·次);不受行车干扰,粮食、燃料运距为15km,蔬菜、水运距为7km,工地转移距离为80km;规费综合费率为37%;纳税人在市区。

(1) 计算水泥、碎石的预算单价;

(2) 确定该分项工程的措施费和企业管理费的综合费率;

(3) 计算该分项工程的建筑安装工程费和定额建筑安装工程费。

第 6 章 标底与报价费用计算

> **任务目标**
> 1. 理解招标文件与造价的关系;
> 2. 标底的编制程序;
> 3. 报价编制步骤。

6.1 标底与报价基本知识

目前公路工程建设项目从可行性研究开始,包括勘测设计、监理咨询、材料采购、设备采购安装、工程施工等过程都是通过招投标方式选择合作单位,招投标制度已经广泛用于公路工程建设管理。公路工程招投标是指建设项目发包之前,公开招标或邀请投标人,根据招标人的意图和要求提出报价,当场开标,从中择优选定中标人的一种经济活动。其最突出的优点是:将竞争机制引入工程建设领域,实行交易公开,防止和反对垄断,通过平等竞争,优胜劣汰,以保证缩短工期、提高工程质量和节约建设资金,最大限度地实现投资效益的最优化。

为了规范招投标过程中的评标行为,不仅需要招投标双方完成工程技术文件的编制,同时还要进行详细的造价测算,主要包括发标方针对发包的工程量清单编制标底和投标方需要依照业主给定的工程量清单进行报价计算。

6.1.1 招投标阶段的造价计算

招投标阶段流程的造价计算如图 6-1 所示。

6.1.2 标底

标底(招标控制价)是发标方按照发包工程对应的工程量清单编制的

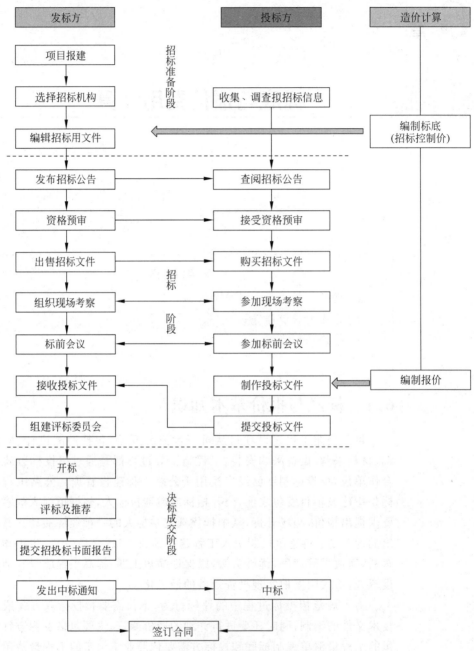

图 6-1　招投标阶段的造价计算

一种预期价格。它由招标单位自行编制或委托具有编制标底资格和能力的代理机构编制，它是业主筹集建设资金的依据，也是业主及其上级主管部门核实建设规模的依据。标底是保密的，直至开标。

标底编制的价格应既能反映建筑产品的价值，又能反映建筑市场的供求状况，反映一种平均先进的社会生产力水平。标底费用主要是建筑安装工程费，是概（预）算总金额中的一部分。

标底的作用主要有以下三个方面：①评标中衡量投标报价是否合理的尺度，是确定投标单位能否中标的重要依据；②招标中防止盲目报价、抑制低价抢标现象、保障工程质量的重要手段；③确定投标价上限，控制投资额，核实建设规模的文件。

标底价格编制的依据包括招标文件，概（预）算定额，费用定额，人工、材料、机械价格，初步设计文件或施工图设计文件，施工组织方案。

招标控制价是《建设工程工程量清单计价规范》(GB 50500—2013)提出的概念，又称投标控制价、拦标价，是指招标人根据国家或省级、行业建设主管部门颁发的有关计价依据和办法以及拟定的招标文件和招标工程量清单，结合工程具体情况编制的招标工程的最高工程限价。招标控制价一般在招标文件中会说明其具体价格，若投标人的投标价超过招标控制价，即成为废标。

招标控制价和标底的费用组成与施工图预算的建筑安装工程费相同，计算办法多采用预算定额计价法。

6.1.3 报价

报价是投标方按照企业自身施工水平和市场供求情况，为完成发标方给定工程量清单工作内容编制的一种预期费用。投标报价是投标文件的一个重要组成部分，是施工评标的重要依据，报价的合理性直接决定了能否中标获取项目，同时也是企业利润水平的反映。

投标报价费用组成由以下三部分组成，如图6-2所示。

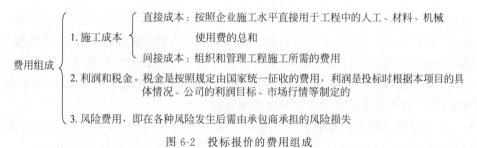

图 6-2 投标报价的费用组成

6.2 工程量清单的项目划分

招标文件的第五章是工程量清单，投标文件的第五章是已标价工程量清单，工程量清单是招投标文件的重要组成部分。工程量清单由招标单位参照《公路工程标准施工招标文件》(上)第五章的章、节、目层次将发包工程进行合理分解，以明确工程内容与范围，并确定工程数量的一套项目划分表。我国的公路工程招标都由招标单位提供工程量清单，未经允许，一律不能任意增减工程项目或变更工程数量。

工程量清单是一份与技术规范相对应的文件。工程量清单详细说明了每一工程细目可能发生的工程数量。工程量清单的用途之一是为投标人报价用，投标人根据合同条款、图纸、技术规范以及拟定的施工方案，根据本企业以往的经验或通过单价分析，对清单中各项进行报价，以逐项汇总为各章和整个工程的投标报价；用途之二是在合同执行过程中进行中期支付和结算时,可按已实施项目的工程数量、工程量清单中的单价来计算应付给承包人的款项。

6.2.1 工程量清单组成

工程量清单包括说明和表格两部分,工程量清单说明是正确理解清单细目工作内容、报价费用包含内容的依据,是正确计算报价的保障,应仔细阅读。表格是工程细目费用计算的结果展示。工程量清单组成如图 6-3 所示。

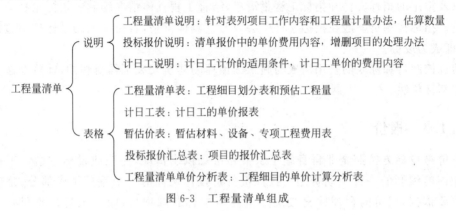

图 6-3 工程量清单组成

1. "说明"部分重要条款节选

(1) 本工程量清单中所列工程数量是估算的或设计的预计数量,仅作为投标报价的共同基础,不能作为最终结算与支付的依据。实际支付应按实际完成的工程量,由承包人按工程量清单计量规则规定的计量方法,以监理人认可的尺寸、断面计量,按本工程量清单的单价和合价计算支付金额;或者根据具体情况,按《公路工程标准施工招标文件》条款第 15.4 款的规定,由监理人确定的单价或合价计算支付额。

(2) 图纸中所列的工程数量表及数量汇总表仅是提供资料,不是工程量清单的外延。当图纸与工程量清单所列数量不一致时,以工程量清单所列数量作为报价的依据。

(3) 除非合同另有规定,工程量清单中有标价的单价和合价均已包括为实施和完成合同工程所需的劳务、材料、机械、质检(自检)、安装、缺陷修复、管理、保险、税费、利润等费用,以及合同明示或暗示的所有责任、义务和一般风险。

(4) 工程量清单中投标人没有填入单价或价格的子目,其费用视为已分摊在工程量清单中其他相关子目的单价或价格之中。承包人必须按监理人指令完成工程量清单中未填入单价或价格的子目,但不能得到结算与支付。

(5) 符合合同条款规定的全部费用应认为已被计入有标价的工程量清单所列各子目之中,未列子目不予计量的工作,其费用应视为已分摊在本合同工程的有关子目的单价或总额中。

(6) 未经监理人书面指令,任何工程不得按计日工施工;接到监理人按计日工施工的书面指令,承包人也不得拒绝。

(7) 计日工劳务的工时应从工人到达施工现场,并开始从事指定的工作算起到返回原出发地点为止,扣去用餐和休息的时间。只有直接从事指定的工作,且能胜任该工作的工人才能计工,随同工人一起做工的班长应计算在内,但不包括领工(工长)和其他质检管理人员。单价应包括基本单价及承包人的管理费、税费、利润等所有附加费。

(8) 计日工材料费用按承包人"计日工材料单价表"中所填报的单价计算,该单价应包括基本单价及承包人的管理费、税费、利润等所有附加费。

(9) 计日工施工机械费用按承包人填报的"计日工施工机械单价表"中的租价计算。该租价应包括施工机械的折旧、利息、维修、保养、零配件、油燃料、保险和其他消耗品的费用以及全部关于使用这些机械的管理费、税费、利润和司机与助手的劳务费等。

2. "表格"部分

工程量清单表格按内容不同可分为以下五部分。

(1) 分项工程清单表,包括第100~700章共7章。

第100章总则列出的项目主要是开办项目,即工程施工开工前就要发生或一开工就要发生或大部分发生的项目,如工程保险、临时工程费、承包人驻地建设费等。在工程量清单及技术规范中,这些项目单独列项,大多是按总额结算。第200~700章列出路基、路面、桥梁涵洞工程、隧道工程、安全设施及预埋管线、绿化及环境保护设施等工程量清单,其工程量应根据图纸中的工程量统计和技术规范的规定确定。该工程量是暂估数量,实际支付时按照实际发生的工程量来确定。具体格式见表6-1。

表 6-1 工程量清单表

清单　第100章　总则

子目号	子目名称	单位	数量	单价	合价
101	通则				
101-1	保险费				
-a	按合同条款规定提供建设工程一切险	总额			
-b	按合同条款规定提供第三者责任险	总额			
102	工程管理				
102-1	竣工文件	总额			
102-2	施工环保费	总额			
102-3	安全生产费	总额			
102-4	信息化系统(暂估价)	总额			
103	临时工程与设施				
103-1	临时道路修建、养护与拆除(包括原道路的养护)	总额			
103-2	临时占地	总额			
103-3	临时供电设施架设、维修与拆除	总额			
103-4	电信设施的提供、维修与拆除	总额			
103-5	临时供水与排污设施	总额			
104	承包人驻地建设				
104-1	承包人驻地建设	总额			
105	施工标准化				
⋮					

清单　第100章合计　人民币_____

续表

清单　第200章　路基

子目号	子目名称	单位	数量	单价	合价
202	场地清理				
202-1	清理与掘除				
-a					
-b					
-c					
202-2					
-a					
-b					
-c					
202-3					
⋮					

清单　第200章合计　人民币_____

清单　第300章　路面

子目号	子目名称	单位	数量	单价	合价
302	垫层				
302-1	碎石垫层				
-a	厚……mm	m²			
302-2	砂砾垫层				
-a	厚……mm	m²			
302-3	水泥稳定土垫层				
-a	厚……mm	m²			
302-4	石灰稳定土垫层				
-a	厚……mm	m²			
303	石灰稳定土底基层、基层				
303-1	石灰稳定土底基层	m²			
-a	厚……mm	m³			
303-2	搭板、埋板下石灰稳定土底基层				
-a	厚……mm				
⋮					

清单　第300章合计　人民币_____

(2) 计日工表。

计日工又称按点工,招标文件中一般列有计日工劳务、材料和施工机械单价表和计日工汇总表。计日工适用的一般是指合同约定之外的或者因变更而产生的、工程量清单中没有相应项目的额外工作,尤其是那些时间不允许事先商定价格的额外工作。在工程实施过程中,若出现业主事先未预料的临时性或新增项目而很难估价的零星工作时,可以按照完成零星工作所消耗的人工工时、材料数量、机械台班进行计量和计日工表中填报的适用项目的单价进行计价支付计算,避免开工后可能出现的争端。但以计日工计价的项目必须首先经过监理工程师的同意。计日工清单表见表6-2。

表 6-2　计日工清单表

计日工劳务

编号	子目名称	单位	暂定数量	单价	合价
101	班长	h			
102	普通工	h			
⋮					

劳务小计金额：_____
（计入"计日工汇总表"）

计日工材料

编号	子目名称	单位	暂定数量	单价	合价
201	水泥	t			
202	钢筋	t			
⋮					

材料小计金额：_____
（计入"计日工汇总表"）

计日工施工机械

编号	子目名称	单位	暂定数量	单价	合价
301	装载机				
301-1	1.5m³ 以下	h			
⋮					

施工机械小计金额：_____
（计入"计日工汇总表"）

计日工汇总表

名称	金额	备注
劳务		
材料		
施工机械		

计日工总计：_____
（计入"投标报价汇总表"）

(3) 暂估价表。

暂估价包括材料暂估价表、工程设备暂估价表、专业工程暂估价表，表中列出的项目是必然发生但价格不确定，需要按实际发生费用计算的部分。暂估价项目已经包含在分项工程表中，需要摘列在表 6-3 中。

表 6-3　暂估价表

材料暂估价表

序号	名称	单位	数量	单价	合价	备注

续表

工程设备暂估价表

序号	名称	单位	数量	单价	合价	备注

专业工程暂估价表

序号	专业工程名称	工程内容	金额
		小计：	

（4）投标报价汇总表。

投标报价汇总表见表6-4。

表 6-4　投标报价汇总表

_____（项目名称）_____标段

序 号	章 次	科 目 名 称	金额/元
1	100	总则	
2	200	路基	
3	300	路面	
4	400	桥梁、涵洞	
5	500	隧道	
6	600	安全设施及预埋管线	
7	700	绿化及环境保护设施	
8	第100～700章清单合计		
9	已包含在清单合计中的材料、工程设备、专业工程暂估价合计		
10	清单合计减去材料、工程设备、专业工程暂估价合计（即8－9＝10）		
11	计日工合计		
12	暂列金额（不含计日工总额）		
13	投标报价（8＋11＋12）＝13		

注：材料、工程设备、专业工程暂估价已包括在清单合计中，不应重复计入投标报价。

（5）工程量清单单价分析表。

工程量清单单价分析表见表6-5。

表 6-5　工程量清单单价分析表

序号	编码	子目名称	人工费			材料费						机械使用费	其他	管理费	税费	利润	综合单价
						主材				辅材费	金额						
			工日	单价	金额	主材耗量	单位	单价	主材费								

每一工程细目的单价均有相应的单价分析表,细目表上的单价与分析表应保持一致。

6.2.2 工程量清单项目划分案例

【例 6-1】 拟修建一条二级公路,路线全长 1km,路基宽 12m,其中行车道宽 7m,硬路肩宽 1.75m,土路肩宽 0.75m。底基层采用厚 220mm 水泥稳定碎石(水泥剂量 3.5%),共 12200m^2;基层采用厚 200mm 水泥稳定碎石(水泥剂量 5%),共 11500m^2;面层采用厚 100mm 沥青混凝土,共计 10700m^2,其中上面层用 40mm 厚细粒式沥青混凝土,下面层用 60mm 厚粗粒式沥青混凝土;土路肩土方为 85800m^3;面层间设黏层,基层顶面设透层,试编制该路面工程的工程量清单。

解: 对照《公路工程标准施工招标文件》第五章的工程量清单表格划分模板,本路段主要是针对第 300 章路面工程,工程量清单见表 6-6。

表 6-6 某二级公路工程量清单(路面部分)

清单 第 300 章 路面

子目号	子目名称	单位	数量	单价	合价
304-1	水泥稳定碎石底基层(水泥剂量 3.5%)				
-a	厚 220mm	m^2	12200		
304-2	水泥稳定碎石基层(水泥剂量 5%)				
-a	厚 200mm	m^2	11500		
308-1	透层	m^2	10700		
308-2	黏层	m^2	10700		
309-1	细粒式沥青混凝土				
-a	厚 40mm	m^2	10700		
309-3	粗粒式沥青混凝土				
-a	厚 60mm	m^2	10700		
313-1	土路肩	m^3	85800		
清单 第 300 章合计 人民币 _____					

6.3 标底(招标控制价)计算

标底是发标方按照发包工程对应的工程量清单编制的一种预期价格。标底计算办法常采用定额计算法,计算流程基本与施工图预算的建筑安装工程费计算相同。

6.3.1 标底编制程序

1. 准备工作

(1) 熟悉招标图纸和说明。
(2) 熟悉招标文件内容。
(3) 考察工程现场。
(4) 进行材料价格调查。

掌握当地材料、设备的实际市场价格,砂、石等地方材料的料场价、运距、运费和料源等也应调查收集。

2. 工程量计算

(1) 复核清单工程量:按照图纸和技术规范中的计量支付规定办法核算各分项工程的工程量。

(2) 按定额规定核算工程量:确定各分项工程细目(包括分项施工中的辅助工程)的施工方案,套取所用定额,确定各定额子目的工程量。

3. 确定人工、材料、机械台班单价

根据准备工作中收集到的资料,计算确定人工、材料、机械台班单价。

4. 计算综合费率

综合费率由其他工程费、间接费、利润、税金等组成,要根据招标文件中有关条款和概(预)算编制办法的有关规定确定各项费率。

5. 计算工程项目总金额和单价

按概(预)算编制办法规定,在概(预)算基础上,分析各子目包含的工作内容,对各分项工程进行适当合并、分解等处理,通过分摊、调价最终确定清单各项所列工程项目的总金额。

6. 计算标底总金额

按工程量清单计算各章金额,其中第 100 章总则中的保险费、临时工程费、承包人驻地建设费等按实际计算列入,其余各章按工程量清单中的数量乘前一步骤中得出的单价计算,然后计算工程量清单汇总表,得出标底总金额。

7. 编写标底说明

计算出标底总金额后,应编写标底编制说明。

6.3.2 标底费用计算办法

工程量清单的费用计算主要有两类:一类是总额价计算,另一类是单价计算。工程量清单中总额价细目一般不填工程数量,是包干价,由招投标方按照以往工程经验和政策规定自行计算,工程支付时按规定分阶段付款;工程量清单中单价细目有预估工程量,招投标双方按照工程定额进行计算确定,支付时按照实际完成工程量和清单单价完成支付。常见项目计算办法如表 6-7 所示。

表 6-7 工程量清单计算办法

清单	第 100 章	总则		
子目号	子目名称	单位	工程量计算	工程内容
101	通则			
101-1	保险费			

续表

子目号	子目名称	单位	工程量计算	工程内容
-a	按合同条款规定提供建设工程一切险	总额	1. 承包人按照合同条款约定的保险费率及保费计算方法办理建筑工程一切险,根据保险公司的保单金额以总额为单位计量; 2. 保险期为合同约定的施工期及缺陷责任期; 3. 承包人施工机械设备保险和雇佣人员工伤事故保险费、人身意外伤害险由承包人负担	根据合同条款办理建筑工程一切险
-b	按合同条款规定提供第三者责任险	总额	1. 承包人按照合同约定的保险费率及保费计算方法办理第三方责任险,根据保险公司的保单金额以总额为单位计量; 2. 保险期为合同约定的施工期及缺陷责任期	根据合同条款办理第三者责任险
102	工程管理			
102-1	竣工文件	总额	以总额为单位计算	按《公路工程竣(交)工验收办法实施细则》及合同条款规定进行编制
102-2	施工环保费	总额	以总额为单位计算	按《公路工程标准施工招标文件》102.11小节及合同条款规定落实环境保护
102-3	安全生产费	总额	按投标价的1.5%(若招标人公布了最高投标限价,按最高投标限价的1.5%)以总额为单位计算	按《公路工程标准施工招标文件》102.13小节及合同条款规定落实安全生产
102-4	信息化系统(暂估价)	总额	以暂估价的形式按总额计算	1. 工程信息化系统的配置、维护、备份管理及网络购筑; 2. 系统操作人员培训、劳务
103	临时工程与设施			
103-1	临时道路修建、养护与拆除(包括原道路的养护)	总额	以总额为单位计算	按《公路工程标准施工招标文件》技术规范103.03小节及合同条款规定完成临时道路的修建、养护与拆除
103-2	临时占地	总额	1. 以总额为单位计算; 2. 取、弃土(渣)场的绿化、结构防护及排水在相应章节计量	1. 按《公路工程标准施工招标文件》技术规范103.04小节及合同条款规定办理及使用临时占地,并进行复耕; 2. 临时占地范围包括承包人驻地的办公室、食堂、宿舍、道路和机械设备停放场、材料堆放场地、弃土(渣)场、预制场、拌和场、仓库、进场临时道路、临时便道、便桥等

续表

子目号	子目名称	单位	工程量计算	工程内容
103-3	临时供电设施架设、维修与拆除	总额	以总额为单位计算	按《公路工程标准施工招标文件》技术规范 103.02 小节及合同条款规定完成临时供电设施架设、维护与拆除
103-4	电信设施的提供、维修与拆除	总额	以总额为单位计算	按《公路工程标准施工招标文件》技术规范 103.02 小节及合同条款规定完成电信设施的提供、维护与拆除
103-5	临时供水与排污设施	总额	以总额为单位计算	按《公路工程标准施工招标文件》技术规范 103.02 小节及合同条款规定完成临时供水与排污设施的修建、维修与拆除
104	承包人驻地建设			
104-1	承包人驻地建设	总额	以总额为单位计算	1. 承包人驻地建设包括：施工与管理所需的办公室、住房、工地实验室、车间、工作场地、预制场地、仓库与储料场、拌和场、医疗卫生与消防设施等； 2. 驻地的建设、管理与维护； 3. 工程交工时，按照合同或协议要求将驻地移走、清除、恢复原貌
105	施工标准化			
105-1	施工驻地	总额	以总额为单位计算	按《公路工程标准施工招标文件》技术规范 105 节施工标准化的内容和要求执行
105-2	工地实验室	总额	以总额为单位计算	按《公路工程标准施工招标文件》技术规范 105 节施工标准化的内容和要求执行
105-3	拌和站	总额	以总额为单位计算	按《公路工程标准施工招标文件》技术规范 105 节施工标准化的内容和要求执行
105-4	钢筋加工场	总额	以总额为单位计算	按《公路工程标准施工招标文件》技术规范 105 节施工标准化的内容和要求执行
105-5	预制场	总额	以总额为单位计算	按《公路工程标准施工招标文件》技术规范 105 节施工标准化的内容和要求执行
105-6	仓储存放点	总额	以总额为单位计算	按《公路工程标准施工招标文件》技术规范 105 节施工标准化的内容和要求执行
105-7	各场(厂)区、作业区连接道路及施工主便道	总额	以总额为单位计算	按《公路工程标准施工招标文件》技术规范 105 节施工标准化的内容和要求执行
清单 100 章合计　人民币_____				

注：第 200～700 章的清单计量规则按照《公路工程标准施工招标文件》(2018 版)第 8 章规定计算。

1. 计日工表

计日工表中的项目名称、数量由招标人填写，编制招标控制价时，单价由招标人按有关计价规定确定；投标时，单价由投标人自主报价，计入投标总价中。

一般而言，计日工单价水平一定高于工程量清单的价格水平，其原因在于计日工往往会从事一些突发性的额外工作，缺少计划性，承包人在调动施工生产资源方面难免会影响已经计划好的工作，生产资源的使用效率也有一定的降低，客观上造成超出常规的额外投入。另外，计日工清单往往粗略给出一个暂定的工程量，无法纳入有效的竞争，也是造成计日工单价水平偏高的原因之一。

2. 暂估价表

暂估价包括材料暂估价表、工程设备暂估价表、专业工程暂估价表，表中列出的项目是必然发生但暂时不确定价格的部分，报价时按照甲方给的暂定价格计算，结算时按照合同约定的价格或者按照市场价支付。

3. 投标报价汇总表

按照清单项目划分将各章的报价进行分类汇总合计，得到投标总报价。注：材料、工程设备、专业工程暂估价已包括在清单合计中，不应重复计入投标报价。

4. 工程量清单单价分析表

将前面各章节细目的单价计算过程分析填写在表格中，单价计算表格样式很多，可以用预算编制的 08-2 表格式、03 表格式，还可以是实物分析表格式，如表 6-8 所示。

表 6-8 单价分析表格式

序号	编码	子目名称	人工费			材料费						机械使用费	其他	管理费	税费	利润	综合单价
			工日	单价	金额	主材				辅材费	金额						
						主材耗量	单位	单价	主材费								

6.3.3 标底编制案例

【例 6-2】 以例 6-1 项目的工程量清单为例，计算路面工程量清单对应的标底。

解：(1) 确定施工方案。

水泥稳定碎石底基层、水泥稳定碎石基层均按厂拌法施工，设备采用 100t/h 稳定土拌和站，8t 自卸汽车运输，120kW 平地机摊铺，拌和站距工地平均距离 1km，不计拌和站场地建设。

沥青混凝土路面按厂拌法施工，设备采用 60t/h 沥青混凝土拌和站，平均距离 1km，8t 自卸汽车运输，摊铺机摊铺，不计拌和站场地建设。

土路肩施工按培土路肩方式，具体套取定额见表 6-9。

表 6-9 路面工程标底计算办法示例

项	目	节	细目	名称	单位	工程量	费率号	备注
1				第 100~700 章合计		0.0		
				第 300 章路面		0.0		
	304-1			水泥稳定碎石底基层		0.0		
		-a		厚 220mm	m²	12200.0		
			2-1-7-5,换	厂拌水泥碎石稳定土(3.5%)压实厚度 220mm	1000m²	12.2	07	配合比(32.5级水泥：碎石)=(3.5：96.5)+6×7.0

续表

项目	节	细目	名称	单位	工程量	费率号	备注
		2-1-8-9	20t以内自卸汽车运稳定土第一个1km	1000m³	2.684	03	
		2-1-9-4，换	120kW以内平地机铺筑底基层混合料	1000m²	12.2	07	压机调整：压机×2
		2-1-10-2	稳定土厂拌设备安拆（100t/h以内）	1座	0.466	07	
	304-3		水泥稳定碎石基层		0.0		
		-a	厚200mm	m²	11500.0		
		2-1-7-5，换	厂拌水泥碎石稳定土（5%）压实厚度200mm	1000m²	11.5	07	+6×5.0
		2-1-8-9	20t以内自卸汽车运稳定土第一个1km	1000m³	11.5	03	
		2-1-9-3，换	120kW以内平地机铺筑基层混合料	1000m²	11.5	07	压机调整：压机×2
		2-1-10-2	稳定土厂拌设备安拆（100t/h以内）	1座	0.534	07	
	308-1		透层	m²	10700.0		
		2-2-16-2	乳化沥青粒料基层透层	1000m²	10.7	07	
	308-2		黏层	m²	10700.0		
		2-2-16-6	乳化沥青沥青层黏层	1000m²	10.7	07	
	309-1		细粒式沥青混凝土		0.0		
		-a	厚40mm	m²	107.0		
		2-2-11-16	细粒式沥青混凝土拌和（60t/h以内）	1000m³ 路面实体	0.107	06	
		2-2-13-9	20t以内自卸汽车运沥青混合料第一个1km	1000m³ 路面实体	0.107	03	
		2-2-14-13	机械摊铺粗粒式沥青碎石混合料（60t/h以内）	1000m³ 路面实体	0.107	06	
		2-2-15-2	沥青混合料拌和设备安拆（60t/h以内）	1座	0.5	06	
	309-3		粗粒式沥青混凝土		0.0		
		-a	厚60mm	m²	107.0		
		2-2-11-2	粗粒式沥青混凝土拌和（60t/h以内）	1000m³ 路面实体	0.107	06	
		2-2-13-9	20t以内自卸汽车运沥青混合料第一个1km	1000m³ 路面实体	0.107	03	
		2-2-14-11	机械摊铺粗粒式沥青碎石混合料（60t/h以内）	1000m³ 路面实体	0.107	06	
	313-1		培土路肩	m³	850.0		
		2-3-2-5，换	培路肩厚度500mm	1000m²	1.7	0.7	+6×30.0

(2) 人工、材料、机械单价。

人工、材料、机械单价见表 6-10。

表 6-10 人工、材料、机械预算单价表

序号	名称	单位	代号	预算单价/元	备注	序号	名称	单位	代号	预算单价/元	备注
1	人工	工日	1	53.87		18	其他材料费	元	996	1.00	
2	机械工	工日	2	53.87		19	设备摊销费	元	997	1.00	
3	32.5级水泥	t	832	330.00		20	2.0m³ 轮胎式装载机	台班	1050	864.15	
4	石油沥青	t	851	3850.00		21	3.0m³ 轮胎式装载机	台班	1051	1106.44	
5	乳化沥青	t	853	4200.00		22	120kW 以内平地机	台班	1057	1058.43	
6	重油	kg	861	3.20		23	6~8t 光轮压路机	台班	1075	288.22	
7	汽油	kg	862	6.80		24	12~15t 光轮压路机	台班	1078	482.31	
8	柴油	kg	863	6.50		25	0.6t 手扶振动碾	台班	1083	112.34	
9	电	kW·h	865	0.60		26	300t/h 以内稳定土厂拌设备	台班	1160	999.38	
10	水	m³	866	0.50		27	4000L 以内沥青洒布车	台班	1193	469.80	
11	砂	m³	897	55.00		28	60t/h 以内沥青混合拌和设备	台班	1202	8287.54	
12	矿粉	t	949	125.00		29	1.5m 以内带自动找平沥青混合料摊铺机	台班	1211	1211.21	
13	碎石	m³	958	30.00		30	9~16t 轮胎式压路机	台班	1223	585.97	
14	石屑	m³	961	72.00		31	5t 以内自卸汽车	台班	1383	443.76	
15	路面用碎石(15mm)	m³	965	72.00		32	8t 以内自卸汽车	台班	1385	574.77	
16	路面用碎石(25mm)	m³	966	72.00		33	6000L 以内洒水汽车	台班	1405	591.53	
17	路面用碎石(35mm)	m³	967	70.00		34	定额基价	元	1999	1.00	

(3) 综合费率计算。

其他工程费、间接费综合费率按照《公路基本建设项目概预算编制办法》进行计算,汇总如表 6-11 所示。其中工地转移距离按 5km 计,主副食综合里程按 2km 计入。

表 6-11 其他工程费、间接费综合费率 %

工程类别	其他工程费费率	间接费费率
高级路面(面层)	2.23	35/2.49
其他路面(基层和底基层)	1.93	35/3.915

注:表中间接费费率的数据表达形式为:规费费率/企业管理费费率。

(4) 成本费用计算。

首先按照各分项工程选定的施工方案套用定额,结合单价和费率信息计算各分项工程的综合单价,并按照预估工程量计算合价,计算结果见表 6-12。

表 6-12 路面工程工程量清单标底编制计算

清单　第 300 章　路面

子目号	子目名称	单位	数量	单价/元	合价/元
304-1	水泥稳定碎石基层				
-a	厚 220mm	m²	12200.000	30.31	369782
304-3	水泥稳定碎石基层				
-a	厚 200mm	m²	11500.000	36.83	423545
308-1	透层	m²	10700.000	6.91	73937
308-2	黏层	m²	10700.000	2.31	24717
309-1	细粒式沥青混凝土				
-a	厚 40mm	m²	107.000	2168.98	232081
309-3	粗粒式沥青混凝土				
-a	厚 60mm	m²	107.000	2095.03	224168
313-1	培土路肩	m³	850.000	20.48	17408
	清单　第 300 章　合计　人民币				1365638 元

(5) 标底单价分析计算。

表 6-12 的各分项工程单价计算过程展示见表 6-13~表 6-16。

(6) 路面标底。

按照预算编制办法,路面工程部分对应标底为 1365638 元(表 6-12)。标底还可以根据目前市场竞争激烈程度适当调整标底费用。

项目编号：304-1-a 单位：m² 数量：12200.000 单价：30.31元 摊销费：59952元 标表4-3
项目名称：厚220mm

表6-13 分项工程单价计算分析1

序号	工料机名称	单位	单价/元	工程项目 水泥稳定类 厂拌水泥碎石稳定土（3.5%）压实厚度220mm 1000m² 12.200 2-1-7-5+6×7.0,换			厂拌基层稳定土混合料运输 8t以内自卸汽车运稳定土第一个1km 1000m³ 2.664 2-1-8-9			机械铺筑厂基层稳定土混合料 120kW以内平地机铺筑底基层混合料 1000m² 12.200 2-1-9-1,换			基层稳定土厂拌设备安装、拆除 稳定土厂拌设备安装,拆除(100t/h以内) 1座 0.466 2-1-10-2		
				定额	数量	金额/元	定额	数量	金额/元	定额	数量	金额/元	定额	数量	金额/元
1	人工	工日	83.87	4200	51.240	2760				7.700	93.940	5061	520800	242693	130774
2	19~35mm锯材木中板	m³	1350.00										0.004	0.002	3
3	型钢	t	3700.00										0.016	0.007	28
4	组合钢模板	t	5710.00										0.035	0.016	93
5	铁件	kg	4.40										48000	22368	98
6	32.5级水泥	t	330.00	19.548	238.486	78700							33.167	15.456	5400
7	水	m³	0.50	28.000	341.600	171							176.000	82016	41
8	中(粗)砂	m³	60.00										116230	82016	41
9	片石	m³	34.00										151940	70804	2407
10	碎石(40mm)	m³	30.00	326.629	3984.874	119546									
11	碎石	m³	85.00							9296				138.730	64648	5495
12	块石	m³	1.00										58.300	27.168	27
13	其他材料费	元											1.910	0.890	506
14	0.6m³履带式单斗挖掘机	台班	568.67												
15	3.0m³轮胎式装载机	台班	1104.18	0.690	0.418				9535	0.740	9.028				
16	120kW以内平地机	台班	1056.77						981	0.280	3.416				
17	6~8t光轮压路机	台班	287.09												
18	12~15t光轮压路机	台班	481.18						12797	2.180	26.596				
19	300t/h以内稳定土厂拌设备	台班	994.86	0.380	4.636	4612									

第1页 共23页

项目编号：304-1-a
项目名称：厚220mm
单位：m²　　数量：12200.000　　单价：30.31元　　摊销费：59952元

表6-14　分项工程单价计算分析2　　　　　　　　　　　　　　　标表4-3

序号	工料机名称	单位	单价/元	工程项目											
				水泥稳定类								基层稳定土厂拌设备安拆、拆除			
				厂拌水泥碎石稳定土（3.5%）压实厚度220mm			厂拌基层稳定土混合料运输 8t以内自卸汽车运土第一个1km			机械铺筑底基层稳定土混合料 120kW以内平地机铺筑底基层稳定土混合料			稳定土厂拌设备安拆（100t/h以内）		
	定额单位			1000m²			1000m³			1000m²			1座		
	工程数量			12.200			2.664			12.200			0.466		
	定额表号			2-1-7-5+6×7.0,换			2-1-8-9			2-1-9-1,换			2-1-10-2		
				定额	数量	金额/元	定额	数量	定额/元	定额	数量	金额/元	定额	数量	金额/元
20	250L以内强制式混凝土搅拌机	台班	104.09	1.6443	20.0505	2006.05									
21	8t以内自卸汽车	台班	573.64				10.790	29.960	16613						
22	15t以内平板拖车组	台班	621.15										1.620	0.755	1498
23	6000L以内洒水汽车	台班	590.40							0.310	3.782	2233			
24	12t以内汽车式起重机	台班	794.71										0.750	0.350	278
25	20t汽车式起重机	台班	1156.24										9.150	4264	4930
26	40t汽车式起重机	台班	2174.21										9.150	4264	9271
27	小型机具使用费	元	1.00										194300	90544	91
28	其他机械使用费	元	1.00			5248.000			14086			26584	95295.000	44407.000	44407
	定额基价	元				16443.000			5140			2179.000			
	其他材料费	元													
	其他机械使用费	元													

续表

序号	工程项目	水泥稳定类		厂拌基层稳定土混合料运输		机械铺筑厂基层稳定土混合料		基层稳定土厂拌设备安装、拆除	
	工程细目	厂拌水泥碎石稳定土(3.5%)压实厚度220mm		8t以内自卸汽车运稳定土第一个1km		120kW以内平地机铺筑底基层混合料		稳定土厂拌设备安拆(100t/h以内)	
	定额单位	1000m²		1000m³		1000m²		1座	
	工程数量	12.200		2.664		12.200		0.466	
	定额表号	2-1-7-5+6×7.0.1换		2-1-8-9		2-1-9-1,换		2-1-10-2	
	工料机名称 单位 单价/元	定额	金额/元	定额	数量	定额	金额/元	定额	金额/元
	其他工程费Ⅰ 元	1930	4151	86	0.520	1.930	591	1.930	909
	其他工程费Ⅱ 元								
	间接费 规费 元	35000	966	35.000	2.080	35.000	1771	35.000	4576
	间接费 企业管理费 元	3915	8583	347	7.000	3.915	1221	3.915	1879
	利润 元	7.000	159.47	1193	3.480	7.000	2269	7.000	3491
	税金 元	3.480	8517	635		3.490	1269	3.480	2016
	合计 元		2532.49		18875		37728		59952
	单位单价 元		207.58		7032		3092		128652
	每平方米单价 元		20.76		1.55		3.09		4.91

第 2 页 共 23 页

表 6-15　分项工程单价计算分析 3

项目编号：304-1-a
项目名称：厚 220mm　　单位：m²　　数量：12200.000　　单价：30.31 元　　摊消费：59952 元　　标表 4-3

序号	工程项目										
	工程细目										合计
	定额单位										
	工程数量										
	定额表号										
	工料机名称	单位	单价/元	定额	数量	金额/元	定额	数量	定额	数量	金额/元	数量	金额/元
1	人工	工日	53.87									387.873	20895
2	19～35mm 锯材木中板	m³	1350.00									0.002	3
3	型钢	t	3700.00									0.007	28
4	混合钢模板	t	5710.00									0.016	93
5	铁件	kg	4.40									22.360	98
6	32.5 级水泥	t	330.00									253.941	83801
7	水	m³	0.50									423.616	212
8	中(粗)砂	m³	60.00									54.163	3250
9	片石	m³	34.00									70.804	2407
10	碎石(40mm)	m³	55.00									14.977	824
11	碎石	m³	30.00									3984.874	119546
12	块石	m³	85.00									64.648	5495
13	其他材料费	元	1.00									27.168	27
14	0.6m³ 履带式单斗挖掘机	台班	568.67									0.890	506
15	3.0m³ 轮胎式装载机	台班	1104.18									8.418	9295
16	120kW 以内平地机	台班	1056.17									9.028	9535
17	6～8t 光轮压路机	台班	287.09									3.416	981
18	12～15t 光轮压路机	台班	481.18									26.596	12797
19	300t/h 以内稳定土厂拌设备	台班	994.86									4.636	4612
20	250L 以内强制式混凝土搅拌机	台班	104.09									0.755	79

注：合计金额精确至个位。

表 6-16 分项工程单价计算分析 4

项目编号：304-1-a
项目名称：厚 220mm　单位：m²　数量：12200.000　单价：30.31 元　摊消费：59952 元　标表 4-3

序号	工料机名称	单位	单价/元	定额	数量	金额/元	定额	数量	金额/元	定额	数量	金额/元	数量	金额/元
	工程项目												合计	
	工程细目													
	定额单位													
	工程数量													
	定额表号													
21	8t 以内自卸汽车	台班	573.64										28.960	16613
22	15t 以内平板拖车组	台班	621.15										2.395	1488
23	6000L 以内洒水汽车	台班	590.40										3.782	2233
24	12t 以内汽车式起重机	台班	794.71										0.350	278
25	20t 汽车式起重机	台班	1156.24										4.264	4930
26	40t 汽车式起重机	台班	2174.21										4.264	9271
27	小型机具使用费	元	1.00										90.544	91
28	定额基价	元	1.00										28568.2000	28568
	其他材料费	元												
	其他机械使用费	元												
	其他工程费 / 其他工程费Ⅰ	元												5737
	其他工程费 / 其他工程费Ⅱ	元												
	间接费 / 规费	元												7313
	间接费 / 企业管理费	元												12031
	利润	元												22901
	税金	元												12436
	合计	元												398369
	单位单价	元												159535
	每平方米单价	元												30.31

6.4 报价计算

6.4.1 报价编制的步骤

一个项目的投标报价包括直接成本、利润和税金、风险费用三部分。编制报价时应科学合理,使其既具有竞争力又有利可图。

目前报价编制办法多采用综合单价计算。计算步骤与 6.3 节标底相似,但与标底编制不同的是:标底计算是按照国家规定的定额、取费标准、技术标准和规范等编制并报送有关部门审核批准后的工程价格,是评标时衡量报价是否合理的标准或参考值;报价则是企业根据自身实际水平采用企业内部定额进行计算,不需要建设主管部门审批,且为增强报价竞争力,可以灵活调整报价。报价编制的流程如图 6-4 所示。

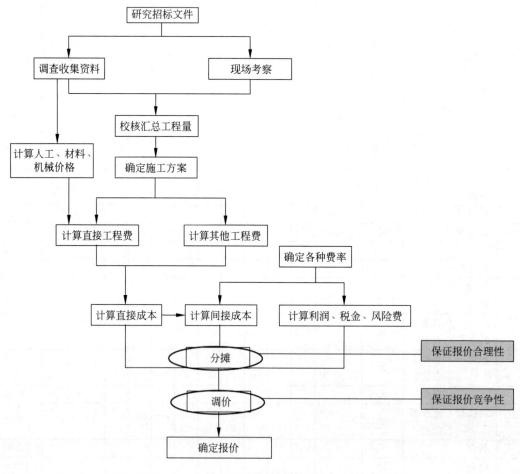

图 6-4 报价编制流程

6.4.2 报价策略和技巧

投标人获取项目关键是需要一个有竞争性的报价,报价数字是由直接成本和摊销费用组合而成的。分摊费用是在估算成本中加上一笔用于公司管理费、风险费和利润的金额。由于建设市场风险和市场条件的影响,摊销费用计算水平和幅度通常差异较大,因此,报价的确定需要有一定的策略与技巧。

1. 报价策略

报价策略是投标单位在激烈竞争环境下,为了企业的生存与发展而可能使用的对策,报价策略运用是否得当,对投标单位能否中标并获得利润影响很大,常用的投标策略大致有如下几种。

(1) 赢利策略,即在报价中以较大的利润为投标目标的策略。这种投标策略通常在建筑市场任务多,投标单位对该项目拥有技术上的垄断优势,竞争对手少或近期施工任务比较饱和时才予以采用。

(2) 微利保本策略,即在施工成本、利税及风险费几项费用中,降低利润目标,甚至不考虑利润。这种投标策略通常在企业工程任务不饱满,建筑市场供不应求,竞争对手强以及业主按最低报价确定标底时可采用。

(3) 低价亏损策略,即在报价中不仅不考虑企业利润,相反考虑一定的亏损后提出的报价策略。

(4) 冒险投标策略,即在报价中不考虑风险费用,这是一种冒险行为,如果风险不发生,即意味着承包商的报价成功;如果风险发生,则意味着承包商要承担极大的风险损失。这种报价策略同样只在市场竞争激烈,承包商急于寻找施工任务或着眼于打入该建筑市场甚至独占该建筑市场时才予以采用。

2. 报价技巧

(1) 不平衡报价法。具体表现形式如下。

① 先期开工的项目(如开工费、土方、基础等)的单价报价高,后期开工的项目(如高速公路的路面、交通设施、绿化等附属设施)的单价报价低。

② 估计到以后将可能增加工程量的项目的单价报价高,将工程量可能降低的项目的单价报价低。

对单价合同来说,在进行结算支付时,其结算价等于实际完成工程量乘以合同的单价,即合同单价不能变更,因此用这种技巧使承包商获得更多收益。

③ 图纸不明确或有错误的,估计今后会修改的项目的单价报价高,估计今后会取消的项目的单价报价低。

④ 没有工程量,只填单价的项目如土方超运其单价报价高,这样既不影响投标总价,又有利于多获利润。

⑤ 对暂定金额项目,分析让承包商做的可能性大时,其单价报价高,反之,报价低。

⑥ 对于允许价格调整的工程,当利率低于物价上涨时,则后期施工的工程细目的单价报价高,反之,报价低。

(2) 扩大标价法:对于工程中没有把握的分项工程报价时,应在正常计价基础上扩大计入,通过增加费用减少不可预见的风险。

(3) 多方案报价法:对于有经验的投标人,在招标文件允许的情况下,依据设计方案提出改进方案,在原方案的正常报价基础上降低报价,增加中标机会,但改进方案不能降低工程的技术标准和要求。

(4) 开口升级报价法:投标人通过招标文件的不确定条件进行最低报价,赢取与招标方协商的机会,在商谈中利用不确定条件进行升级加价,增大盈利水平的报价方法。

(5) 突然降价法:投标方首先按照正常水平报价,迷惑竞争对手,在投标截止日前突然递交投标补充文件,完成降价,让对手措手不及,从而赢取项目的方法。

3. 报价编制示例

【例 6-3】 以例 6-1 工程量清单为例,编制该路面工程部分的清单报价。

(1) 确定工程量清单细目的施工方案,同例 6-2。

(2) 调查市场人工、材料、机械单价信息,同例 6-2。

(3) 综合费率计算:报价中采用的费率可以根据企业实际水平确定。

(4) 分摊:对于那些不能作为第 100 章总则费用单列的项目,且其涉及两个及以上清单编号项目,需要按不同的分摊方式直接摊入各分项单价中的费用,如沥青混凝土拌和站(楼)安拆费用,可进行分摊操作,分摊既能正确计入费用,又不过多增加清单细目,造成废标。例如,沥青混凝土拌和站安拆就是采用分摊计价。分摊步骤如图 6-5 所示。

图 6-5 路面面层项目的沥青拌和站安拆

(5) 合价与调价。汇总投标报价后,企业可以根据目前市场竞争激烈程度适当调整报价费用。如表 6-12 中的"培土路肩"项目,表中对于培土路肩施工综合单价是 20.48 元/m^3,根据自身需要对企业内部标价分析,进行合理调整,用户可以采用"正向调价"或"反向调价"两种调价方式调整。正向调价是将费用计算时的消耗量、单价等要素给定一个系数进行总价调整,反向调价是通过给定一个目标值(综合单价或者合价)反算调整量的系数。如将培土路肩单价按要求调为 20 元/m^3,试求反向调价人工、机械消耗量,调整前后的单价分析表如表 6-17、表 6-18 所示。

表 6-17 调价前单价分析表

项目编号：313-1
项目名称：培土路肩　　　单位：m³　　数量：850.000　　单价：20.48元　　摊消费：　　元　　标表 4-3

序号	工料机名称	单位	单价/元	定额	数量	金额/元	定额	数量	定额	数量	金额/元	合计 数量	合计 金额/元
	工程项目			挖路槽、培路肩、修筑泄水槽									
	工程细目			培路肩厚度50cm									
	定额单位			1000m²									
	工程数量			1.700									
	定额表号			2-3-3-5＋6×30.0									
1	人工	工日	53.87	105.400	179.180	96.52						179.180	9652
2	0.6t 手扶式振动碾	台班	111.2	11.700	19.890	2212						19.890	2212
3	定额基价	元	1.00	6737.000	10841.000	10841						10841.000	10841
	其他材料费	元											
	其他机械使用费	元											
其他工程费	其他工程费Ⅰ	元		1.930		2.29							229
	其他工程费Ⅱ	元											
间接费	规费	元		35.000		3378							3378
	企业管理费	元		3.915		3378							473
	利润	元		7.000		880							880
	税金	元		3.480		586							586
	合计	元				17410							17410
	单位单价	元				10241							10241
	每立方米单价	元				20.48							20.48

第1页　第1页

表 6-18 调价后单价分析表

项目编号：313-1

项目名称：培土路肩　　单位：m³　　数量：850.000　　单价：20.48元　　摊消费：　　元　　标表4-3

序号	工料机名称		单位	单价/元	定额	数量	金额/元	定额	数量	金额/元	定额	数量	金额/元	合计 数量	合计 金额/元
	工程项目			挖路槽、培路肩、修筑泄水槽											
	工程细目			培路肩厚度50cm											
	定额单位			1000m²											
	工程数量			1.700											
	定额表号			2-3-3-5＋6×30.0											
1	人工		工日	53.87	102.930	174.980	9426							179.980	9426
2	0.6t手扶式振动碾		台班	111.2	11.426	19.424	2160							19.424	2160
3	定额基价		元	1.00	6227.000	10586.000	10586							10586.000	10586
	其他材料费		元												
	其他机械使用费		元												
	其他工程费	其他工程费Ⅰ	元		1.930		224								224
		其他工程费Ⅱ	元												
	间接费	规费	元		35.000		3299								3299
		企业管理费	元		3.915		462								462
	利润		元		7.000		859								859
	税金		元		3.480		572								572
	合计		元				17002								17002
	单位单价		元				10001								10001
	每立方米单价		元				20.00								20.00

第1页　第1页

（6）投标报价汇总表。

调整后的投标报价汇总见表6-19。

表 6-19 投标报价汇总表

合同段：1　　　　　　　　　　　　　　　　　　　　　　　　　　　　　　　　　标表 1

序号	章次	科目名称	金额/元
1	300	路面	1365230
2		第 100～700 章合计	1365230
3		已包含在清单合计中的材料、工程设备、专业工程暂估价合计	
4		清单合计减去材料、工程设备、专业工程暂估价合计	1365230
5		计日工合计	
6		暂列金额（不含计日工总额）	
7		投标报价	1365230

清单　　第 1 页　　共 1 页

调价前投标报价为 1365638 元，调整土路肩项目单价后，投标报价为 1365230 元。

本章习题

简答题

（1）投标报价的报表组成部分有哪些？
（2）投标文件的单价和施工图预算的建筑安装工程费单价有何异同？
（3）投标报价的调价策略有哪些？
（4）投标报价中为什么会有分摊项目？
（5）简述公路工程招投标阶段标底和报价的编制方法。
（6）讨论清单拟定和定额套用中可能存在的实际问题。

第 7 章 公路工程造价管理系统软件应用

任务目标

1. 熟悉造价软件的菜单界面；
2. 掌握造价软件的施工图预算编制流程；
3. 掌握造价软件定额套用、调整的操作方法。

公路工程造价的手工计算是一项非常烦琐的工作，为了提高造价编制效率，目前公路建设市场推出了诸多专业造价计算软件，本章主要以某公路工程造价管理系统为例介绍软件在编制公路工程概预算中的应用。

7.1 项目管理界面操作

7.1.1 创建建设项目

在项目管理窗口空白处，单击鼠标右键，选择"新建"→"建设项目"，如图 7-1 所示。或者：在项目管理界面菜单栏，选择"项目管理"→"新建项目"，如图 7-2 所示。

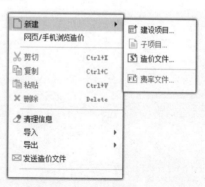

图 7-1 创建建设项目

在弹出的新建建设项目对话框中,输入"工程项目名称",选择"工程所在地""建设性质""工程阶段""编制类型"(注:编制类型的选择决定项目级报表的输出样式)及"编制时间",然后单击"确认",即完成创建建设项目,如图 7-3 所示。

图 7-2 新建项目

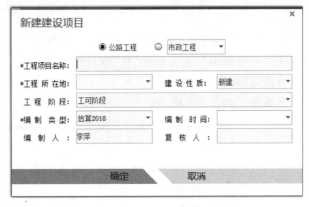

图 7-3 新建建设项目

编辑建设项目信息:建设项目建好后,选中新建的建设项目,双击项目编号、项目名称处可以修改该建设项目的"编号"和"工程名称",或者直接在右侧的"基本信息"窗口修改项目信息。

7.1.2 创建子项目

选中新建的建设项目右击,选择"新建"→"子项目"。子项目可根据实际需要创建,或是省略上述操作直接在建设项目下创建造价文件。

7.1.3 创建造价文件

新建造价文件有 3 种方式。

(1)在项目管理界面单击鼠标右键(简称右击),选择"新建"→"造价文件",如图 7-4 所示。

(2)选择"项目管理"→"新建造价文件",如图 7-5 所示。

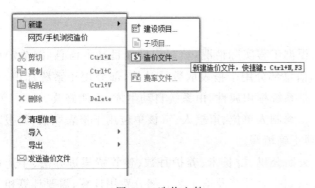

图 7-4 造价文件

图 7-5 新建造价文件

(3) 在工具栏里直接单击快捷键,新建造价文件。

注 如未选中任何建设项目或子项目节点,直接创建造价文件时,系统会自动创建一个与造价文件同名的建设项目节点,因为所有造价文件节点都必须是某个建设项目或子项目的子节点。

在弹出窗口中,输入"文件名称",选择"起止桩号""工程所在地""建设性质""工程阶段""编制时间""计价依据""主定额库"和"项目模板"等信息,单击确定。

"计价依据"即用来计价的标准依据,包括:取费程序、费率标准、项目模板、定额库、工料机库、报表等。如图7-6所示。

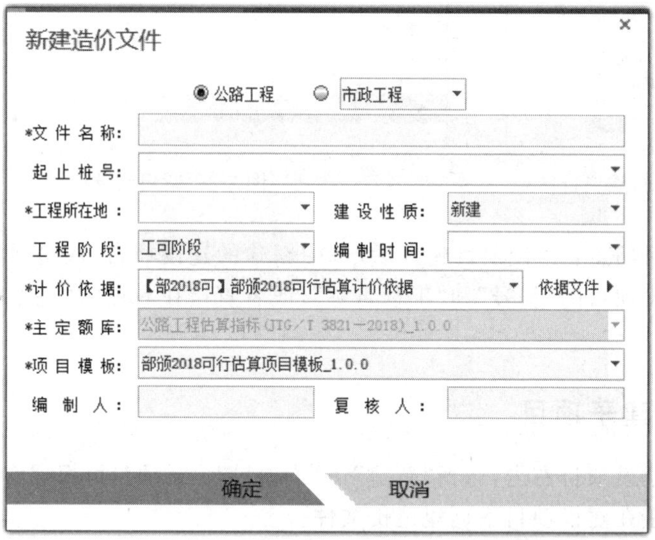

图7-6 新建造价文件内容

注 造价文件创建好后,计价依据不能再更改,因此在选择计价依据时必须考虑所编制造价文件类型的正确性。

7.1.4 填写项目信息

1. 基本信息

新建完建设项目和造价文件后,根据工程实际情况,填写建设项目基本信息(图7-7)以及造价文件基本信息(图7-8)。基本信息部分用于报表取数及计算,部分用于系统标识,如造价文件基本信息中的"计价依据",是系统标识属性,由系统自动生成,不能修改。

造价文件名称、起止桩号、编制人、编制人单位、审核人、审核单位用于报表取数,如报表表头、表尾需要输出这些数据时,必须正确填写。

工程类别、公路等级、大桥等级、公路公里、桥长米、养护月数、建管费累进办法、年造价上涨率、上涨计费年限等基本属性关系到报表计算及第1、2、3部分费用计算,需要计算相关费用时,也必须填写后,才能正确计算及输出正确报表数据。

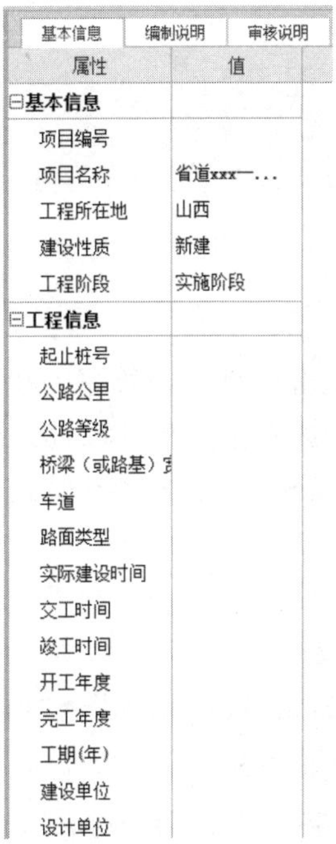

图 7-7　建设项目基本信息 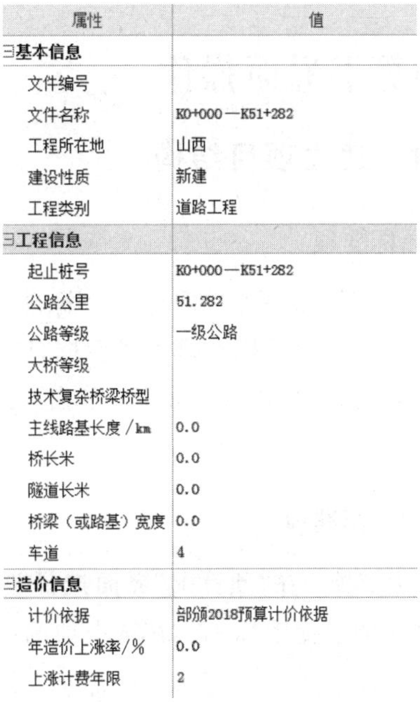　　　　图 7-8　造价文件内容填写

2. 填写编制说明

在项目管理右边界面"编制说明"窗口，可以输入项目"编制说明"或"编制说明（审核后）"，在该处输入的数据，会在"项目报表"的"编制说明"表以及"预算书报表"的"编制说明"表中输出。可根据需要选择打印其中一张编制说明表，如图 7-9 所示。

3. 填写审核意见

在项目管理右边界面"审核说明"窗口，已经默认分为四项内容填写，可视实际情况填写及删减。该处输入的数据会在审核状态的"项目审核表"→"审核表一"中输出，如图 7-10 所示。

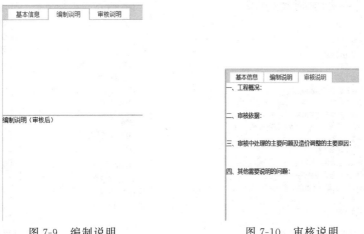

图 7-9　编制说明　　　　图 7-10　审核说明

7.2 预算书界面操作

7.2.1 建立项目结构

1. 选择标准项

在"预算书"界面,右击"选择"→"标准项"或者直接单击停靠在预算书右侧的"标准模板"按钮,系统弹出选择标准模板对话框,选择节点后,双击或右击选择"添加选中"即可添加单条记录。在复选框中勾选多条,单击"添加选中",可以一次选择多条记录,如图 7-11 所示。

2. 增加非标准项

(1)增加前项:在"预算书"界面选择要增加的位置,右击选择"增加"→"前项"或直接单击工具栏中的快捷图标 ，在选中项的前面增加一个非标准项。

(2)增加后项:选择"增加"→"后项"或直接单击工具栏中的快捷图标 ，在选中项的后面增加一个非标准项。

(3)增加子分项:选择"增加"→"子项"或直接单击工具栏中的快捷图标 ，在选中项的子节点增加一个非标准项。

子项下面是可以再增加计算项的,但计算项下面不能再增加任何对象,如图 7-12 所示。

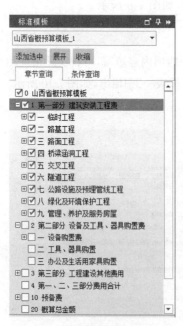

图 7-11 选择标准项

图 7-12 增加非标准项

> **技巧提示**：定额同级项是项目结构中的最低层次，它的下面不能再增加任何项目结构，它的定位跟定额同级，即"定额同级项"（相当于 WCOST 的数量单价类/列式计算类计算项）和"定额"属于同类项、平级项，定额同级项下不能再套定额。定额同级项的主要作用如下。

(1) 定额同级的数量单价类。在"预算书"界面右击选择"增加"→"定额同级项"，输入"编号""名称""单位""工程量"，然后根据判断选择在"人工单价"或"材料单价"或"机械单价"列中输入相应的单价。系统默认设置的取费类别为"不取费"，该项中不需要计算的费用可直接在"预算书"窗口下的"取费程序"中勾选"不计"。

(2) 定额同级的计算公式类。在"预算书"界面右击选择"增加"→"定额同级项"，输入"编号""名称""单位"，双击"计算公式"栏可以直接输入公式；或者单击 按钮，在弹出的"取费基数编辑对话框"中编辑公式。

7.2.2 选套定额

1. 定额库中选择

在"预算书"界面单击需要套取定额的位置，单击鼠标右键，在右键菜单单击"选择"→"定额"，或者直接单击停靠在预算书右侧或下侧的"定额库"按钮，则系统弹出定额库窗口（图 7-13）。从"定额"的下拉框中选择需要的定额库（注：系统默认的定额库是创建造价文件时选择的主定额库），然后再查找所需套用的定额子目，双击选入或者右击选择"添加选中行"来套取定额。例如，查询定额名称中有"水泥"字样的定额，如图 7-14 所示。

图 7-13　定额库窗口 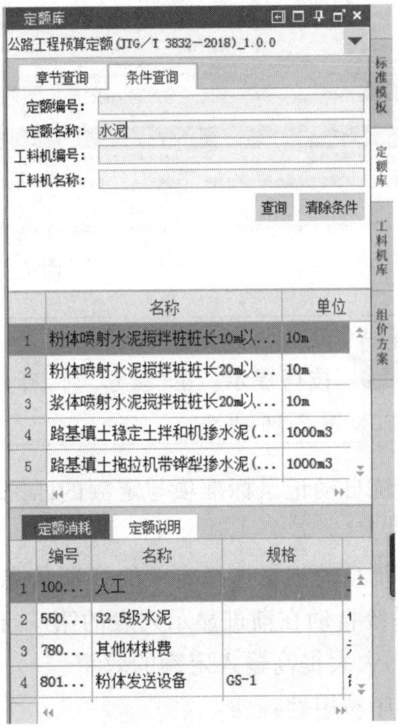　　　　图 7-14　章节查询

> **技巧提示**：系统增加了定额查询功能，用户可按定额编号或名称来查询所需的定额，查询后的数据显示在查询结果框中，可双击选入或右击选择"添加选中行"来选取定额。

2. 渐进式选择定额

在"预算书"界面单击需要套取定额的位置，单击鼠标右键，在菜单中单击"增加"→"定额"或直接单击工具栏中的快捷图标，也可以使用 Ctrl＋N 或者 F3 快捷键来新增一条空定额记录，在"编号"栏直接输入定额编号，WECOST8.2.0 版本起新增加渐进式定额筛选提示功能，以下拉列表形式显示包含输入字符的所有定额，并支持两种定额套用方式（如 1-1-1-1 和 10101001），使得定额选套更加灵活快速；也可单击该空记录"编号"右侧的 按钮，进入定额库中选套定额，如图 7-15 所示。

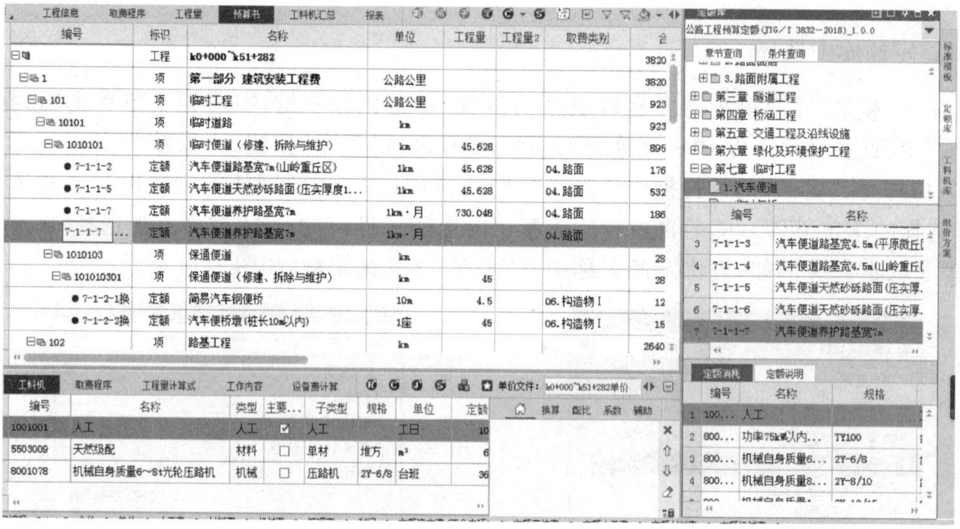

图 7-15 渐进式选择定额

> **技巧提示**：在"编号"列，可通过输入定额名称模糊查找，渐进显示包含该名称的定额，如图 7-16 所示。

系统自动记录标准项与定额的匹配次数，将匹配次数较多的定额按顺序排在渐进显示列表中。

系统自动记忆选择定额的章项信息，当用户选择了 1-1-1-1（10101001）定额后，只要输入 2，系统自动在渐进显示列表的第一行显示 1-1-1-2（10101002）定额，用户确定即可快速选入定额，大大提高输入定额的效率。

程序易用性：
使用 Ctrl＋N 或者 F3。

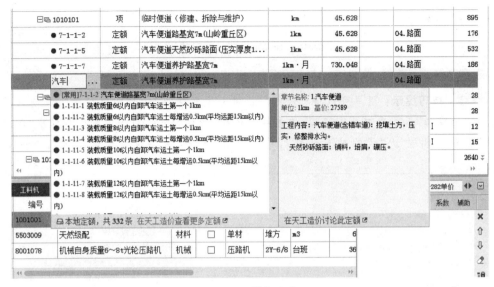

图 7-16　模糊查找

在项目管理界面增加造价文件。
在预算书表格界面增加定额。
在预算书人材机界面增加材料。
在预算书工程量计算式界面增加计算式。
使用 Ctrl＋Shift＋N 或者 F4，在预算书界面增加定额同级项。

3. 添加补充定额

如果在编制造价文件时，所需项目定额在交通运输部发布的定额库中查不到，系统还提供了编制补充定额的功能。在"预算书"界面单击需要套取定额的位置，单击鼠标右键，在右键菜单单击"增加"→"定额"或直接单击工具栏中的快捷图标，新增一条空记录，在定额编号中录入新编号，系统会自动提示并在新增补充定额编号前加"LB"作为补充的标识，用户需输入补充定额的名称、工程量，选择单位，然后在"预算书"下的"人材机"窗口选择、增加补充定额的人材机消耗。如图 7-17 系统提示、图 7-18 补充定额编号前加"LB"、图 7-19 选择、增加人材机消耗。

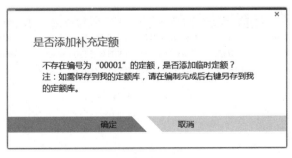

图 7-17　系统提示

图 7-18 补充定额编号前加"LB"

> **技巧提示**：用户可以将已经编好的补充定额保存至"我的定额库"，方便以后调用。在"预算书"界面选中补充定额，单击右键选择"保存到"→"我的定额库"，弹出"我的定额库"界面，选中左边"我的补充定额"，单击右键，选择"保存定额到该章节"，如图 7-20 所示。

图 7-19 选择、增加人材机消耗

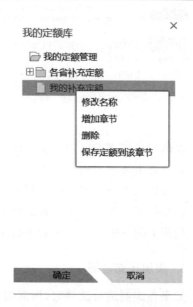

图 7-20 保存定额到该章节

4. 定额标识

系统会在非主定额库的定额编号前加上定额库的简称进行标识。当借用其他计价包下的定额时，系统会在这些定额编号前加"借[简称]"。例如，施工图预算借用公路工程 2008 概算定额时，如图 7-21 所示。

☰ LJ0201	项	挖土方	m³	167349
● 借[部2018概]1-1-10-7	定额	装载质量12t以内自卸汽车运土第一个1km	1000m³天然…	0.5795
● 借[部2018概]1-1-11-6	定额	功率135kW以内推土机推普通土第一个40m	1000m³天然…	0.5795
● 借[部2018概]1-1-13-5	定额	斗容10m³以内拖式铲运机铲松土第一个250m	1000m³天然…	0.5795

图 7-21 定额标识

5. 确定取费类别

系统根据施工划分为每一条定额设置了"取费类别"，因此在选套定额后，用户可不再选择"取费类别"。如果认为系统设置的取费类别跟实际情况不符，可直接以数字键选择相应

"取费类别",也可以在下拉列表中选择。如图7-22所示。

7.2.3 选套工料机

在"预算书"界面需要增加的位置,单击右键"选择"→"工料机",或者直接单击停靠在预算书右侧的"工料机库"按钮,出现工料机对话框,从"工料机"的下拉列表中选择需要的工料机库,然后在窗口下侧选中所需添加的工料机,双击或单击鼠标右键选择"添加选中行",将工料机添加到预算书中,如图7-23所示。

图 7-22 确定取费类别

如需新增补充的工料机,可在"预算书"界面单击需要增加的位置,单击右键,在右键菜单选择"增加"→"人工""材料""机械",输入新增工料机的"编号""名称""工程量""单价",选择"单位""取费类别"等信息。确认回车后,系统自动增加下一条工料机,如图7-24所示。

图 7-23 选择工料机

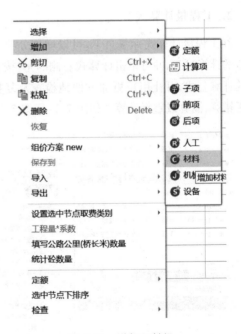

图 7-24 增加工料机

> **技巧提示**：系统可使用编号或名称来查询所需的工料机，查询后的数据显示在下方的查询窗口中，可双击或单击鼠标右键选择"添加选中行"，将选中工料机添加到预算书中。例如，查询材料名称中包含"水泥"字样的材料，如图 7-25 所示。

7.2.4 填写工程量

1. 工程量填写设置

系统默认子节点自动继承父节点工程量。当修改上级节点工程量时，跟父节点工程量相同的下级节点工程量也跟着自动改变，不相同的不变。

如不需要自动继承工程量功能，可在主菜单选择"工具"→"系统参数设置"，把"是否自动填写工程量"的值设置为"否"。

系统默认以自然单位处理工程量，即输入定额子目的工程量会自动除以定额单位系数。例如，用户需按定额单位处理工程量时，可在主菜单选择"工具"→"工程量输入方式"，在下拉列表中，把"自然单位"改为"定额单位"。

2. 工程量计算式

在工程量计算式标签页下，可以增加分项及定额工程量的计算过程，并可单击计算式右侧的 按钮查询相应的计算公式，可让用户更加方便地检查及复核工程量是否错算、漏算或重复计算。如图 7-26 和图 7-27 所示。

图 7-25 添加选中行

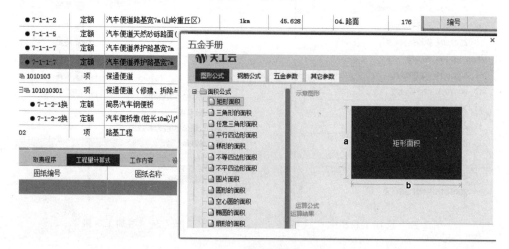

图 7-26 查询运算公式

工程名称：演示数据　　　　　　　　　　　　　编制日期：2019年08月02日

序号	定额编号	分部分项工程名称	单位	数量	计算公式 说明	计算式
	101	临时工程	公路公里	0.950		0.65+0.3
1	10101	临时道路	km	0.950		0.95
(1)	1010101	临时便道（修建、拆除与维护）	km	0.950		0.95
[1]	7-1-1-6换	汽车便道天然砂砾路面（压实厚度15cm）路面宽4.5m	1km	0.950		0.95
[2]	7-1-1-8	汽车便道养护路基宽4.5m	1km·月	7.600		0.95×8
[3]	2-2-4-3换	机械摊铺天然砂砾路面（压实厚度20cm）	1000m²	2.930		2930
2	10104	临时供电设施	km	1.000		1
(1)	7-1-5-1换	架设输电线路	100m	10.000		1000
3	10106	临时轨道铺设	km	0.750		0.75
(1)	7-1-4-3	轨道铺设在路基上钢轨重32kg/m	100m	3.500		350
(2)	7-1-4-4	轨道铺设在桥面上钢轨重32kg/m	100m	4.000		400
	102	路基工程	km	1.772		1.772
1	LJ01	场地清理	km	1.772		1.772
(1)	LJ0101	清理与掘除	km	1.772		1.772
[1]	LJ010101	清除表土	m³	15763.080		52543.6×0.3
[1.1]	1-1-1-12	135kW以内推土机清除表土	100m³	157.631		52543.6×0.3
[1.2]	1-1-10-3	斗容量3m³以内装载机装土方	1000m³天然密实方	15.763		52543.6×0.3
[1.3]	1-1-11-7	装载质量12t以内自卸汽车运土第一个1km	1000m³天然密实方	15.763		52543.6×0.3
[2]	LJ010102	伐树、挖根	棵	1560.000		790+532+160+78
[2.1]	1-1-1-1	人工伐树（直径10cm以上）及挖根	10棵	23.800		160+78
[2.2]	1-1-1-4	人工砍挖稀灌木林（直径10cm以下）	1000m²	7.980		5620+2360
2	LJ02	路基挖方	m³	7128.300		7128.3
(1)	LJ0201	挖土方	m³	7128.300		7128.3
[1]	LJ020101	挖路基土方	m³	7128.300		7128.3

图 7-27　检查和复核工程量

7.3　定额调整

在"预算书"界面，单击需要调整的定额，系统在靠右下方窗口里设置"标准换算（BZ）""混合料配比（PB）""子目系数（XS）""辅助定额（FZ）"等定额调整窗口，用户可根据工程实际情况对需要调整的定额进行调整，所有的定额调整信息会记录在"调整列表"里。

7.3.1　标准换算

在定额调整信息视窗中，单击"BZ"按钮，系统会列出该定额常用到的换算。例如，砂浆、混凝土强度等级、厚度和运距的综合调整等。

用户只需在调整的复选框中打钩，并根据工程具体情况输入相关参数后，系统会自动调整消耗量和定额名称，如图 7-28 所示。

在标准换算窗口中，有些定额的调整选项里，会带有"　　　　　　　　"按钮，单击此按钮，可弹出"参数编辑"对话框，在对话框中可编辑计算公式，单击"确定"后，系统自动计算，如图 7-29 所示。

7.3.2　混合料配合比调整

在"预算书"界面，选中需进行混合料配合比调整的定额，单击"PB"按钮，直接在"调整

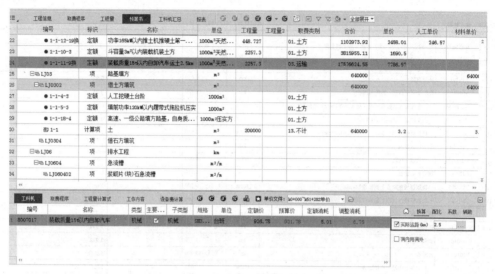

图 7-28 自动调整信息

图 7-29 参数编辑

为"一栏中输入目标比例。输入第一个材料的配合比后,系统会根据比例之和"100%"自动计算并生成第二个材料的配合比,同时自动修改定额名称,如图 7-30 所示。

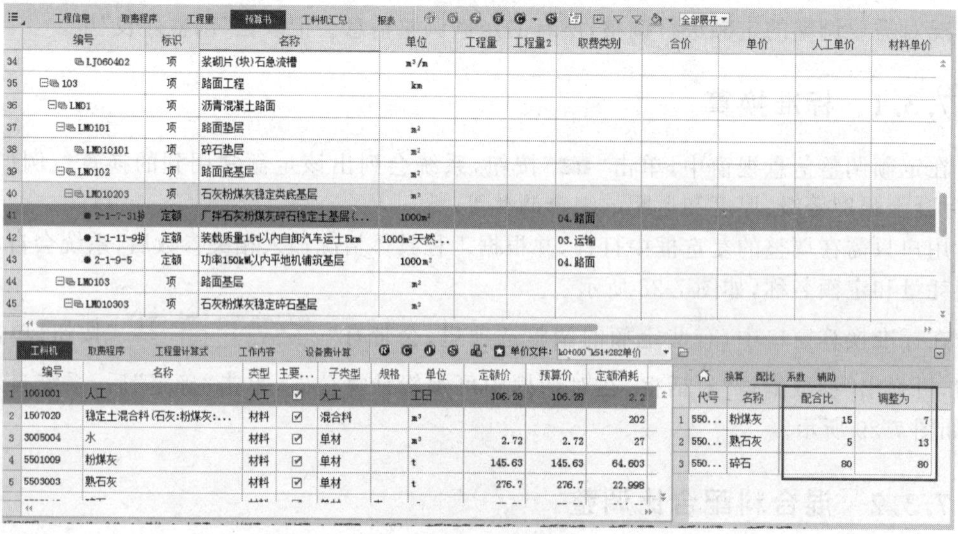

图 7-30 配合比调整

7.3.3 子目系数调整

在"预算书"界面,选择需要乘系数的定额,在定额调整信息窗口中单击"**XS**"按钮,根据调整需要,在"人工系数""材料系数""机械系数"调整框里输入对应系数后回车,系统自动计算消耗量并显示调整信息。例如,若要对定额中所有的工料机消耗乘以相同系数,则只要在"单价系数"框里填系数后回车即可。不调整时"子目系数"全部默认为1,如图 7-31 所示。

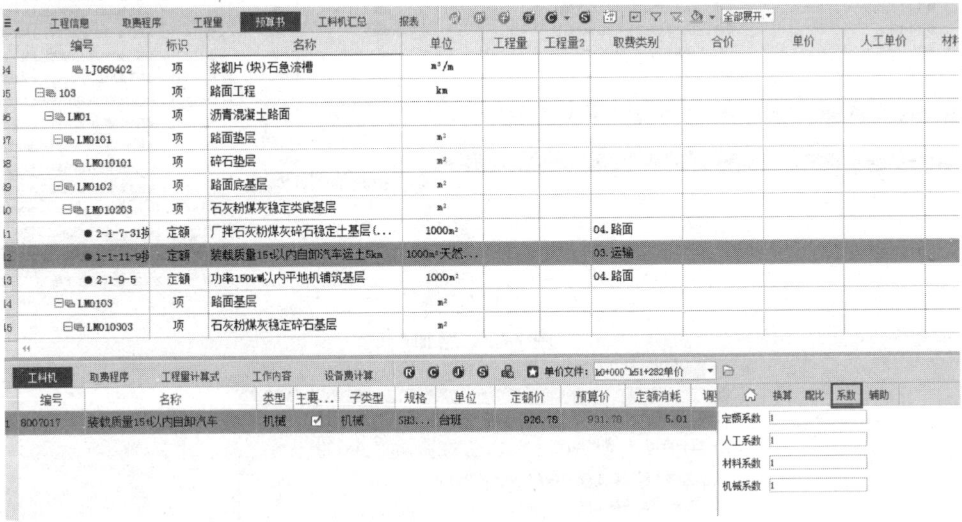

图 7-31　子目系数调整

7.3.4 辅助定额调整

辅助定额调整是对主定额的标准量进行增减。

在"预算书"界面,选中需要进行调整的定额,单击"**FZ**"按钮,然后在调整信息框空白处单击鼠标右键选择"增加"(图 7-32),则弹出选择定额对话框,找到对应的辅助定额后,双击或单击鼠标右键选择"添加选中行"(图 7-33),辅助定额被添加到调整信息窗口,填写调整系数即可。

如 2018 新版公路定额中,2-1-8-21 为 15t 以内自卸汽车装载第一个 1km,现在实际运距为 2km。调整方法如下:选择辅助定额 2-1-8-22 为 15t 以内自卸汽车装载每增运 0.5km(5km 以内),调整系数输入 2,回车确认完成辅助定额调整。如图 7-34 所示。

注　如果已在"标准换算"中进行了辅助定额调整,则此处不必再调整。

7.3.5 调整工料机

在"工料机"界面中,单击工具按钮 🅡/🅖/🅙/🔳,可以选择"增加"→"选择工料机"或单击鼠标右键,在右键菜单中选择"删除"/"工料机替换",同时还可以将新增的补充工料机"保存到我的工料机库",如图 7-35 所示。

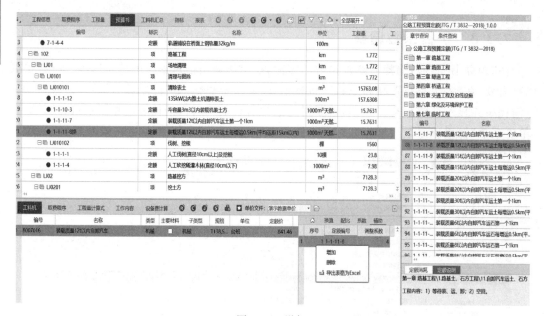

图 7-32 增加

图 7-33 添加选中行

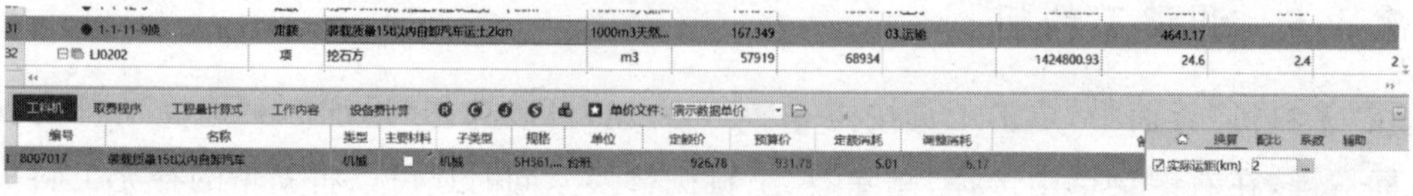

图 7-34 辅助定额调整

图 7-35 工料机替换

1. 工料机的增加、选择、删除及替换

（1）增加：单击工具按钮 ![]/![]/![]，直接输入新增工料机的"编号"（注：新增补充工料机的编号须不同于部颁标准工料机编号）"名称""预算价""调整消耗"；或者单击新增行"编号"栏中的"![]"按钮，在弹出的工料机库中选择所需工料机，如图 7-36 所示。

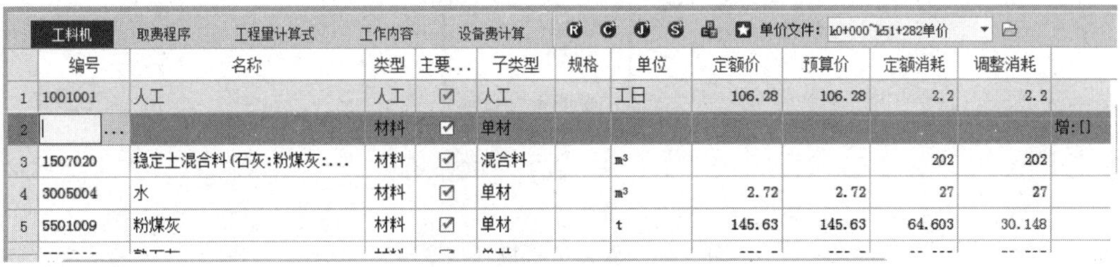

图 7-36 增加

（2）选择：单击工具栏"选择人材机"按钮![]，弹出工料机库，双击或单击鼠标右键"添加选中行"，选择所需工料机。

（3）删除：选中某条工料机，单击鼠标右键选择"删除"即可。

（4）替换：选中某条工料机，单击鼠标右键选择"工料机替换"，从弹出的工料机库中选择工料机，双击或单击鼠标右键选择"添加选中行"即可替换当前工料机。

2. 保存工料机

选中某条工料机，单击鼠标右键选择"保存到我的工料机库"（图 7-37），弹出用户工料机库对话框，选择某章节，双击或单击鼠标右键选择"保存工料机到该章节"即可。如图 7-38 所示。

3. 按编号排序

在"工料机"窗口，单击鼠标右键选择"按编号排序"，系统会自动按编号的升序排列（图 7-39）；再次选择"按编号排序"，系统按编号降序进行排列（图 7-40）。

4. 工料机上移、下移

上移、下移：可根据用户需要移动工料机的排序位置。

图 7-37 保存到我的工料机库

图 7-38 保存工料机到该章节

	编号	名称	类型	主要材料	子类型	规格	单位	定额价	预算价	定额
1	1001001	人工	人工	☑	人工		工日	106.28	45.45	
2	1507007	稳定土混合料(水泥:碎石土4:96)	材料	☑	混合料		m³			
3	3005004	水	材料	☑	单材		m³	2.72	1.96	
4	5501005	碎石土	材料	☑	单材	天然堆方	m³	31.55	31.55	
5	5509001	32.5级水泥	材料	☑	单材		t	307.69	307.69	
6	8001049	斗容量3.0m³轮胎式装载机	机械	☑	机械	ZL50	台班	1249.79	1254.41	
7	8003011	生产能力300t/h以内稳定土厂拌设备	机械	☑	机械	WBC-...	台班	1301.08	1493.49	

图 7-39 按编号升序排序

	编号	名称	类型	主要材料	子类型	规格	单位	定额价	预算价	定额
1	8003011	生产能力300t/h以内稳定土厂拌设备	机械	☑	机械	WBC-...	台班	1301.08	1493.49	
2	8001049	斗容量3.0m³轮胎式装载机	机械	☑	机械	ZL50	台班	1249.79	1254.41	
3	5509001	32.5级水泥	材料	☑	单材		t	307.69	307.69	
4	5501005	碎石土	材料	☑	单材	天然堆方	m³	31.55	31.55	
5	3005004	水	材料	☑	单材		m³	2.72	1.96	
6	1507007	稳定土混合料(水泥:碎石土4:96)	材料	☑	混合料		m³			
7	1001001	人工	人工	☑	人工		工日	106.28	45.45	

图 7-40 按编号降序排序

7.3.6 查看调整列表及批量调整定额

在"预算书"窗口选中某条定额,在定额调整信息框中切换到"调整列表"窗口(单击"⌂"按钮),可以查看该定额的所有调整信息。

系统还提供批量调整定额的功能,以便对有相同调整的定额进行快速、批量的调整。

在调整列表中选中一条调整信息,单击鼠标右键选择"应用到"(图7-41),弹出"批量设置定额调整"对话框,勾选要进行相同调整的定额,单击"确定",即可完成定额的批量调整(图7-42)。

图 7-41 查看调整列表

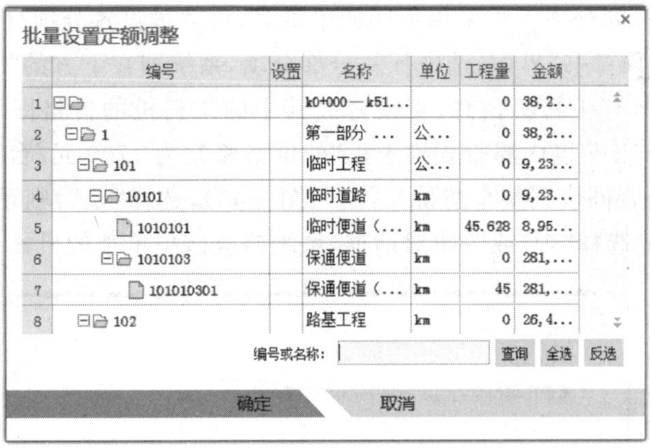

图 7-42 定额批量调整

注 "全选"→选中全部记录;"反选"→选择与现有状态相反的记录。

批量调整功能适用于标准换算、配合比调整、乘系数调整、消耗量调整。

7.3.7 撤销定额调整

1. 撤销定额单项调整

在调整列表窗口选中某条调整记录,单击"✕"按钮即可撤销该项定额调整,如图7-43所示。

2. 撤销单个定额调整

在调整列表窗口,单击"⌀"按钮,清空该定额的所有调整记录,定额恢复初始值。

3. 撤销多项定额调整

在"预算书"界面,按"Ctrl"或"Shift"选中要撤销调整的定额,单击鼠标右键选择"定额"→"取消选中定额调整",即可撤销所选择定额的所有调整。

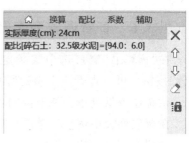

图 7-43 撤销定额调整

4. 撤销所有定额调整

在"预算书"界面,单击鼠标右键选择"定额"→"取消所有定额调整",即可撤销该造价文件中所有定额的定额调整。

7.4 预算书高级操作

7.4.1 分项工料机及取费

1. 分部分项工料机价格调整

当个别材料在不同分项下需采用不同的单价时,可通过设置分项材料单价来实现。

方法如下:在"预算书"界面,选中任一分部分项,系统即在下方的"工料机"窗口中汇总出该分部分项下的所有工料机信息,直接修改其中的工料机的价格即可。选中土方项,在"工料机"窗口将"165kW 以内履带式推土机"的价格修改为 1700 元/台班,系统弹出对话框询问"修改市场价是否同步到整个造价文件?"(图 7-44),选择"是",则系统修改整个预算书的同机械台班价格;选择"否"或关闭对话框,系统修改该项单独的机械台班价格。

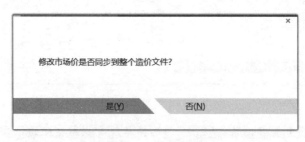

图 7-44 价格调整

在分部分项项目下修改工料机价格后,仅影响其下所有的子节点。

如在挖土方下将机械台班价格修改为 1700 元/台班,则路基下所有的定额机械台班全部改为 1700 元/台班。

如在定额节点处修改单价,则只影响该条定额的工料机单价。

第7章 公路工程造价管理系统软件应用

2. 分部分项下单价文件

当较多的材料在不同的分项下需采用不同的单价时,为便于独立管理维护,可建立分项单价文件。

方法如下:在项目管理中先新建单价文件,然后在"预算书"界面选中任意分部分项或定额,在"预算书"→"工料机"界面的工具栏,单击单价文件后面的下拉按钮 单价文件: 广州平南高速公路工... 可以选择切换分项单价文件,此时该分项下所使用的工料机会自动汇总至分项单价文件中,再进行编辑计算即可,如图7-45所示。

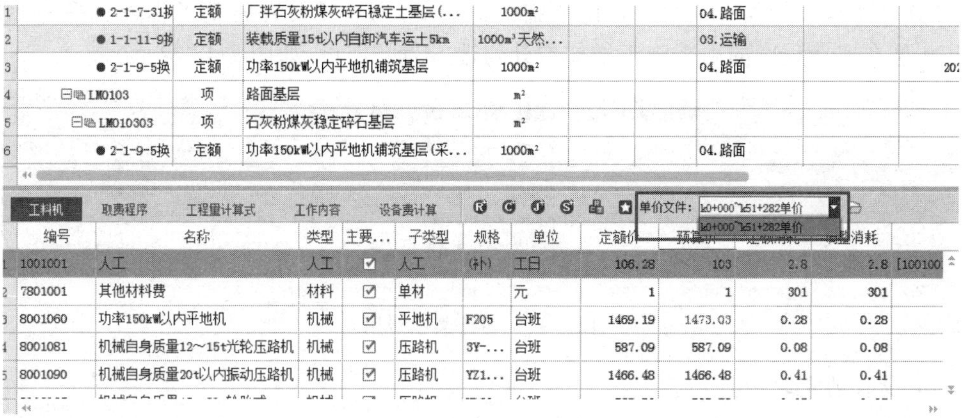

图 7-45 建立分项单价文件

> **技巧提示**:当某个建设项目下已建有单价文件时,该项目下的造价文件才能直接以下拉框的形式选用单价文件;如单价文件存在磁盘中,则可以导入造价文件 单价文件: 广州平南高速公路工... 。在分项下导入的单价文件,会同时体现在建设项目下,如图7-46所示。

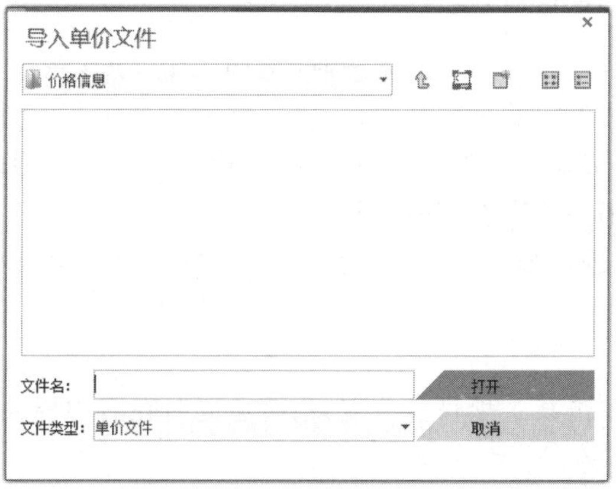

图 7-46 导入单价文件

3. 分项取费设置及调整

在"预算书"界面,选择分项项目下的任意节点,并且切换至"取费程序"后,可看到该节点的取费情况。

(1) 不计某项费用。

当某一分部分项下的定额或子项的某项费用不需要计算时,只需要在"预算书"中选中该分部分项,任意选择一个取费类别,然后在下面的"取费程序"处,直接勾选"不计"即可。系统会将"不计"设置到该项下的所有子节点上,向下应用时不检查取费类别是否相同,只要编号相同就修改为不计。

如路基工程下的所有项目不计雨季施工增加费,则只需要在路基工程处选择一个取费类别,并且在取费程序的雨季施工增加费处勾选"不计"即可,如图7-47所示。

费用代号	费用项目	计算说明	金额	不计	计
29	YBF	医疗保险费	人工费(含机械工)×医疗保险费率	373912.73	☐	(RGF+JXG)*sp_fl_yb
30	GSF	工伤保险费	人工费(含机械工)×工伤保险费率	43478.23	☐	(RGF+JXG)*sp_fl_gs
31	ZFF	住房公积金	人工费(含机械工)×住房保险费率	434782.24	☐	(RGF+JXG)*sp_fl_zf
32	LR	利润	(定额直接费+措施费+企管费)×利润费率	2155739.64	☑	(DEZJ+QGF+CSF)*sp_fl_
33	SJ	税金	(直接费+设备购置费+措施费+企业管理费+规费+…)	2957943.57	☐	(ZJF+SBGZF+CSF+QGF+GF

图 7-47 不计某项费用

(2) 设置独立取费。

当某些分部分项项目需要采用特殊取费或者更改计价规则时,用户可对该分部分项设置独立取费,以满足其特殊取费需求。

在"预算书"界面下的"取费程序"窗口处,单击"设为独立取费",系统会将"设为独立取费"设置到该项下所有取费类别相同的子节点,向下应用时系统检查取费类别是否相同。如果相同,则设为独立取费,否则不更改设置。

设置了独立取费后,可以对计价规则、项目属性、费率值进行修改。

7.4.2 使用预算书导航

当预算书界面中,分部分项与定额太多时(例如大于1000条),整个预算书界面就会很长,难以检查或校验预算书中的定额是否选错、工程量是否计算正确等。

预算书导航将预算书界面分为左右两部分,左边导航界面只显示预算书中的项目节内容,右边界面显示预算书中的项目节内容和定额。

在左边的导航界面进行操作时,右边的界面显示的内容会相应发生变化。

1. 单击定位

在预算书导航中,单击某个项目节节点,系统会同时在右边界面定位该项目节。导航可使得查找更方便,如图7-48所示。

2. 双击过滤

在预算书导航中,双击某个项目节节点,系统会同时在右边界面中屏蔽其他项目节信

第7章 公路工程造价管理系统软件应用

图 7-48 单击定位

息,只显示该项目节及其子节点信息,如图 7-49 所示。

图 7-49 双击过滤

7.4.3 使用查找及书签功能

1. 查找功能

当预算书中数据较多,需要快速查找定位某数据时,可以使用 Ctrl+F 查找功能,在弹出的对话框中输入需要查询的数据,单击查找即可逐项定位查找数据(图 7-50)。

2. 书签功能

WECOST8.2.3 版本新增"书签管理"功能,可以将选中的预算书节点记录为书签,进行管理,同时可以通过已有的书签快速定位到预算书相应节点。

例如,进行造价文件复核时,可以记录存储复核完的节点,供下次复核时快速查找定位,以便于继续复核。

3. 添加书签

在"预算书"工具栏,单击"书签管理"图标 📖,系统弹出书签管理对话框且将当前节点名称默认为书签名称,用户可修改书签名称,并单击"添加(A)"按钮,添加书签,如图 7-51 所示。

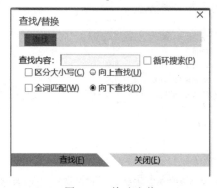

图 7-50　快速查找

图 7-51　书签功能

4. 定位书签

用户双击一条书签,或者选中一条书签单击"定位(L)"按钮,即可快速定位到预算书相应位置。

5. 管理书签

系统默认按书签在预算书中的位置对书签进行排序,用户亦可选择按书签名称进行排序。

单击"删除(D)"按钮可删除书签。

7.5　预算书数据交换

预算书的数据交换,主要介绍"块导入""块导出""Excel 块导入""Excel 块导出"和"Excel 块复制粘贴"。

其中"块导入""块导出"有一个很好的用途,就是用于分工协作。经常编制清单预算的人都知道,清单预算任务往往是时间紧、工作量巨大,需要多人同时进行。由于标段之间可以复用的部分相当多,因此如果参与这个工作的人能各自先负责一部分的编制,比如 A 做路基工程,B做路面工程,C做桥梁工作(或者其中的一些桥)……最后,将这些部分组合在一起,就可以大大提高效率。

1. 块导出

块导出时,可以选择只导出定额块,也可以选择有树形结构的项目节和定额。

可以导出项目节或定额的编号、名称、单位、数量、代号、备注等信息,而不导出所有的价格信息。

例如,选中一条或者多条定额,如图 7-52 所示,右键选择"导出"→"块导出",则被导出仅有这 4 条定额信息,进行保存(图 7-53)。

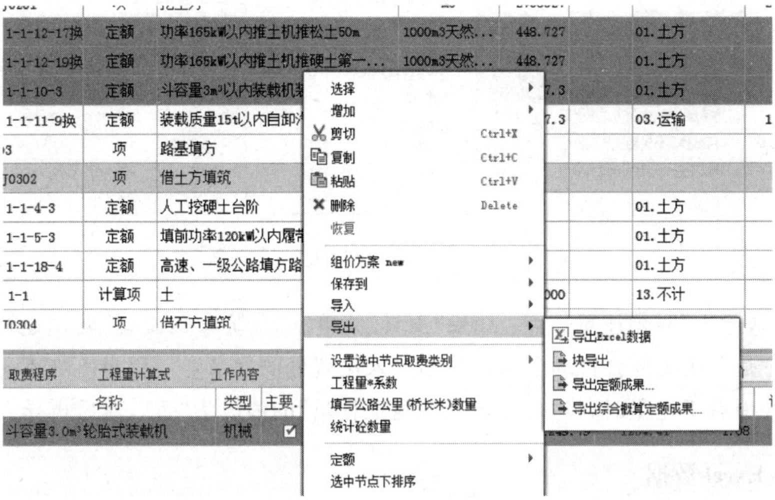

图 7-52 块导出

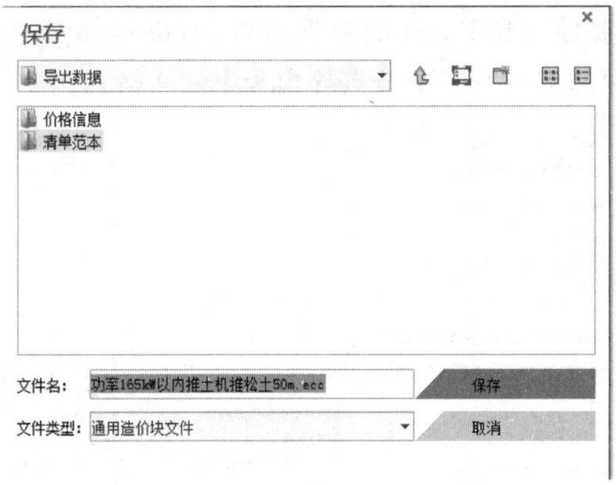

图 7-53 保存

2. 块导入

在预算书中选中块文件需要导入的位置,右键选择"导入"→"块导入",在系统弹出的路径选择对话框中,选择需要导入的块文件,确定后,块文件即可导入到该位置,如图 7-54 所示。

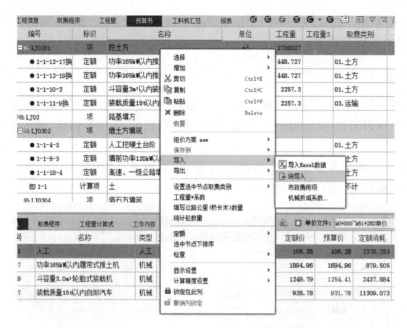

图 7-54　块导入

在使用"块导入"时须注意一点:如果"工具"菜单→"系统参数设置"处,"是否自动填写工程量"的值为"是",块文件会自动继承预算书导入位置处的父节点工程量。如不想继承工程量而保持块文件原有工程量时,将"是否自动填写工程量"的值改为"否",然后再导入块文件。

3. 导出 Excel 数据

该功能为 WECOST8.2.3 版本新增功能,该功能加强了软件与 Excel 的数据交换。使其与 Excel 的交互更方便,增加了数据交换的便捷性。

在预算书中选中需要导出到 Excel 的数据节点,右键选择"导出"→"导出 Excel 数据"(图 7-55),系统会将选中的节点及其子节点导出为 Excel 格式。

图 7-55　导出 Excel 数据

4. 导入 Excel 数据

在预算书中选中 Excel 块文件需要导入的位置，右键选择"导入"→"导入 Excel 数据"（图 7-56），即可将 Excel 块的内容导入选中节点下。

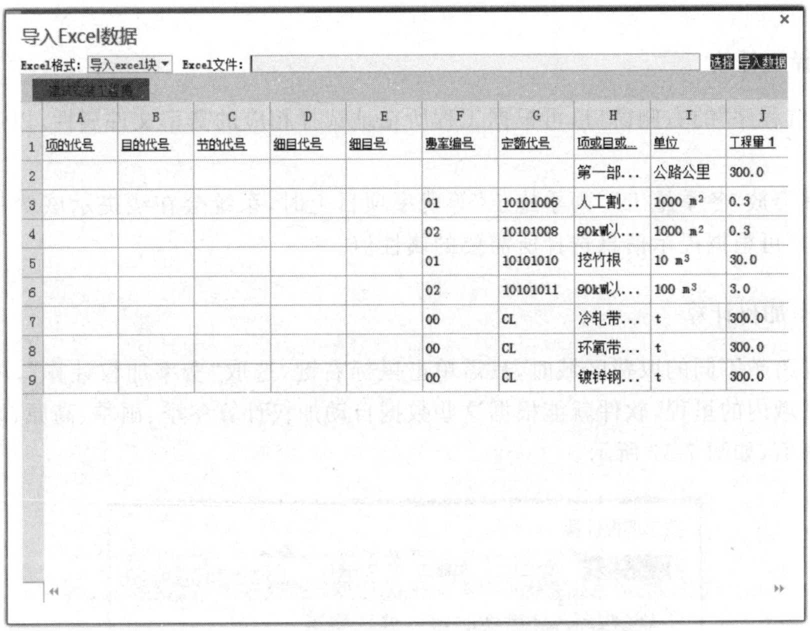

图 7-56　导入 Excel 数据

5. Excel 块复制粘贴

在进行 Excel 块复制、粘贴操作时，必须选中所有需要复制粘贴的行。

例如，在预算书中，右键选择"复制"或进行 Ctrl＋C 操作，系统只复制选中行节点信息。如要复制选中行节点及其子节点信息时，需将这些行节点全部选中，再进行右键选择"复制"或进行 Ctrl＋C 操作。

同理，在 Excel 中进行复制时，也要选中所有需复制的行节点，再进行右键选择"复制"或进行 Ctrl＋C 操作。

在预算书和 Excel 中，用右键选择"复制"和"粘贴"操作或者 Ctrl＋C 和 Ctrl＋V 操作，可以将预算书中复制 08-1 表格式的内容（有树形结构信息）粘贴到 Excel 中，也可以在 Excel 中复制信息粘贴到预算书中，这是个可逆过程。

在预算书中的 Ctrl＋Shift＋C 操作和在 Excel 中的 Ctrl＋V 操作，可以将预算书中复制预算书界面格式的表格信息（无树形结构信息）粘贴到 Excel 中，该过程不可逆。

> **技巧提示**："Excel 块导入、导出"以及"Excel 块复制粘贴"功能，与项目管理界面的"Excel 预算书导入、导出"功能是部分数据与整体数据的关系，导出到 Excel 的项目节及定额格式都相同。只是项目管理界面的"Excel 预算书导入、导出"功能导出的内容更完整，包括整个预算书的内容和文件属性内容。

7.6 确定费率及属性

7.6.1 设置费率参数

1. 选择属性值

在"取费程序"的右侧窗口,可根据工程所在地选择相应的费率文件属性,以此来确定费率值。

把光标停放"冬季施工""雨季施工"等费率项目上时,系统会在线提示该费率属性的详细信息,用户可根据提示信息选择所需要的属性值。

2. 费率加权计算

当工程跨越不同的取费区域时,只需单击鼠标右键,选取"费率加权计算",填写项目在不同取费区域内的里程,软件就能根据这些数据自动加权计算冬季、雨季、高原、风沙等费率项目的费率值,如图7-57所示。

图 7-57　费率加权计算

设置好费率属性后,可在"取费程序"靠左上方的窗口查看设置好的取费费率,如图7-58所示。系统中所有的费率项设置的费率值均可在此窗口查看,包括利润,税金,冬季、雨季、夜间增工率等。

7.6.2 修改费率值

1. 直接修改

在"取费程序"界面,字体为蓝色的费率值可以直接输入修改,对于与费率属性不对应的费率值、可手动修改的费率值,系统会用红色字体标识,表示该费率值与系统内置标准值不同。

第7章 公路工程造价管理系统软件应用 187

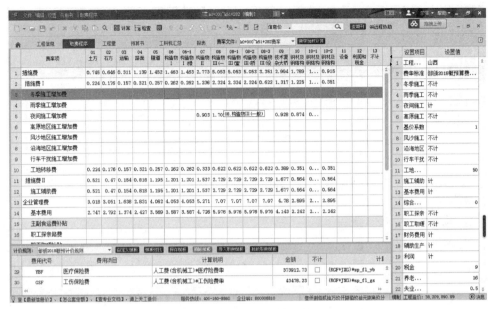

图 7-58 设置取费费率

2. 费率乘系数

如需要进行费率乘系数的操作，则先要自定义取费模板，然后在靠"取费程序"左下方窗口选择需要乘系数的"费率项"，单击鼠标右键，选择"费率乘系数"，在弹出的输入窗口输入系数并单击"确定"，该费率项的费率值会自动乘系数调整。

3. 恢复默认值

如需恢复系统默认设置值，则在右键菜单中选择"恢复默认费率值"即可。

7.7 修改工料机价格

工料机分析是对单位工程造价基础数据的分析，是计算各类费用的基础。在完成"预算书"窗口的操作后，切换进入"工料机汇总"窗口，系统会自动汇总当前单位工程的工料机，包括工料机编号、名称、单位、消耗量及单价信息，并可按人工、材料、机械分类显示，如图7-59所示。

7.7.1 手工输入价格

在"工料机汇总"界面，手工逐条输入材料预算价格。

7.7.2 批量导入价格信息

在"工料机汇总"界面，单击鼠标右键选择"导入刷价"→"导入 Excel 文件"，选择后缀名为"xls"或"prices"的工料机价格信息文件，单击"打开"，导入成功后系统会提示"导入材料

图 7-59 修改工料机价格

价格文件完毕",此时系统内与导入文件中编号、名称、单位相同的工料机价格将被批量刷新。工料机价格导入的 Excel 格式如图 7-60 所示。

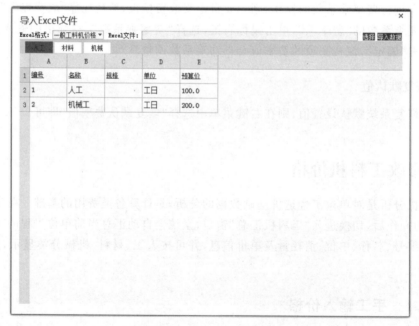

图 7-60 导入 Excel 文件

价格信息导入成功后,系统会将被批量刷新价格的工料机所对应的"检查"打钩,表示该项材料价格已被检查刷新。

7.7.3 使用其他单价文件

1. 切换单价文件

在工料机汇总界面的工具栏处,如建设项目下有多个单价文件存在,在单价文件的下拉列表中可切换单价文件,如图 7-61 所示。

图 7-61 切换单价文件

当从造价文件自带单价文件切换到其他单价文件时,如该单价文件发生过修改,系统会弹出对话框询问是否保存单价文件,选择"是(Y)"则保存单价文件,选择"否(N)"时系统不保存该单价文件,如图 7-62 所示。

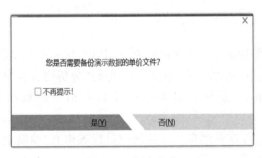

图 7-62 保存文件

> **技巧提示**:当用户切换内部单价文件或导入单价文件时,可通过菜单"设置"→"选项"对话框中的"内部单价文件变化后,切换时的提示框选项"对弹出对话框及备份等操作进行设置。

可根据用户的使用习惯设置内部单价文件切换时,系统进行怎样的提示和操作。包括以下几种选择:①根据提示对话框进行操作(默认),②不提示直接备份且导入,③不提示只备份不导入,④不提示只导入不备份,⑤不提示且什么也不做。

2. 导入单价文件

单击工具栏的 📂 图标,可以导入单价文件,导入的单价文件会自动导入建设项目下,以便在单价文件下拉列表中显示,方便单价文件的关联选用,如图7-63所示。

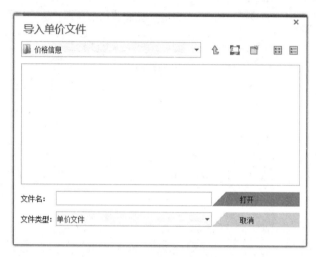

图7-63　导入单价文件

注　关联单价文件→项目管理界面的单价文件,如果被几个造价文件同时关联引用,则当打开该单价文件进行价格修改时,所有关联造价文件的工料机单价全部修改。该功能可实现一个项目下多个标段的单价文件一改全改、一审全审。

7.8　打印导出

系统报表包括"预算书报表"和"项目报表"。其中,报表类型又分为"编制报表"和"审核报表"。审核报表需要在审核状态下才能看到。进行"分析与计算"后切换到报表窗口,在窗口左侧报表树中选中报表,系统会自动生成并显示相应的数据报表。预算书报表,如图7-64所示。

在"项目报表"界面,可以看到窗口左侧的项目报表树有"编制报表"和"审核报表",用户可根据需要汇总输出,如图7-65所示。

注　项目报表汇总规则是:只汇总编号不为0的同计价依据造价文件。

如果有多个造价文件参与项目汇总,需确认建设项目文件的"编制类型"和下属所有造价文件的"计价依据"是否对应。例如,某建设项目文件的"编制类型"选择的是"施工图预算",那其所属造价文件的"计价依据"必须为"预算计价依据",这样才能保证正常输出相应的汇总报表。

表A.0.2-3　总预算汇总表

建设项目名称：省道×××一级公路　　　编制时间：2019-08-31　　　第1页　共1页　　01-1表

分项编号	工程或费用名称	单位	总数量	k0+000—k51+282					总金额/元	全路段技术经济折标	各项费用比例/%
				数额	金额/元	技术经济折标	数额	金额/元	技术经济折标		
1	第一部分　建筑安装工程费	公路公里			38209891					38209890.89		100.00
101	临时工程	公路公里			9238288					9238288.26		24.18
102	路基工程	km			26408601					28408601.38		69.11
103	路面工程	km										
107	交通工程及沿线设施	公路公里			817098					817095.55		2.14
110	专项费用	无			1745908					1745907.71		4.57
2	第二部分　土地征用及拆迁补偿费	公路公里										
3	第三部分　工程建设其他费	公路公里										
4	第四部分　预备费	公路公里										
401	基本预备费	无										
402	价差预备费	无										
5	第一至四部分合计	公路公里			38209891					38209890.89		100.00
6	建设期贷款利息	公路公里										
7	公路基本造价	公路公里			38209891					38209890.89		100.00

编制：　　　　　　　　　　　　　　　　　　　　　　　　　　复核：

图 7-64　总预算汇总表

建设项目名称：K0+000—K2+135　　　　　　　　　　　　　　　　　　　　　第1页共3页　　01表
编制范围：演示数据

分项编号	工程或费用名称	单位	数量	金额/元	技术经济指标	各项费用比例/%	备注
1	第一部分　建筑安装工程费	公路公里	2.135	27723087	12985052.666	78.60	建设项目路线总长度（主线长度）
101	临时工程	公路公里	0.95	375330	395084.371	1.06	
10101	临时道路	km	0.95	170295	179258.398	0.48	
10104	临时供电设施	km	1	103713	103712.679	0.29	
10106	临时轨道铺设	km	0.75	101322	135095.993	0.29	
102	路基工程	km	1.772	6288925	3549054.539	17.83	
LJ01	场地清理	km	1.772	310870	175434.67	0.88	
LJ02	路基挖方	m³	7128.3	58819	8.251	0.17	
LJ03	路基填方	m³	181064	2757067	15.227	7.82	
LJ04	结构物台背回填	m³	6948.8	822259	118.331	2.33	
LJ05	特殊路基处理	m	680.2	1935601	2845.635	5.49	
LJ06	排水工程	km	0.23	71206	309590.909	0.20	
LJ07	路基防护与加固工程	km	0.158	321748	2036377.538	0.91	
LJ08	路基其他工程	km	1.772	111342	62833.988	0.32	
LJ09	扣除结构物台背回填	m³	-6948.8	-84383	12.144	-0.24	
LJ10	扣除陡坡路堤路床处理填筑砂砾重复工程量	m³	-1438.7	-14809	10.293	-0.04	
LJ11	扣除桥头路基处理重复工程量	m³	-355.2	-795	2.237	0.00	
103	路面工程		1.772	3418497	1929174.37	9.69	
LM01	沥青混凝土路面			3310988		9.39	
LM04	路槽、路肩及中央分隔带	km	3.044	107509	35318.231	0.30	
104	桥梁涵洞工程	km	0.472	14602201	30930312.921	41.40	
10401	涵洞工程	m/道	86.55/3	283015	3269.957/94338.266	0.80	
10402	小桥工程（常银小桥）	m/座	20.5/1	1107399	54019.455/1107398.831	3.14	
10404	大桥工程	m/座	356/1	13211787	37111.762/13211787.101	37.46	

图 7-65　总预算表

7.8.1 打印报表

1. 报表单张打印

要打印单张报表时,切换至"报表"或"项目报表"窗口,选择生成需要的报表,然后单击 🖨 直接打印,也可根据表头上方的工具报表工具菜单设置打印。

2. 报表批量打印

批量打印项目报表时,可在项目管理界面选中建设项目节点,选择"批量打印",如图7-66所示。

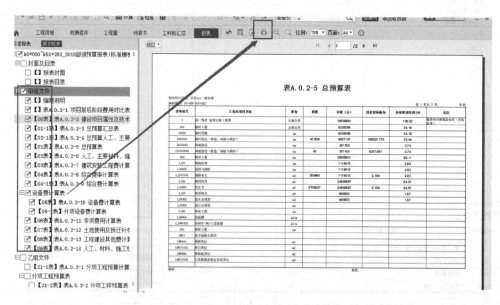

图7-66 批量打印

3. 显示打印时间

如批量打印时,勾选"显示打印时间",即可在报表中打印时间。

7.8.2 导出报表

1. 报表单张导出

切换至"报表"或"项目报表"窗口,选择生成需要的报表,然后单击 📄 ,弹出保存窗口,选择好保存路径和导出文件类型后,单击确定即可导出报表。

2. 报表批量导出

切换至"报表"或"项目报表"窗口,选择"批量导出"按钮,如图7-67所示。

第7章 公路工程造价管理系统软件应用 193

图 7-67 批量导出

在第二个下拉列表框中,可以选择报表导出的格式:"Single sheet",导出为 Excel 单工作表的格式;"Multiple sheets",导出为 Excel 多个工作表格式;还可输出 Word 或 PDF 格式。

2018 造价预算编制操作视频 1

2018 造价清单编制操作视频 2

第8章 课程实训项目案例

一、项目任务

(1) 合理进行案例工程的项目划分；
(2) 统计案例工程的人工、材料、机械台班消耗总量；
(3) 确定案例工程的人工、材料、机械台班预算单价；
(4) 计算本标段案例工程项目的施工图预算金额和清单报价总额；
(5) 编制案例项目的施工图预算文件和投标报价文件。

二、项目案例设计

(一) 项目背景

(1) 新建二级公路某标段，位于山西省某市境内，属平原微丘区，起点桩号 K10+000，终点桩号 K16+500，路线全长 6.5km。

(2) 该路段以机械施工为主，工期为两年，本地区工程年造价上涨率为 5%。

(3) 本路段交工前养护里程 6.5km，平均养护月数为 2 个月。购置养护用 6~8t 压路机一台，120000 元/台，3~4t 自卸汽车 2 台，80000 元/台。

(4) 人工单价 100.8 元/工日。

(5) 山西省规费标准：养老保险费 20%，失业保险费 2%，医疗保险费（含生育保险）7%，住房公积金 5%，工伤保险费 1%。其他工程费、间接费中的企业管理费、利润和税金均按部颁费率执行。

(6) 工程建设期每年贷款为建筑安装工程费总额的 20%。

(7) 工地转移距离 160km，粮食、水运距 2km，蔬菜、燃料运距 5km。

(二) 主要分项工程工程量

(1) 临时工程。

① 汽车临时便道 500m，路基宽 4.5m，需铺砂砾路面。

② 临时输电线路(三线橡皮线)500m,支线800m。

(2) 路基工程。

① 清除表土及耕地填前夯(压)实(表8-1)。

表 8-1

清表面积/m²	回填土方/m³	耕地填前夯(压)实/m²
4310	1293	4310

注：清表厚度30cm,清表土就近堆放,用作绿化种植土,回填土方可采用路基废方。

② 砍树挖根(表8-2)。

表 8-2

树直径规格	10cm以下/棵	10~20cm/棵	20cm以上/棵
数量	37	33	43

③ 路基土石方工程量(表8-3)。

表 8-3

挖方/m³				填方/m³	本桩利用/m³		远运利用/m³,平均运距/m		
普通土	硬土	软石	次坚石		土方	石方	普通土	硬土	次坚石
105000	4500	5400	29500	150000	27500	2000	80000,400	2000,400	29500,160

注：① 本路段长5.5km,挖方、填方路段长度各占一半,路基宽10m,填方路段平均填土高度为2m,边坡坡度为1:1.5。
② 为保证路基压实度,两侧各需宽填30cm,完工后需要刷坡但不需远运。
③ 如需借土(普通土),其平均运距为2km。
④ 假设填前压实沉降厚度为15cm,土的干密度为1.4t/m³,土自然含水量低于最佳含水量2%,水的平均运距为2km。

④ 排水工程(表8-4)。

表 8-4

工程名称	长度/m	M7.5浆砌片石/m³	盖板		
			C30混凝土/m³	C25混凝土/m³	钢筋/kg
边沟	4578	3258.990	120.800	48.533	13040.500
排水沟	632	419.085	—	—	—
截水沟	504	217.500	—	—	—
急流槽	47	89.392	—	—	—

⑤ 防护工程(表 8-5、表 8-6)。

表 8-5

工程名称	长度/m	M7.5 浆砌片石/m³	挖基土方/m³	锥坡填土/m³	砂砾反滤层/m³	墙背回填/m³
挡土墙	144.4	1134.8	755.8	15.4	7.2	503.8

表 8-6

工程名称	长度/m	C20 预制混凝土/m³	M7.5 浆砌片石/m³	挖基土方/m³	回填土方/m³	喷播植草/m²
骨架护坡	315	19.620	424.935	707.535	53.865	1268.280

(3) 路面工程。

① 路面为沥青混凝土路面,宽 8.5m,土路肩宽 2×0.75m;基层为 20cm 厚 5.5%水泥稳定碎石;底基层为 20cm 厚 4%水泥稳定石屑;路面上面层为 4cm 厚的细粒式沥青混凝土,中面层为 6cm 厚的中粒式沥青混凝土,下面层为 8cm 厚的粗粒式沥青混凝土。路面结构如图 8-1 所示。

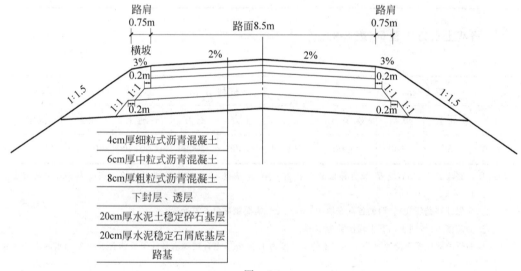

图 8-1

路面各项工程量统计如表 8-7 所示。

表 8-7　　　　　　　　　　　　　　　　　　　　　　　　　　　1000m²

面层			基层	底基层	下封层	透层	土路肩
上面层	中面层	下面层	20cm 厚 5.5%水泥稳定碎石	20cm 厚 4%水泥稳定石屑	乳化沥青		30cm 厚
2210	3315	4420	59150	63050	57850	57850	9750

注:① 本路段各类材料的平均运距按 2km 计。
　　② 计拌和站安拆。

② 路缘石采用混凝土预制块,共 1880m³。

(4) 桥涵工程。

① 预应力空心板桥工程量 2 座,上部结构为预制空心板,下部结构为实体式墩台,台高

5m,钢筋混凝土基础,桥面连续,在桥台处设伸缩缝,桥梁全长为53.04m,桥头路基10m内用六边形预制块铺砌。工程量统计如表8-8所示。

表 8-8

中心桩号	交角	孔数-跨径	桥长	预制空心板		墩 台			支座垫石	伸缩缝	桥头锥坡/m³	
				C25混凝土/m³（商品混凝土）	钢筋/t	挖基（普通土）/m³	混凝土基础	钢筋	GYZF4/块	D60/m	C20现浇基础	C20预制块	10%石灰土
K13+593	75°	3~16m	53.04m	162.4	15.24	252.9	165	14.85	158.3	32	98	120	356

注：① 预制场平整2000m²,场中300m²需要用2cm厚水泥砂浆抹面作为预制底座。预制场与桥梁处平均运距5km。
② 小桥有浅水0.3m深,需用草袋围堰。

② 钢筋混凝土盖板明涵。

新建2道钢筋混凝土盖板明涵,标准跨径4.0m,涵高3.0m,涵长31m,进口形式为边沟跌井,出口形式为八字墙,其施工图预算工程量统计如表8-9、表8-10所示。

表 8-9

桩 号	涵形	涵长/m	洞 身						
			盖 板			台帽	垫层	台身	基础
			混凝土			C25混凝土/m³	M7.5浆砌片石/m³	C20片石混凝土/m³	C20片石混凝土/m³
			钢筋/t	C30混凝土/m³	锚栓/kg				
K12+641.9	1-4.0×3.0	42.00	0.845	12.66	0.77	5.95	19.2	100.5	45.61
K15+707	1-4.0×3.0	56.00	1.12	25.5	1.2	8.6	24	145.5	75.8

表 8-10

洞 口				抹面	涵底铺砌	沥青麻絮沉降缝/m	回填/m	挖基土方/m³
八字墙身	八字墙基	截水墙	洞口铺砌	水泥砂浆/m²	砂砾垫层/m³			
M7.5浆砌片石/m³								
12.43	8.87	1.37	3.2	22	6.4	74.9	23.7	420
20.8	12.6	2.85	5.5	40	8.8	100.5	34.6	560

(5) 安全设施。

① 波形梁钢板护栏。

全线设置单面波形护栏820m,立柱为打入式钢管。其中1km波形护栏立柱材料质量为14.665t,波形钢板材料质量为14.332t。

② 公路标线。

全线标线采用热熔标线漆,设置路面中心线(黄色虚线)和车行道边缘线(白色实线),路面中心线线宽为 15cm,实线 4m,间隔 6m 布设,急弯陡坡路段设置黄色实线;车行道边缘线线宽 15cm。工程量如表 8-11 所示。

表 8-11

路面中心线/m²	车行道边缘线/m²	平交区标线/m²	减速振动标线/m²
387.15	1662	366.69	4.2

③ 里程碑、百米桩、公路界碑。

全线共设里程碑 5 块、百米桩 50 块、公路界碑 44 块。

(6) 绿化及环境保护工程。

① 路侧绿化(表 8-12)。

表 8-12

范　围	长度/m	樟树/株	夹竹桃/株
坡顶公路界内	6500	459	377

② 填方边坡植草(表 8-13)。

表 8-13

长度/m	结缕草、假俭草(6:4)混播植草/m²
3570	18000

(7) 土地占用和青苗补偿。

① 临时占用荒地 2000m²、水田 4000m²。

② 公路用地(表 8-14)。

表 8-14　　　　　　　　　　　　　　　　　　　　　　　　　　　　　　　　　　　　亩

项目	旱地	水田	菜地	林地	其他道路	旧路	荒地
数量	2.55	10.9	0.28	20.51	0.17	54.4	27.87

③ 赔偿树木、青苗(表 8-15)。

表 8-15　　　　　　　　　　　　　　　　　　　　　　　　　　　　　　　　　　　　棵

树品种	成材树	幼树
数量	76	37

④ 拆迁建筑物(表 8-16)。

表 8-16　　　　　　　　　　　　　　　　　　　　　　　　　　　　　　　　　　　　m²

项目	楼房	砖瓦房	砖混房
数量	779.26	178.7	25

注:经调查当地政府的赔偿标准为,临时占地 2000 元/亩,永久占地 50000 元/亩,房屋 1800 元/m²,树木(成材)200 元/棵,幼树 10 元/棵,复耕费 100 元/亩。

(三) 主要材料单价调查资料

(1) 木材、钢材类运距 40km，汽车运输，运价率 0.50 元/(t·km)，吨次费 2.0 元，单位装卸费 5.0 元/(t·次)，囤存费 3.0 元/t。

(2) 水泥运距 25km，水泥运价率 0.70 元/(t·km)，单位装卸费 3.0 元/(t·次)，转运 1 次。

(3) 砂石料、生石灰运距 25km，运价率 0.6 元/(t·km)，单位装卸费 2.5 元/(t·次)。

(4) 青红砖运距为 20km，运价率 2.0 元/(千块·km)，单位装卸费 6 元/(千块·次)。

(5) 土、碎石为自办材料。土采用人工装卸手扶拖拉机运输 0.6km；碎石采用 1m³ 以内的轮胎式装载机装汽车，4t 以内的自卸汽车运输 2km (片石自采)。

(6) 其他未列材料价格按定额基价计入。

(7) 附录 (表 8-17、表 8-18)。

表 8-17 材料原价

材料名称	单位	原价/元	材料名称	单位	单价/元
原木	m³	1060	块石	m³	120
锯材	m³	1300	片石	m³	100
HPB300 级钢筋	t	3100	中(粗)砂	m³	45
HRB400 级钢筋	t	3200	32.5 级水泥	t	300
型钢	t	3000	42.5 级水泥	t	350
钢板	t	3500	生石灰	t	200
青红砖	千块	210	高强钢筋	t	7800
石屑	m³	30	低合金钢筋	t	3000

表 8-18 其他材料工地预算价

材料名称	单位	预算价格/元	材料名称	单位	预算价格/元
橡皮线	m	6.20	铁钉	kg	5.80
高强螺栓	kg	21.60	黏土	m³	11.50
铸铁管	kg	8.70	煤	t	350
油毛毡	m²	4.00	钢管	t	4600
草袋	只	2.00	加工钢材	t	4500
钢丝绳	t	2000	石油沥青	t	1700
电焊条	kg	7.60	渣油	t	800
铁件	kg	6.30	粉煤灰	m³	25
钢钎	kg	3.91	空心钢钎	kg	7.00
合金钻头	个	37.80	铁丝	kg	6.12
硝铵炸药	kg	6.45	汽油	kg	4.30
矿粉	t	180	柴油	kg	3.8
土工布	m²	12.80	电	kW·h	0.80
普通雷管	支	0.8	水	m³	1.0
导火线	m	1.00	树木	棵	6

附 录

附录1 河北省公路工程基本建设项目概算预算编制补充规定

河北省交通运输厅文件

冀交基〔2019〕179号

河北省交通运输厅
关于印发《河北省公路工程基本建设项目
概算预算编制补充规定》的通知

各市(含定州、辛集市)交通运输局,厅公路局,省高管局,交投集团,省定额站：

为贯彻落实交通运输部《公路工程建设项目概预算编制办法》(交通运输部2018年第86号公告),进一步做好全省公路工程基本建设项目概算预算编制工作,结合我省实际,省厅制定了《河北省公路工程基本建设项目概算预算编制补充规定》,现印发给你们,请认真遵照执行。

河北省交通运输厅

2019年4月24日

河北省公路工程基本建设项目
概算预算编制补充规定

为贯彻落实交通运输部《公路工程建设项目概预算编制办法》（交通运输部2018年第86号公告，以下简称部《编制办法》），进一步做好全省公路工程基本建设项目概算预算编制工作，结合我省实际，现补充以下规定。

一、总则

（一）本规定适用于省内新建、改建公路工程基本建设项目的概算和预算的编制。公路养护大修工程、公路工程预可行性研究报告、工程可行性研究报告估算编制，可参照本规定执行。

（二）概算、预算的编制一律采用部《编制办法》规定格式、表格、计算程序和公式。

二、直接费

（一）人工费的工日标准全省统一执行103元/工日。

（二）材料费由省公路工程定额站定期调查公布公路材料价格信息，供有关单位编制概预算参考使用，运杂费计算应根据实际调查取定。

三、措施费

（一）沿海地区工程一般情况不计施工增加费，确有跨海构造物时,按部《编制办法》计列此项费用。

(二)新建工程不计行车干扰工程施工增加费,改建工程按部《编制办法》规定执行。若已计交通便道费用,不再计列此项费用。

四、企业管理费

为计算方便,平原微丘区综合里程统一按 5 公里计,山岭重丘区统一按 10 公里计。

五、规费

养老保险按 16％,失业保险按 0.7％,医疗保险按 6.5％,住房公积金按 10％,工伤保险按 0.5％,生育保险按 0.5％,以各类工程的人工费之和为基数计算费用。

六、税金

税金费率按现行国家规定执行。

本《补充规定》自发布之日起执行,已完成方案审查和造价文件编制的项目,按原交通运输部《公路工程建设项目概预算编制办法》执行。

（信息公开选项：依申请公开）

| 河北省交通运输厅办公室 | 2019 年 4 月 24 日印发 |

附录 2　湖南省公路工程建设项目投资估算、概算预算编制办法

湖南省交通运输厅文件

湘交基建〔2019〕74号

湖南省交通运输厅关于发布《公路工程建设项目投资估算编制办法》《公路工程建设项目概算预算编制办法》补充规定的通知

各有关单位：

根据交通运输部发布的《公路工程建设项目投资估算编制办法》《公路工程建设项目概算预算编制办法》《公路工程估算指标》《公路工程概算定额》《公路工程预算定额》《公路工程机械台班费用定额》（交通运输部2018年第86号公告）（以下简称"部新颁编办及定额"）规定，结合我省实际，现将有关补充规定通知如下，请遵照执行。

一、凡在2019年5月1日前已批准工程概算的公路工程建设项目仍执行原定额和办法，造价不再进行调整；凡在2019年5月1日后上报或虽在2019年5月1日前上报但尚

未审批工程概算的公路工程建设项目造价文件，应按部新颁编办及定额编制。

二、人工费：我省新建和改建的公路工程建设项目，人工工日单价（含机械工）按103.86元/工日执行。人工费单价仅作为编制估、概、预算的依据，不作为施工企业实发工资的依据。《高速公路机电工程概预算编制办法及定额》(DB 43/T 859—2014)人工费标准参照103.86元/工日执行。《公路养护工程预算编制办法及定额》(DB 43/T 858—2014)、《公路养护小修保养工程预算编制办法及定额》(DB 43/T 1128—2015)等养护定额按照人工费标准与定额相匹配的原则，暂不调整养护类定额的人工费标准，仍按68.91元/工日执行。

三、措施费、企业管理费、规费、利润、税金及专项费用等建筑安装工程费取费标准如下表。

费用名称		费率
措施费	冬季施工增加费	部颁费率
	雨季施工增加费	部颁费率
	夜间施工增加费	部颁费率
	特殊地区施工增加费	不计
	行车干扰工程施工增加费	部颁费率
	施工辅助费	部颁费率

费用名称		费　率
工地转移费		部颁费率
企业管理费	基本费用	部颁费率
	主副食运费补贴	部颁费率
	职工探亲路费	部颁费率
	职工取暖补贴	部颁费率
	财务费用	部颁费率
规费	养老保险费	国家相关规定
	失业保险费	0.7%
	医疗保险费	8.7%
	工伤保险费	2.2%
	住房公积金	10%
利润		部颁费率
税金		国家财税部门规定
专项费用	施工场地建设费	部颁费率
	安全生产费	部颁费率

我省发布的公路养护、机电类定额规费标准均按上表执行。

四、估算指标中的绿化工程部分按我省颁发的《公路工程绿化估算指标》（DB43/T 1124—2015）执行。

五、本通知自2019年5月1日起实行，有效期五年。

湖南省交通运输厅

2019 年 4 月 17 日

湖南省交通运输厅办公室　　　　　2019 年 4 月 23 日印制

附录 3 山东省公路工程建设项目估算概算预算编制补充规定

山东省交通运输厅

鲁交建管〔2019〕25 号

山东省交通运输厅
关于印发《山东省公路工程建设项目投资估算概算预算编制补充规定》的通知

各有关单位：

根据交通运输部第 86 号公告发布的《公路工程建设项目投资估算编制办法》（JTG 3820—2018）、《公路工程建设项目概算预算编制办法》（JTG 3830—2018）及《公路工程估算指标》（JTG/T 3821—2018）、《公路工程概算定额》（JTG/T 3831—2018）、《公路工程预算定额》（JTG/T 3832—2018）、《公路工程机械台班费用定额》（JTG/T 3833—2018）（以下简称"新计价依据"），结合我省实际,省厅组织制定了《山东省公路工程建设项目投资估算概算预算编制补充规定》,现随文印发,请遵照执行。

山东省交通运输厅
2019年4月19日

山东省公路工程建设项目
投资估算概算预算编制补充规定

根据交通运输部第 86 号公告发布的《公路工程建设项目投资估算编制办法》(JTG 3820—2018)、《公路工程建设项目概算预算编制办法》(JTG 3830—2018)及《公路工程估算指标》(JTG/T 3821—2018)、《公路工程概算定额》(JTG/T 3831—2018)、《公路工程预算定额》(JTG/T 3832—2018)、《公路工程机械台班费用定额》(JTG/T 3833—2018)(以下简称"新计价依据"),结合我省实际,现就山东省公路工程建设项目投资估算、概(预)算编制补充规定如下:

一、总体要求

(一)本补充规定适用于山东省新建和改(扩)建公路工程建设项目。

(二)2019 年 5 月 1 日前已上报待批复的公路工程项目,仍执行原计价依据。

(三)2019 年 5 月 1 日后上报的公路工程估算、概(预)算文件,应执行新计价依据。

(四)建设期内设计变更执行原预算批复时采用的计价依据。

二、编制要求

(一)估算、概(预)算文件均应按整个项目编制;招投标阶段根据建设单位要求，可分标段编制，但应按项目进行汇总。

（二）估算、概（预）算文件编制应依据部颁相应编制办法划分的投资估算、概（预）算项目表进行，引用的项目表序号、内容不得修改；项目表缺少的内容可参考《山东省公路工程造价文件编制指南》或根据工程实际需要增加。

（三）估算、概（预）算文件编制说明应按照新计价依据要求编写，除进行本阶段与上阶段工程数量、造价对比分析外，还需说明变化情况及原因。

三、取费标准

（一）人工费

依据我省公路建设项目人工工资统计情况，结合定额消耗、最低工资标准及公路建设劳务市场情况等因素，经综合分析，编制公路工程建设项目估算、概（预）算时的人工费单价（含机械工）按 111.23 元/工日的标准计取。

人工费单价仅作为编制估算、概（预）算的依据，不作为施工企业实发工资的依据。

（二）施工机械使用费

施工机械台班预算价格按交通运输部《公路工程机械台班费用定额》（JTG/T 3833—2018）计算。其中不变费用按定额规定费用计算，可变费用中的台班人工费工日单价采用本补充规定，动力燃料费用按材料费的计算规定计算，车船使用税按我省有关规定计算。

（三）特殊地区施工增加费

我省公路建设项目不计高原和风沙地区施工增加费；只有位于海岸线至公海范围内的公路工程项目才计列沿海地区施工增加费。

（四）规费

规费是指按照法律、法规、规章规定，施工企业必须缴纳的费用。根据我省有关规定，规费费率取定为 35.9%，其中养老保险费 16%，失业保险费 0.7%，医疗保险费 6.5%（含生育保险），工伤保险费 0.7%，住房公积金 12%。

（五）利润和税金

利润执行新计价依据有关规定，税金按国家相关部门规定的现行增值税税率计算。

（六）生产人员培训费

工程建设其他费中生产人员培训费按设计定员和 3000 元/人的标准计算，设计定员数量应根据项目实际需要的运营和管理人员进行测算。

四、其他

（一）本补充规定自 2019 年 5 月 1 日起实施。山东省交通运输厅关于印发《山东省公路工程基本建设项目投资估算概算预算编制补充规定》的通知（鲁交建管〔2012〕18 号）同时废止。原省交通运输厅印发的其他有关工程造价规定的内容与本规定不一致的，按本规定执行。

（二）本补充规定未做具体说明的其他费用项目及计算标准均按新计价依据规定计列。

（三）本补充规定由省交通运输厅负责管理和解释，日常管理和解释工作由山东省交通运输工程定额站负责。

信息公开属性：主动公开

抄送：交通运输部公路局

山东省交通运输厅办公室	2019年4月29日印发

附录 4　江苏省关于执行交通运输部第 86 号公告有关补充规定

江苏省交通运输厅文件

苏交建〔2019〕22号

省交通运输厅关于执行交通运输部第86号公告有关补充规定的通知

各设区市交通运输局，昆山、泰兴、沭阳交通运输局，省交通综合执法局、省交建局，厅公路中心、厅港航中心，江苏交通控股有限公司，各有关单位：

根据交通运输部2018年第86号公告发布的《公路工程建设项目投资估算编制办法》（JTG 3820—2018）、《公路工程建设项目概算预算编制办法》(JTG 3830—2018)及《公路工程估算指标》（JTG/T 3821—2018）、《公路工程概算定额》（JTG/T 3831—2018）、

《公路工程预算定额》（JTG/T 3832—2018）、《公路工程机械台班定额》（JTG/T 3833—2018）（以下统一简称为《新编制办法及其定额》）的要求，结合我省实际，现将我省有关补充规定通知如下，请遵照执行。

一、自2019年5月1日起，我省新建、改（扩）建公路工程建设项目的估算、概算、预算编制均应执行《新编制办法及其定额》。在此之前已批复的工程可行性研究估算、初步设计概算和施工图预算不再调整。

二、2019年5月1日前工程可行性研究估算、初步设计概算已通过审查的公路工程建设项目的估算、概算执行原编制办法及其定额。

三、调整概算、建设期内设计变更预算原则上与批复概算、预算采用的编办、定额保持一致。

四、《新编制办法及其定额》中人工（含机械工）工日单价为128.17元/工日。人工工日单价仅作为估算、概算、预算编制的依据，不作为施工企业实发工资的依据。

五、结合国家及我省相关文件规定，《新编制办法及其定额》中规费费率为34.4%，其中：养老保险费率为16%，失业保险费率为0.5%，医疗保险费率为6.8%（含生育保险费率为0.8%），公积金费率为10%，工伤保险费率为1.1%。

六、税金按照交通运输部2019年第26号公告执行。

七、我省绿化工程估算指标暂按《江苏省公路工程绿化估算指标》（苏交质〔2012〕41号）文件执行。

八、安全生产费按建筑安装工程费乘以安全生产费费率计算，按照江苏省安全生产委员会发布的《省安委会关于以更高标准 更严措施管控交通运输领域重大安全风险的通知》（苏安〔2019〕14号）的文件要求：主线桥路比超过20%，含高墩、悬浇、支架现浇的一般路基建设项目和一般隧道建设项目，安全生产费费率为1.6%；过江通道、高速公路改扩建和长度大于3000米隧道建设项目，安全生产费费率为1.8%；除以上规定外的公路建设项目的安全生产费费率按照《新编制办法及其定额》执行。

附件：1.交通运输部2018年第86号公告
　　　2.交通运输部2019年第26号公告

江苏省交通运输厅
2019年6月5日

抄送：交通运输部公路局，交通运输部路网监测与应急处置中心，江苏省发展和改革委员会。

江苏省交通运输厅办公室　　　　　　　　　2019年6月5日印发

附录5　山西省公路工程建设项目估算概算预算编制补充规定

山西省交通运输厅文件

晋交建管发〔2019〕282号

山西省交通运输厅
关于印发《公路工程建设项目估算概算预算编制补充规定（试行）》的通知

各有关单位：

　　为贯彻执行交通运输部《公路工程建设项目投资估算编制办法》（JTG 3820—2018）和《公路工程基本项目概算预算编制办法》（JTG 3830—2018），维护建设各方合法权益，指导我省新建、改（扩）建公路工程建设项目估算、概算、预算编制工作，结合公路建设实际，我厅组织制定了《公路工程建设项目估算概算预算编制补充规定（试行）》，经厅长办公会议审议并经省司法厅审核同意，现予印发，请遵照执行。

山西省交通运输厅

2019 年 7 月 26 日

（此件公开发布）

山西省公路工程建设项目
估算概算预算编制补充规定(试行)

为进一步规范我省公路工程建设项目估算、概算、预算编制和管理,合理确定和有效控制工程造价,根据交通运输部《公路工程建设项目投资估算编制办法》(JTG 3820—2018)和《公路工程基本项目概算预算编制办法》(JTG 3830—2018)及其配套定额(交通运输部2018年第86号公告)(以下简称"部新编办及定额")结合我省实际,制定补充规定如下:

一、总则

(一)本补充规定适用于本省新建、改(扩)建公路工程建设项目估算、概算、预算的编制和管理。

(二)公路管理、养护、服务房建工程的建筑安装工程费执行住房和城乡建设部及山西省住房和城乡建设厅发布的有关计价依据;工程建设其他费执行部新编办和本补充规定。

(三)概算、预算应进行概算与估算、预算与概算对比分析,说明投资变化情况及原因。

二、取费标准

(一)人工费:我省公路工程人工工日单价(含机械工)按

100.8元/工日执行。人工工日单价仅作为编制估算、概算、预算的依据,不作为施工企业实发工资的依据。

(二)材料费:

① 运杂费:汽车运输运价,按照表1计算。

表1　汽车运输运价表　　元/(t·km)

全程运距(L)		$L \leq 15\text{km}$	$L > 15\text{km}$
		15km 以内	每增运 1km
运价	地方材料	8.0	0.45
	外购材料	18.3	
	沥青、爆破材料	26.7	

注:(1)运价中含装卸费;

(2)外购材料:除沥青、爆破材料之外的全部外购材料;

(3)沥青、爆破材料:指沥青、爆破材料(炸药、雷管、导火索等)。

② 材料场外运输操作损耗:汽车运输按一次装卸计算。

(三)工地转移费:工地转移距离,高速公路、一级公路按300km计算,二级及以下等级公路及改(扩)建工程,按100km计算。

(四)规费:包括施工企业必须按规定缴纳的养老保险费、失业保险费、医疗保险费(含生育保险费)、住房公积金和工伤保险费。各项规费以各类工程的人工费之和为基数,按表2的费率计算,规费仅作为编制估算、概算、预算的依据,不作为企业实际缴纳的依据。

表 2　规费费率表　　　　　　　　　　　　　%

规费名称	养老保险费	失业保险费	医疗保险费	住房公积金	工伤保险费
费率	16	0.7	7.5	8.5	1.1

(五) 主副食运费补贴综合里程：高速公路、一级公路按20km计算，二级及以下等级公路及改扩建工程，按15km计。

(六) 税金

按国家规定的现行建筑业增值税税率计列。

(七) 建设单位(业主)管理费

由现公路管养单位实施的改(扩)建工程，按部新编办规定费率的70%计列。

(八) 研究试验费

应明确研究课题，并根据研究内容逐项编制需要列支的费用。

(九) 拆迁管理费

按拆迁补偿费的2%计列。

三、其他

(一) 执行时间和要求

1. 本补充规定发布前已开工建设的公路工程项目及已批准的估算、概算、预算不再进行调整，工程实施过程中发生的设计变更和调整概算(如有)应与原批准的计价标准一致。

2. 自本补充规定发布后新建、改(扩)建公路工程项目，根据其前期工作的进展情况，分别按以下规定执行。

(1) 本补充规定发布前已完成工可批复的项目，初步设计概算和施工图预算的编制应执行部新编办及定额。

（2）本补充规定发布前已完成初步设计文件批复的项目，施工图预算的编制应执行部新编办及定额。

（3）本补充规定发布之日起报审的项目，其估算、概算、预算编制均应执行部新编办及定额。

（二）公路养护工程仍执行原规定，待相关依据出台后从其规定。

（三）估算指标中的绿化工程部分按山西省地方标准《公路绿化工程估算指标》（DB14/T 1108—2015）执行，标准发生调整时，从其新规定。

（四）本补充规定自发布之日起实施；山西省交通运输厅《关于印发山西省公路工程基本建设项目概算预算补充规定的通知》（晋交建管发【2013】229号）、《关于印发山西省公路工程营业税改增值税计价依据调整方案的通知》（晋交建管发【2016】183号）、原省交通运输厅印发的其他有关工程造价规定的内容与本规定不一致的，按本规定执行。

（五）本补充规定的日常管理和解释工作由山西省交通运输厅负责。

抄送：厅领导。

山西省交通运输厅办公室　　　　　　　　2019年7月26日印发

附录6 重庆市公路工程补充性造价依据

重庆市交通局文件

渝交路〔2019〕29号

重庆市交通局关于发布
重庆市公路工程补充性造价依据（2019-1）的通知

各区县（自治县）交通局，有关单位：

交通运输部发布了《公路工程建设项目投资估算编制办法》（JTG 3820—2018）、《公路工程建设项目概算预算编制办法》（JTG 3830—2018）及《公路工程估算指标》（JTG/T 3821—2018）、《公路工程概算定额》（JTG/T 3831—2018）、《公路工程预算定额》（JTG/T 3832—2018）、《公路工程机械台班费用定额》（JTG/T 3833—2018）（2018年第86号公告，以下简称"2018编制办法及配套定额"），自2019年5月1日起施行。

按照《重庆市公路工程造价管理实施细则》的有关规定，市交通造价站根据 2018 编制办法及配套定额，结合我市公路建设实际情况编制了《重庆市公路工程补充性造价依据（2019-1）》，现予发布。各单位在执行过程中若有建议或意见，请及时函告市交通造价站（地址：重庆市南岸区南兴路 58 号；邮编：400060；电话：62806015）。

附件：重庆市公路工程补充性造价依据（2019-1）

重庆市交通局

2019 年 4 月 30 日

附件

重庆市公路工程补充性造价依据

（2019-1）

1 人工费标准

1.1 人工工日单价标准确定为 101 元/工日。人工工日单价仅作为编制造价文件的依据，不作为施工企业实发工资的依据。

2 费率标准

2.1 规费费率标准确定为 36.6%，其中：养老保险费 16%、失业保险费 0.5%、医疗保险费 10%、工伤保险费 1.6%、住房公积金 8.5%，并根据国家和我市有关政策实行动态调整（对政策规定费率为幅度值的，取中值）。规费费率仅作为编制造价文件的依据，不作为施工企业实际交纳费用的依据。

2.2 税金税率按照现行建筑业增值税税率 9%执行，并根据国家公布的税率实行动态调整。

2.3 其他费率按照 2018 编制办法及配套定额确定的费率执行。

3 执行时间

3.1 自 2019 年 5 月 1 日起，公路工程建设项目行政许可申请受理的投资估算、设计概算和施工图预算，均按照 2018 编制办法及配套定额和本补充性造价依据执行。

3.2 在 2019 年 5 月 1 日前，公路工程建设项目行政许可申请已经批准或者已经受理尚未批准的投资估算、设计概算和施工图预算，仍按照重庆市交通委员会《关于执行交通部<公路工程基本建设项目概算预算编制办法>（JTG B06—2007）的通知》（渝交委路〔2008〕31 号）及相关补充规定执行。

3.3 按照《重庆市公路工程设计变更管理办法》编审的设计变更概算预算文件，执行原批准造价文件所采用的编制办法及配套定额和补充性造价依据。

抄送：交通运输部路网中心，市发展改革委，市住房城乡建委。

重庆市交通局办公室　　　　　　　　2019 年 4 月 30 日印发

参 考 文 献

[1] 交通运输部.公路工程预算定额(上、下册):JTG/T 3832—2018[S].北京:人民交通出版社,2018.
[2] 交通运输部.公路工程概算定额(上、下册):JTG/T 3831—2018[S].北京:人民交通出版社,2018.
[3] 交通运输部.公路工程机械台班费用定额:JTG/T 3833—2018[S].北京:人民交通出版社,2018.
[4] 交通运输部.公路工程建设项目概算预算编制办法:JTG 3830—2018[S].北京:人民交通出版社,2018.
[5] 交通运输部.公路工程建设项目投资估算编制办法:JTG 3820—2018[S].北京:人民交通出版社,2018.
[6] 交通运输部.公路工程估算指标:JTG/T 3821—2018[S].北京:人民交通出版社,2018.
[7] 王娟玲,侯卫周,王淑红.公路工程造价[M].北京:机械工业出版社,2018.
[8] 陆春其.公路工程造价[M].北京:人民交通出版社,2015.